Das Deutschbuch
für Berufsfachschulen
Handreichungen für den Unterricht

Erarbeitet von
Kerstin Ansel-Röhrleef, Gabriele Harff-König,
Birgit Karnbach, Petra Pascher, Christoph Scheele,
Martina Schulz-Hamann, Helmut van Züren

Unter Mitarbeit
der Verlagsredaktion

Zu diesen Handreichungen für den Unterricht gehört:
Das Deutschbuch für Berufsfachschulen (Schülerbuch) (ISBN 978-3-06-450799-9).

Die Grundlage für dieses Werk wurde erarbeitet von Kerstin Ansel-Röhrleef, Birgit Karnbach, Nicole Kaufmann, Regine Kirtschig, Martina Schulz-Hamann, Barbara Siebert, Juliane Wagemann.

Redaktion:	Corinna Hilger
Illustration:	Roland Beier
Umschlaggestaltung:	EYES-OPEN, Berlin
Technische Umsetzung:	FKW, Berlin

www.cornelsen.de

Die Links zu externen Webseiten Dritter, die in diesem Lehrwerk angegeben sind, wurden vor Drucklegung sorgfältig auf ihre Aktualität geprüft. Der Verlag übernimmt keine Gewähr für die Aktualität und den Inhalt dieser Seiten und solcher, die mit ihnen verlinkt sind.

1. Auflage, 1. Druck 2014

Alle Drucke dieser Auflage sind inhaltlich unverändert
und können im Unterricht nebeneinander verwendet werden.

© 2014 Cornelsen Schulverlage GmbH, Berlin

Das Werk und seine Teile sind urheberrechtlich geschützt.
Jede Nutzung in anderen als den gesetzlich zugelassenen Fällen bedarf
der vorherigen schriftlichen Einwilligung des Verlages.
Hinweis zu den §§ 46, 52a UrhG: Weder das Werk noch seine Teile dürfen ohne eine
solche Einwilligung eingescannt und in ein Netzwerk eingestellt oder sonst öffentlich
zugänglich gemacht werden.
Dies gilt auch für Intranets von Schulen und sonstigen Bildungseinrichtungen.

Druck: freiburger graphische betriebe

ISBN 978-3-06-450926-9

Einführung

Das Konzept des Lehrwerks

Das Deutschbuch für berufliche Schulen richtet sich schwerpunktmäßig an Schülerinnen und Schüler der Berufsfachschule, aber auch an diejenigen im dualen System der Berufsausbildung, da es alle Lehrplananforderungen beider Schulformen erfüllt.

Das Deutschbuch gliedert sich in sieben **Kompetenzbereiche.** Am Ende jedes Kompetenzbereichs erhalten die Schüler und Schülerinnen im **Lernszenario** eine komplexe Handlungssituation. Sie ist so konzipiert, dass sie nach dem Konzept einer vollständigen Handlung (Informieren – Planen – Durchführen – Kontrollieren – Bewerten) im Team selbstständig bearbeitet werden soll:

Kompetenzbereiche	Lernszenarien
Sprechen und Zuhören	Streitschlichtung durch Mitglieder der SV bei der Bearbeitung einer gemeinnützigen Aufgabe, die zu einer Schlichtungsvereinbarung in Form eines schriftlichen Regelwerks und/oder einer schriftlichen Vereinbarung führt.
Lesen und mit Texten umgehen	Präsentation von Arbeitsergebnissen auf Plakaten zum Thema Zucker
Schreiben	Briefe an verschiedene Anbieter zu Zusatzqualifikationen während und nach der Ausbildung
Sachtexte und nicht lineare Texte verstehen und nutzen	Entwicklung eines Handlungsrepertoires zum Sammeln alter Handys, informative und überzeugende Mail zur Sammelaktion und Dokumentation der Aktion auf der Schulhomepage
Literarische Texte verstehen und nutzen	Umfrage zum Leseverhalten und Buchpräsentation anlässlich des Welttages des Buches
Medien verstehen und nutzen	Drehen eines Kurzfilmes gegen Gewalt und Mobbing und Präsentation vor Publikum und Jury
Sprache und Sprachgebrauch untersuchen	Gewinn aus Vertrieb von Moderatorenkoffern und Waffelverkauf zum Durchführen einer noch zu bestimmenden Aktivität für die Klasse

Der Beginn der ersten drei Kompetenzbereiche stellt einen Vorkurs zu **grundlegenden Lern- und Arbeitstechniken I–IV** dar, der zahlreiche Methoden und Arbeitstechniken zum *Lernen lernen* bietet. Hier können die Methoden geübt, aber auch jederzeit nachgeschlagen werden. Ferner hilft am Ende des Buches ein **Projektkapitel V** bei der Realisierung von eigenen Projekten und ein **Textpool** bietet aktuelle und interessante Texte zur Weiterarbeit.

In den Kapiteln wurde besonderer Wert auf das **Differenzierungskonzept** und die **transparente Binnenstruktur** gelegt. Aufgaben im Schülerbuch, die in zwei Spalten parallel nebeneinander abgedruckt sind, bilden unterschiedliche Niveaustufen ab:

- In der linken Spalte befinden sich einfachere Aufgaben mit mehr Hilfestellungen.

- In der rechten Spalte befinden sich die schwierigeren Aufgaben.

Einführung

Dieses Differenzierungskonzept wird in der Lehrerhandreichung bei den Kopiervorlagen wieder aufgenommen. **Die Arbeitsblätter sind zu einem großen Teil leistungsdifferenziert.** Die Niveaustufen sind analog zum Buch mit einem entsprechenden Differenzierungsicon in der rechten oberen Ecke gekennzeichnet.

Die **Kapitelauftaktseiten** benennen die Teilschritte des Kapitels, nennen die Methoden, die im Kapitel Verwendung finden und Kompetenzen, die aufgebaut werden sollen. Die Binnenstruktur zeichnet sich u. a. durch gut erkennbare Elemente aus. Die **GUT-ZU-WISSEN-Kästen** beinhalten Lernwissen, Arbeitstechniken und Methoden; zahlreiche **Starthilfen** zeigen an, dass sich an dieser Stelle eine Hilfestellung für die Lösung der Aufgaben befindet, und gekennzeichnete **Sprachaufgaben** trainieren ein sprachliches Phänomen, das bei dem jeweiligen Thema wichtig ist und geübt werden sollte.

Jedes Kapitel wird von einer **Kompetenzcheckseite mit Checkliste** zu den erlernten Inhalten abgeschlossen.

Inhaltsverzeichnis

Vorbemerkung zu den grundlegenden Arbeitstechniken I bis IV **10**

Sprechen und Zuhören

I Grundlegende Lern- und Arbeitstechniken: Das Lernen – gewusst wie **11**
Kopiervorlagen auf der CD-ROM

Arbeitsblatt I.1: Eine Mindmap zur Strukturierung von Informationen nutzen (KV 1)

Arbeitsblatt I.2: Wochenplan (KV 2)

II Grundlegende Lern- und Arbeitstechniken: Mit anderen zusammenarbeiten **14**
Kopiervorlagen auf der CD-ROM

Arbeitsblatt II.1: Checkliste für die Auswertung einer Gruppenarbeit (KV 3)

1 Man kann nicht nicht kommunizieren **18**
Kopiervorlagen auf der CD-ROM

Arbeitsblatt 1.1: Schulz von Thun – Die vier Seiten einer Nachricht (leistungsdifferenziert) (KV 4)

Arbeitsblatt 1.2: Eine Aussage untersuchen (KV 5)

Fazitbogen zum Kapitel 1 (KV 6)

Klassenarbeit/Test: Kommunikation (leistungsdifferenziert) (KV 7)

2 Im Berufsalltag kommunizieren **28**
Kopiervorlagen auf der CD-ROM

Arbeitsblatt 2.1: Ein Reklamationsgespräch führen (leistungsdifferenziert) (KV 8)

Arbeitsblatt 2.2: Kritik äußern, Kritik annehmen (KV 9)

Fazitbogen zum Kapitel 2 (KV 10)

Klassenarbeit/Test: Beratungs- und Verkaufsgespräche (KV 11)

Lernszenario **40**

Lesen und mit Texten umgehen

III Grundlegende Lern- und Arbeitstechniken: Sich informieren **41**
Kopiervorlagen auf der CD-ROM

Arbeitsblatt III.1: Markierungstechniken anwenden (KV 12)

3 Texte verstehen **44**
Kopiervorlagen auf der CD-ROM

Arbeitsblatt 3.1: Den Inhalt eines Textes erfassen (leistungsdifferenziert) (KV 13)

Lernszenario **49**

Schreiben

IV Grundlegende Lern- und Arbeitstechniken: Eigenen Texten den letzten Schliff geben **50**
Kopiervorlagen auf der CD-ROM
Arbeitsblatt IV.1: Einen Schreibplan erstellen (leistungsdifferenziert) (KV 14)

4 Richtig schreiben **54**
Kopiervorlagen auf der CD-ROM
Arbeitsblatt 4.1: Diagnosebogen: Fehlerschwerpunkte (KV 15)
Arbeitsblatt 4.2: Sprachproben anwenden (KV 16)
Arbeitsblatt 4.3: s-Schreibung (KV 17)
Arbeitsblatt 4.4: Wortarten zuordnen/Wortarten und Satzglieder unterscheiden (leistungsdifferenziert)
(KV 18)
Fazitbogen zum Kapitel 4 (KV 19)
Klassenarbeit/Test: Grammatik (KV 20)

5 Sich bewerben **67**
Kopiervorlagen auf der CD-ROM
Arbeitsblatt 5.1: Bewerbungsanschreiben erstellen (leistungsdifferenziert) (KV 21)
Arbeitsblatt 5.2: Ein Vorstellungsgespräch als Rollenspiel vorbereiten (leistungsdifferenziert) (KV 22)
Arbeitsblatt 5.3: Beobachtungsbogen Vorstellungsgespräch (KV 23)
Fazitbogen zum Kapitel 5 (KV 24)
Klassenarbeit/Test: Einen Arbeitsplatz suchen und sich bewerben (KV 25)

6 Inhalte von Sachtexten erfassen und schriftlich wiedergeben **74**
Kopiervorlagen auf der CD-ROM
Arbeitsblatt 6.1: Einen Sachtext wiedergeben – ÜFLAZ/den 5-Schritt anwenden (leistungsdifferenziert)
(KV 26)
Arbeitsblatt 6.2: Den Inhalt eines Sachtextes zusammenfassen (leistungsdifferenziert) (KV 27)
Arbeitsblatt 6.3: Lesen mit Methode – ÜFLAZ/den 5-Schritt anwenden (KV 28)
Fazitbogen zum Kapitel 6 (KV 29)
Klassenarbeit/Test: Eine Inhaltsangabe verfassen (KV 30)

7 Schriftlich kommunizieren **79**
Kopiervorlagen auf der CD-ROM
Arbeitsblatt 7.1: Einen Gegenstand beschreiben (leistungsdifferenziert) (KV 31)
Arbeitsblatt 7.2: Aktiv in Passiv umformulieren (berufsdifferenziert) (KV 32)
Fazitbogen zum Kapitel 7 (KV 33)
Klassenarbeit/Test: Einen Geschäftsbrief erstellen (KV 34)

Lernszenario **88**

Sachtexte und nicht lineare Texte verstehen und nutzen

8 Diagramme und Schaubilder verstehen und nutzen **89**

Kopiervorlagen auf der CD-ROM

Arbeitsblatt 8.1: Ein Schaubild analysieren (leistungsdifferenziert) (KV 35)

Fazitbogen zum Kapitel 8 (KV 36)

Klassenarbeit/Test: Eine Schaubildanalyse verfassen (KV 37)

9 Was in der Presse steht – Textsorten kennenlernen **98**

Kopiervorlagen auf der CD-ROM

Arbeitsblatt 9.1: Inhalte visualisieren (leistungsdifferenziert) (KV 38)

Fazitbogen zum Kapitel 9 (KV 39)

Klassenarbeit/Test: Einen Kommentar verfassen (KV 40)

10 Argumentieren und Stellung nehmen **105**

Kopiervorlagen auf der CD-ROM

Arbeitsblatt 10.1: Eine Stellungnahme verfassen (leistungsdifferenziert) (KV 41)

Arbeitsblatt 10.2: Argumentationsstützen und Argumentationsgewichtung (KV 42)

Arbeitsblatt 10.3: Eine Erörterung nach dem Blockprinzip vorbereiten (KV 43)

Fazitbogen zum Kapitel 10 (KV 44)

Klassenarbeit/Test: Eine Stellungnahme verfassen (KV 45)

Klassenarbeit/Test: Eine Erörterung nach dem Block- oder dem Reißverschlussprinzip verfassen (KV 46)

11 Sich zu einem Text positionieren **115**

Kopiervorlagen auf der CD-ROM

Arbeitsblatt 11.1: Einen argumentierenden Text untersuchen (leistungsdifferenziert) (KV 47)

Arbeitsblatt 11.2: Eine Texterörterung vorbereiten (leistungsdifferenziert) (KV 48)

Fazitbogen zum Kapitel 11 (KV 49)

Klassenarbeit/Test: Eine Texterörterung verfassen (KV 50)

Lernszenario **122**

Inhaltsverzeichnis

Literarische Texte verstehen und nutzen

12 Literarische Texte verstehen **123**
Kopiervorlagen auf der CD-ROM
Arbeitsblatt 12.1: Johann Peter Hebel: Kannitverstan – Charakterisierung (leistungsdifferenziert) (KV 51)
Arbeitsblatt 12.2: Indirekte Rede zu Hebels „Kannitverstan" (leistungsdifferenziert) (KV 52)
Arbeitsblatt 12.3: Inhaltsangabe zu James Thubers „Das kleine Mädchen und der Wolf"
(leistungsdifferenziert) (KV 53)
Arbeitsblatt 12.4: Selbsteinschätzungsbogen zur Inhaltsangabe (KV 54)
Fazitbogen zum Kapitel 12 (KV 55)
Klassenarbeit/Test: Eine Inhaltsangabe schreiben (KV 56)

13 Literarische Texte gestaltend interpretieren **133**
Kopiervorlagen auf der CD-ROM
Arbeitsblatt 13.1: Einen Tagebucheintrag verfassen: „Adressat unbekannt" – Brief vom 29.1.1934 an Max
(KV 57)
Arbeitsblatt 13.2: Eine Geschichte weiterschreiben (leistungsdifferenziert) (KV 58)
Arbeitsblatt 13.3: Günter Kunert – Zentralbahnhof (vollständiger Text) (KV 59)
Arbeitsblatt 13.4: Walter Bauer – Die am schnellsten wachsende Stadt der Welt (vollständiger Text) (KV 60)
Arbeitsblatt 13.5: Michael Freidank – Schneewittschem (Zusatztext) (KV 61)
Fazitbogen zum Kapitel 13 (KV 62)
Klassenarbeit/Test: Einen Tagebucheintrag verfassen (KV 63)

Lernszenario **139**

Medien verstehen und nutzen

14 Neue und alte Medien nutzen **140**
Kopiervorlagen auf der CD-ROM
Arbeitsblatt 14.1: Medien und Datensammlung (leistungsdifferenziert) (KV 64)
Arbeitsblatt 14.2: Kontrolle in den Medien (leistungsdifferenziert) (KV 65)
Arbeitsblatt 14.3: Medienarten – ihre Inhalte und Gestaltung (KV 66)
Fazitbogen zum Kapitel 14 (KV 67)
Klassenarbeit/Test: Neue und alte Medien nutzen (KV 68)

15 Vortragen, referieren und präsentieren **150**
Kopiervorlagen auf der CD-ROM
Arbeitsblatt 15.1: Der gute Redner (leistungsdifferenziert) (KV 69)
Arbeitsblatt 15.2: Inhalte visualisieren – Medien nutzen (leistungsdifferenziert) (KV 70)
Fazitbogen zum Kapitel 15 (KV 71)
Klassenarbeit/Test: Präsentation (leistungsdifferenziert) (KV 72)

Lernszenario **161**

Sprache und Sprachgebrauch untersuchen

16 In einer Diskussion clever argumentieren **162**
Kopiervorlagen auf der CD-ROM
Arbeitsblatt 16.1: Richtig argumentieren (leistungsdifferenziert) (KV 73)
Arbeitsblatt 16.2: Die Gegenposition einnehmen (leistungsdifferenziert) (KV 74)
Arbeitsblatt 16.3: Eine Diskussion führen (KV 75)
Arbeitsblatt 16.4: Argumente formulieren (KV 76)
Arbeitsblatt 16.5: Diskussion über Kleiderordnung (KV 77)
Fazitbogen zum Kapitel 16 (KV 78)
Klassenarbeit/Test: Argumentieren und diskutieren (KV 79)

17 Wie Sprache wirkt und beeinflusst **171**
Kopiervorlagen auf der CD-ROM
Arbeitsblatt 17.1: Sprachebene und Sprachstil (leistungsdifferenziert) (KV 80)
Arbeitsblatt 17.2: Die Sprache in der Werbung (KV 81)
Fazitbogen zum Kapitel 17 (KV 82)
Klassenarbeit/Test: Die Sprache der Werbung (KV 83)

Lernszenario **178**

Projektarbeit

V Grundlegende Lern- und Arbeitstechniken:
Ein Projekt planen, durchführen und dokumentieren **179**
Kopiervorlagen auf der CD-ROM
Arbeitsblatt V.1: Projektauftrag zur Organisation der Verabschiedung nach Freisprechung (KV 84)
Arbeitsblatt V.2: Projektstrukturplan zur Organisation der Verabschiedung nach Freisprechung (KV 85)
Arbeitsblatt V.3: Projektablaufplan (KV 86)
Arbeitsblatt V.4: Meilensteintrendanalyse (KV 87)
Fazitbogen zum Kapitel V (KV 88)

Text- und Bildquellenverzeichnis **184**

Kapitel I bis IV: Grundlegende Lern- und Arbeitstechniken

Vorbemerkung zu den Kapiteln I bis IV

Relevanz für Alltag, Schule und Beruf

Die Kapitelüberschrift ist Programm: Es werden grundlegende Lern- und Arbeitstechniken angeboten, die für eine erfolgreiche Bewältigung von Schule und Ausbildung unverzichtbar sind. Die Schüler/-innen können erkennen, dass das Lernen lernbar ist und nicht nur eine Frage der Begabung. Durch Anwendung von Techniken kann sich jeder einen soliden Erfolg erarbeiten; zudem erreicht man die Kompetenz, auch neue Aufgaben mithilfe dieses „Werkzeugkastens" anzugehen. Damit wird die Grundforderung aller aktuellen Lehrpläne erfüllt, Schüler, Studierende und Auszubildende in den Stand zu versetzen, sich selbst zu helfen und Inhalte eigenständig zu erarbeiten. Nicht die Vermittlung von Wissen steht im Vordergrund, sondern die Überwindung von Lernproblemen und die Entwicklung von Selbstlernkompetenz.

Aufbau der Kapitel/Lernzuwachs

Die Kapitel stehen zu Beginn der thematisch dazu passenden Kompetenzbereiche. Sie haben sechs Schwerpunkte, die sowohl den häufigsten Lernhindernissen als auch den Kompetenzanforderungen der Lehrpläne gerecht werden:

I.	Das Lernen: lernpsychologische Hintergründe und Strukturierung des Lernvorgangs
II.1 bis II.4	Teamarbeit: Gruppenarbeit effektiv gestalten und Kommunikationsregeln
II.5	Freies Sprechen: Basiswissen und Zielgruppenorientierung
III.1 und III.2	Informationsbeschaffung: Umgang mit Nachschlagewerken und Quellenangaben
III.3	Texterschließung: Texte zielgerichtet lesen und nutzbar machen
IV.	Textproduktion: das Schreiben systematisch planen und optimieren

Methodik, Didaktik, Differenzierung

In den Kapiteln werden typische und praxisnahe Beispiele angeboten. Die Kapitel I bis IV sind so angelegt, dass sie sich von niedrigschwellig zu anspruchsvoll steigern. In vielen Fällen werden niveaudifferenzierte Aufgaben angeboten, damit alle Lernteilnehmer/-innen angesprochen werden können. Mithilfe der Checklisten können die Schüler/-innen ihre Arbeitsergebnisse eigenständig überprüfen. Häufig werden Reflexionsimpulse geboten, um die eigene Erfahrung bewusst und nutzbar zu machen. Viel Wert wird auf kooperative Lernformen gelegt, um nachhaltiges Lernen zu fördern. Damit wird auch Ihr Lehren im Sinne von Lernbegleitung unterstützt. Hilfreich ist auch die große Zahl der GUT-ZU-WISSEN-Kästen. Hier werden grundlegende Techniken verständlich erläutert und können so immer wieder nachgeschlagen und nachgehalten werden, gerade auch bei der Bearbeitung anderer Kapitel.

Kompetenzen

Die Schülerinnen und Schüler
– reflektieren den eigenen Lernprozess
– arbeiten kooperativ zusammen
– übernehmen Verantwortung für ihr Lernen
– können Kritik konstruktiv äußern und annehmen

Grundlegende Lern- und Arbeitstechniken: Das Lernen – gewusst wie

Kapitel I: Grundlegende Lern- und Arbeitstechniken: Das Lernen – gewusst wie

Aufgabenlösungen und methodisch-didaktische Hinweise

S. 10

1 Tim: vorwiegend haptisch-motorischer Lerntyp, zusätzlich visuell und kommunikativ ausgerichtet
Tine: vorwiegend auditiver Lerntyp, zusätzlich kommunikativ ausgerichtet
Ömer: vorwiegend visueller Lerntyp, zusätzlich auditiv ausgerichtet

S. 11

3 Der Arbeitsplatz ist so angelegt, dass ein erfolgreiches Arbeiten erschwert wird. Erkennbar ist, dass viele verschiedene Dinge, meist elektrisches Gerät und Zubehör, auf dem Arbeitsplatz liegen und kein Raum für die eigentliche Arbeit vorhanden ist. Die Gefahr der Ablenkung ist groß und ein konzentriertes Arbeiten kaum möglich. Schreiben und Lesen brauchen Platz und selbst Computerarbeiten lassen sich an dem abgebildeten Schreibtisch vermutlich nicht gut durchführen. Auch ist die schnelle Auffindbarkeit von Lernmaterial nicht gewährleistet.

4 a) Die Schüler/-innen sollten sich während des Interviews Notizen machen können, damit eine möglichst breit angelegte Vorstellung erfolgen kann; die Tipps zur besseren Gestaltung können als Aufgabe auch an die Zuhörer übertragen werden, um eine aktive Beteiligung vieler zu erreichen.
b) Es sollte vorab geklärt werden, ob der optimale Lernplatz sich an den jeweiligen realistischen Möglichkeiten orientiert oder ob er eher idealistischen Modellcharakter haben sollte. Es ist auch eine Kombination beider Möglichkeiten denkbar oder man stellt die Entscheidung zur Wahl; beide Möglichkeiten unterstützen den erwünschten Kompetenzzuwachs.

S. 12

1 Diese Aufgabe ist als eine längerfristige angelegt und sollte im Laufe der kommenden Wochen nicht aus dem Blick verloren werden. Es sollte die Möglichkeit gegeben werden, sich über die Erfahrungen auszutauschen.
Während das Brainstorming das Sammeln von spontanen, ungefilterten Einfällen unterstützt, ist der Cluster eher bei freien Assoziationsprozessen hilfreich, die Mindmap hingegen unterstützt vor allem das kategorisierende Denken.

S. 13

Hinweis/Tipp zum GUT-ZU-WISSEN-Kasten: Geben Sie Ihren Schüler/-innen den Tipp, dass Kärtchen mit besonders sperrigen Inhalten für ein paar Tage in der persönlichen Umgebung aufgehängt werden können (Kleiderschrank, Spiegel etc.), um so die Erinnerung zu unterstützen.

2 Im Kopf der Mitschrift notiert man den Fachbereich und das Datum, ggf. auch den Namen des Autors/der Autorin für den Fall, dass die Mitschrift verteilt werden soll.

Die breite Spalte dient der Notiz der wesentlichen Inhalte; diese bestehen aus Tafelanschrieben oder diktierten Textteilen sowie eigenen erläuternden, erklärenden oder vertiefenden Angaben. Es unterstützt den Lernprozess, wenn diese Notizen übersichtlich und optisch strukturiert angelegt werden (Aufzählungszeichen, Pfeile, Unterstreichungen …).
Die schmale Randspalte dient dazu, das Notierte zu strukturieren und zu kommentieren, indem eindeutige Zeichen, Icons, Begriffe, Abkürzungen etc. eingesetzt werden. So kann auf einen Blick erkannt werden, an welcher Stelle die Definition, das Unverstandene oder Nachzuarbeitende, das Beispiel, die Zusammenfassung, der Verweis, die Literaturangabe, der Merksatz etc. stehen.
Als Zusatzaufgabe können Sie Ihre Schüler/-innen das Anfertigen einer Mitschrift schriftlich beschreiben lassen.
Es spart viel Zeit, wenn man sich zur Anfertigung von Mitschriften ein eigenes Formular anfertigt und als Kopiervorlage nutzt. Das Formular sollte in eine Kopfzeile sowie zwei Spalten aufgeteilt werden, wobei die erste Spalte den Großteil der Blattbreite erfasst, die zweite Spalte nur einen geringen Raum einnimmt.
Die Schüler/-innen können zunächst mit eigenen Zeichen und Visualisierungsformen experimentieren; anschließend kann ein Austausch darüber erfolgen – jeder erläutert und begründet seine Wahl; zuletzt werden verbindliche Formen für die ganze Lerngruppe festgelegt; je nach Fach oder Berufsfeld können Abweichungen überlegt werden. Es empfiehlt sich, eine Verbindung zu Kapitel III.3 (Markierungstechniken) herzustellen, um die Menge der verwendeten Abkürzungen, Zeichen, Symbole usw. übersichtlich zu halten.

3 Ähnlich dem PowerPoint-Karaoke können die Mitschriften per Zufallsprinzip verteilt und die jeweiligen Schüler/-innen zu spontanen Kurzvorträgen angehalten werden.
Eine breite Mischung der Lösungen erreicht man, wenn man zur Auswertung der individuellen Lösungen die Kugellager-Methode wählt (vgl. Kap. 9, S. 156).

S. 14

1 b) Starthilfen: Mündl. Prüfung – Aufregung – Angst – stottern
Schriftl. Prüfung – viel Stoff – Zeitnot – Formulierungsprobleme – Rechtschreibfehler
c) Es sollte breit gedacht werden, z. B. Führerschein-, Übungsleiter-, Sportabzeichen-, Meister-, … prüfung

3 Eine Art Wettbewerb für die besten Merkhilfe-Ideen befeuert evtl. die Kreativität.

S. 15

4 a) Teilweise kostenlose Kreuzworträtsel-Programme können den Arbeitsprozess unterstützen, vgl. unter http://www.softonic.de/s/kreuzwortr%C3%A4tsel-programm.
c) Zur Durchführung des Rollenspiels „Prüfung" kann die Fishbowl-Methode unterstützend eingesetzt werden (vgl. Kap. 16, S. 262). So können sowohl Schüler/-innen als auch Prüfer/-innen, die während der fiktiven Prüfung nicht weiterwissen, Hilfe von „außen" erhalten.

Grundlegende Lern- und Arbeitstechniken: Das Lernen – gewusst wie

5	Schriftliche Prüfungen	Mündliche Prüfungen
	Arbeitsanweisungen genau verstehen: – alle Aufgaben genau durchlesen – anschließend bearbeiten	während der Vorbereitung: – Aufgabe genau lesen – auf die Zeitvorgaben achten – gut strukturierte Stichwörter notieren (Mindmap etc.)
	Aufgaben bearbeiten: – Vorbereitung, z. B. Brainstorming – Bearbeitung – Zeit für Korrekturdurchgang einrechnen – Zeitplanung: etwa ¼, ½, ¼	Mitgestaltung des Prüfungsverlaufs: – Rückfragen – Eingehen auf sichere Teilbereiche
	Uhr mitbringen	auf Verhalten achten: – sicheren Eindruck vermitteln (Blickkontakt, offene Körperhaltung) – Gespräch nicht stocken lassen

S. 16

2 Starthilfe: z. B. Zeitfresser: Computerspiele, Facebook, Shopping etc., z. B. Zeitsparer: Einkäufe und Erledigungen bündeln, Randzeiten nutzen etc.
Sie können Ihren Schülerinnen und Schülern den Tipp geben, sich auf folgenden Seiten intensiver mit dem Thema zu beschäftigen: http://www.jugendservice.at/themen/lernen-lernhilfe/rund-ums-lernen/lerntechniken.html#c13630; http://wirtschaftslexikon.gabler.de/Definition/physiologische-arbeits kurve.html.

Zusätzliche Kopiervorlagen auf der CD-ROM

Arbeitsblätter
– I.1 Eine Mindmap zur Strukturierung von Informationen nutzen (KV 1)
– I.2 Wochenplan (KV 2)

Grundlegende Lern- und Arbeitstechniken: Mit anderen zusammenarbeiten

Kapitel II: Grundlegende Lern- und Arbeitstechniken: Mit anderen zusammenarbeiten

Aufgabenlösungen und methodisch-didaktische Hinweise

S. 18

1 a–c) Folgende Rollen lassen sich für gut funktionierende Gruppen beschreiben:
- Gesprächsleiter/-in (leitet das Gespräch)
- Zeitwächter/-in (achtet auf die Einhaltung der vorgegebenen Zeit)
- Schreiber/-in (notiert die Arbeitsergebnisse)
- Themenwache (achtet darauf, dass alle beim Thema bleiben)
- Nachfrager/-in (fragt kritisch nach, bis alle alles verstanden haben)
- Materialverantwortliche/-r (sorgt für das benötigte Material)
- Redezeitbeobachter/-in (achtet auf ausgewogene Redebeteiligung)
- Gesprächsregelnwächter/-in (achtet auf das kommunikative Verhalten der Gruppenmitglieder)
- Illustrator/-in (übernimmt die ansprechende Visualisierung der Ergebnisse)
- Lautstärkeregler/-in (achtet auf eine angemessene Lautstärke der Gruppe)
- Ermutiger/-in bzw. Lober/-in (gibt gezielt positive Feedbacks)

Kooperatives Lernen und Arbeiten ist eine vorrangige Kompetenzanforderung der heutigen Berufswelt, die im Unterricht z. B. mit Gruppenarbeiten angebahnt werden kann. Die Rollenkarten spiegeln die Aufgaben, die sich in einer Gruppenarbeit ergeben, und unterstützen in ihrem bewussten Einsatz eine reflektierte und strukturierte Herangehensweise an Gemeinschaftsaufgaben. Die Übernahme einer Rolle durch jedes Gruppenmitglied, möglichst durch greifbares Material (z. B. Karten) symbolisiert, stärkt das Verantwortungs- und Selbstwertgefühl der Schüler/-innen, gerade auch das der Leistungsschwächeren.
Welche Rollen tatsächlich besetzt werden, hängt von der Gruppengröße, der Aufgabe, der Zielsetzung, der Gruppenzusammensetzung usw. ab. Hier kann flexibel vorgegangen werden, etwa auch durch Bündelung von Aufgaben (Zeitwächter/-in + Redezeitbeobachter/-in + Gesprächsregelnwächter/-in; Schreiber/-in + Illustrator/-in usw.).

2 Es können auch unter Einbeziehung der Schüler/-innen neue, passgenaue Rollen definiert werden, die z. B. an spezifischen Rahmenbedingungen orientiert sind (Räume, Ordnungssysteme, berufliche Ausrichtung usw.).
Eine mögliche Zusatzaufgabe lautet: Die Buchstaben von „Team" werden häufig ironisch als Merksatz „**T**oll, **e**in **a**nderer **m**acht's!" gedeutet. Sammeln Sie Wörter, die die Teamarbeit positiv beschreiben, und bilden Sie neue Merksätze; gestalten Sie daraus ein Plakat für Ihren Lernraum.

3 **Lösungsvorschlag**
private Gespräche, Aufgabe unklar, verzögerter Arbeitsbeginn, fehlende Arbeitsmittel, ungünstige Raumordnung/Sozialform, fehlende Gruppenmitglieder, unausgewogene Beteiligung Einzelner, Streit und Spannungen, Zeitrahmen nicht im Blick, mangelnder Arbeitswille, Missachtung von Gesprächsregeln

S. 19

1 In **Version 1** fühlt Tim sich möglicherweise angegriffen, weil Tine ihn beschuldigt, bewertet, ja abwertet.
Zudem generalisiert sie die Erfahrung („natürlich", „wieder") und schreibt ihm grundsätzlich negative Eigenschaften zu („Du bist so unzuverlässig"). Auch die möglichen Konsequenzen werden verallgemeinert („mit dir kann man nicht arbeiten").
In **Version 2** bringt Tine ihren berechtigten Ärger vor und zeigt Tim die Konsequenzen des fehlerhaften Verhaltens auf. Sie benennt klar die problematische Situation, die ausgelösten Gefühle und die Folgen (vgl. GUT ZU WISSEN: Ich-Botschaften). Tim kann Tines Ärger nachvollziehen und die Verantwortung für seine Fehler übernehmen, die aber nicht grundsätzlich an seiner Person festgemacht werden.
Mögliche Antworten auf Version 1: Mach mich nicht an. Wie redest du mit mir? Mach doch deinen Kram alleine. Bist du hier der Chef oder was? Bleib mal locker.
→ Tim blockiert.
Mögliche Antworten auf Version 2: Ja, du hast Recht, tut mir leid. Entschuldige bitte, ich hab nicht darüber nachgedacht. Ich kümmere mich darum und lege heute Abend eine Extraschicht ein.
→ Tim übernimmt die Verantwortung.

2 **Aussage 1:** Ich habe große Schwierigkeiten, dich zu verstehen. So kann ich deinen Ausführungen nicht folgen. Kannst du etwas lauter sprechen, bitte?
Aussage 2: Oh, du warst shoppen! Ehrlich gesagt mag ich diesen Style nicht so sehr.
Aussage 3: Euer Wochenende scheint sehr spannend gewesen zu sein, aber ich komme mir hier etwas überflüssig vor. Ich würde gerne zuerst an der Aufgabe arbeiten, damit wir eine ordentliche Leistung abliefern.
Aussage 4: Also ich bin jetzt ziemlich frustriert und verärgert. Wir wollten uns schon vor einer halben Stunde treffen und ich habe mich extra beeilt. Wie sollen wir denn jetzt noch fertig werden?

S. 20

1 **Bild 1** zeigt ein Paar auf dem heimischen Sofa. Er versucht ihr etwas zu vermitteln und wirkt dabei durch Gestik und Gesichtsausdruck aggressiv. Sie wendet sich leicht ab und macht durch eine Geste (Hände an den Schläfen) deutlich, dass es ihr nicht gut geht bzw. dass ihr das Gespräch zu viel ist. Sie ist nicht bereit für dieses Gespräch und blockt ab, während er vermutlich unsachlich und in seinem Gesprächsverhalten dominant auftritt. Ein solches Gespräch ist zum Scheitern verurteilt.
Auf dem **Bild 2** sieht man eine vergleichbare Situation zwischen Mutter und Tochter. Hier versucht die Mutter – mit eher besorgtem Gesichtsausdruck – ihrer Tochter, die sich durch Kopfhörer dem Zuhören verweigert, etwas zu vermitteln. Auch dieses Gespräch kann nicht zum Erfolg führen.
Das Verhältnis der abgebildeten Menschen zueinander und die Themen sowie die Art, wie das Thema vorgetragen wird, unterscheiden sich beträchtlich voneinander, jedoch wird auf beiden Bildern deutlich, dass das Zuhören eine notwendige Voraussetzung für gelingende Kommunikation bedeutet.

2 **Dialog 1:** Tim nimmt Ömers Anliegen nicht ernst, sondern wiegelt ab und spielt herunter. Er gibt verallgemeinernde Ratschläge, die für Ömer nicht hilfreich sind.
Dialog 2: Tim hört zu und signalisiert dies mit einem anteilnehmenden „Aha". Er spiegelt Ömers Aussage in eigenen Worten und gibt diesem dadurch die Gelegenheit, die Aussage zu überprüfen. Tatsächlich modifiziert er dann auch ihren Inhalt, weil er erkennt, dass er sich zu pauschal ausgedrückt hat. Der kurze Reflexionsmoment führt sogar zu einem eigenen Lösungsvorschlag, den Tim positiv verstärkt.

Grundlegende Lern- und Arbeitstechniken: Mit anderen zusammenarbeiten

3 **a)** Die Rollenspiele sollten von Beobachtern begleitet werden, z. B. mithilfe der Fishbowl-Metho-
den (vgl. Kap. 14, S. 227) oder einer abgewandelten Dreischritt-Methode (vgl. S. 21, GUT ZU
WISSEN: Dreischrittinterview).
b) Ein häufiger Einwand ist, dass diese Gesprächsmethode unnatürlich, hemmend, papageienhaft
wirkt bzw. dass der Gesprächspartner sich gefoppt fühlt. Hier kann man herausarbeiten, dass die
Methode nicht statisch, sondern dynamisch und den Erfordernissen gemäß angewendet werden
sollte und zudem einige Übung und Einfühlung braucht. Man sollte sie dosiert und zunächst in
kleinen Sequenzen einüben – dazu könnte man längerfristige Selbstbeobachtungsaufgaben geben.
Ein weiterer Einwand ist, dass die Bestätigungslaute oft einen gegenteiligen Effekt haben und geradezu Desinteresse signalisieren. Hier kann man herausarbeiten, dass dies am ehesten zutrifft,
wenn die nonverbalen Verhaltensweisen nicht dazu passen oder, wie bei Telefongesprächen,
nicht beobachtbar sind. Die Bestätigungslaute wirken also nicht, wenn sie rein mechanisch abge-
geben werden, sondern sie müssen von echtem Interesse getragen sein, was durch nonverbales
und paraverbales Verhalten erkennbar wird.

S. 21

Eine mögliche Zusatzaufgabe zu den Ich-Botschaften und zum Feedback kann den sprachlichen
Aspekt trainieren:
Sammeln Sie sprachliche Formulierungen, die für Ich-Botschaften und Feedback geeignet sind.
Ich habe beobachtet./Mir ist aufgefallen./Ich habe gemerkt./Das wirkte auf mich.

S. 22

1 Angaben zur eigenen Person, für den Erstkontakt zurückhaltender und den allgemeinen Höflich-
keitsformen entsprechender Ton, Inhalte z. B.: welchen Ausbildungsstand und welches Ausbil-
dungsziel habe ich, warum habe ich diesen Praktikumsplatz gewählt, welche Aufgabe soll und
kann ich im Rahmen der Ausbildung übernehmen, um Unterstützung werben
b) Vorab sollte a) gründlich besprochen werden und die Ergebnisse und Kriterien z. B. sollten als
Checkliste notiert werden; erst dann ist eine fundierte gegenseitige Beurteilung möglich.

2 z. B.: Rede bei Festen wie Geburtstag, Hochzeit; Verkaufsgespräch oder Verhandlung; Einkauf;
Arzt informieren; Zeugenaussage machen; Referate halten; Kunden informieren; private Reklamationen; sich selbst und seinen Lebenslauf vorstellen, z. B. bei neuen Gruppen etc.

3 vgl. zum Thema Kurzvortrag Kapitel 15, S. 242 ff.

4 Fordern Sie Ihre Schüler/-innen dazu auf, verstärkt auf die Körpersprache zu achten, da sie für
den Erfolg einer Rede sehr wesentlich ist; dabei Kapitel 15, S. 242 ff. einbeziehen.

Zusätzliche Kopiervorlagen auf der CD-ROM

Arbeitsblatt
– II.1 Checkliste für die Auswertung einer Gruppenarbeit (KV 3)

16

Name: Datum:

Arbeitsblatt II.1: Checkliste für die Auswertung einer Gruppenarbeit

Meine Person	++	+	+/−	−	− −
☐ Wie habe ich mich in der Gruppe gefühlt?					
☐ Wie war mein Einsatz?					
☐ Wurden meine Beiträge wertschätzend aufgenommen?					
☐ Wie habe ich die Ergebnisse mitgestaltet?					
☐ Bin ich mit dem Ergebnis zufrieden?					
☐ Habe ich etwas dazugelernt?					
Meine Gruppe	++	+	+/−	−	− −
☐ Wie war die Zusammenarbeit der Gruppe?					
☐ Haben sich alle ausgewogen an der Arbeit beteiligt?					
☐ Haben alle Mitglieder ihre Aufgaben zuverlässig bearbeitet?					
☐ Wurden die Gesprächsregeln eingehalten?					
☐ Wurden alle Gruppenmitglieder akzeptiert und fair behandelt?					
☐ Wurden Rollen verteilt?					
☐ Wurde Feedback gegeben?					
☐ Ist aus der Gruppe ein Team geworden?					
Unsere Arbeit	++	+	+/−	−	− −
☐ Wurde die Arbeitszeit sinnvoll genutzt?					
☐ Wurde der Arbeitsauftrag zielgerichtet im Blick behalten?					
☐ War der Arbeitsprozess gut strukturiert? Waren die Aufteilungen sinnvoll?					
☐ Wurde das Ziel erreicht?					
☐ Wie kann das Ergebnis beurteilt werden?					
Vorbereitung und Begleitung	++	+	+/−	−	− −
☐ Wurde die Gruppenarbeit gut vorbereitet?					
☐ War die Aufgabenstellung klar?					
☐ Wurde der Arbeitsprozess hilfreich begleitet?					
☐ War der Zeitrahmen angemessen?					
☐ Gab es Unterstützung bei der Materialbeschaffung?					

Folgendes möchte ich noch bemerken oder näher ausführen:

Kapitel 1: Man kann nicht nicht kommunizieren

Vorbemerkung zum Kapitel

Relevanz für Alltag, Schule und Beruf

Sowohl im privaten Umfeld als auch für das Zusammenleben in der Schule sind kommunikative Kompetenzen von größter Bedeutung. Aktuell müssen sich die Schüler/-innen in einer neuen Klasse an einer neuen Schule zurechtfinden und benötigen dafür kommunikative Kompetenzen. Gleichzeitig bewerben sich viele von ihnen um einen Ausbildungsplatz und sind damit den bisher wenig geübten Anforderungen der Kommunikation im Berufsleben ausgesetzt. Im Beruf lassen sich mit kommunikativen Fähigkeiten nicht nur Kundenbeziehungen auf- und ausbauen, sie sind außerdem wichtig für die Zusammenarbeit im Team. Damit sind kommunikative Kompetenzen ein wichtiges Element der Ausbildungsreife. Die Erkenntnisse, die anhand der Kommunikationsbeispiele gewonnen werden, können unmittelbar auf andere Gespräche übertragen werden.

Aufbau des Kapitels/Lernzuwachs

Die Handlungssituation zu Beginn knüpft an die aktuelle Situation der Schüler/-innen in einer neuen Lernumgebung und im Übergang in das Berufsleben an. Sie soll als Anstoß dienen, sich mit eigenen kommunikativen Erfahrungen auseinanderzusetzen.
Da nonverbale Signale den größeren Anteil am Kommunikationsprozess ausmachen, beginnt das Kapitel mit Überlegungen zum körpersprachlichen Ausdruck. Hier geht es insbesondere darum, die Schüler/-innen für diese unterschwellig ablaufenden Prozesse zu sensibilisieren und ein Bewusstsein für das eigene Auftreten zu schaffen. Daran knüpft das Thema „Höflich kommunizieren" an. Für eine angemessene Form der Kommunikation ist es wichtig, die situativen Gegebenheiten richtig einzuschätzen und die einzelnen Sprachebenen unterscheiden zu können. Es werden Überlegungen zu interkulturellen Besonderheiten der Kommunikation angestoßen. Watzlawicks Unterscheidung zwischen komplementärer und symmetrischer Kommunikation sowie Schulz von Thuns Modelle bieten für Schüler/-innen nachvollziehbare Kriterien, die dabei helfen, Kommunikationsprozesse präzise zu beschreiben. Darauf aufbauend werden Ursachen für Kommunikationsstörungen beleuchtet.

Methodik, Didaktik, Differenzierung

Methodisch geht es bei diesem Kapitel darum, an eigene Kommunikationserfahrungen anzuknüpfen und diese zu reflektieren, um die Kommunikationskompetenz zu erweitern. Die systematische Analyse von Kommunikationssituationen dient dazu, bisher unbewusst wahrgenommene Facetten des Kommunikationsvorgangs bewusst zu machen und damit die Möglichkeit zu eröffnen, Kommunikationsstörungen zu vermeiden. Spezielle Anforderungen an die Kommunikationskompetenz stellen die Regeln der Höflichkeit und die Besonderheiten der interkulturellen Kommunikation, die deshalb thematisiert werden. Zu jedem Gliederungspunkt ermöglicht eine Aufgabenstellung eine binnendifferenzierte Vorgehensweise. Um eher unbewusst ablaufende Prozesse erfahrbar zu machen, findet die aus der Arbeit mit literarischen Texten bekannte Methode des „Standbildbauens" Anwendung.

Kompetenzen

Die Schülerinnen und Schüler
- verstehen körpersprachliche Signale
- gestalten Kommunikationssituationen höflich
- schätzen symmetrische und komplementäre Kommunikationssituationen richtig ein
- ordnen die Bestandteile einzelner Kommunikationsbeiträge ein
- gestalten unterschiedliche Gesprächssituationen
- arbeiten erfolgreich in der Gruppe

Aufgabenlösungen und methodisch-didaktische Hinweise

S. 24

1 a)

Kriterium	Bild 1	Bild 2	Bild 3
Gesichts-ausdruck	ernst, entschlossen, eher mürrisch	offen, freundlich	abwartend, direkt, evtl. etwas spöttisch
Haltung	aufgerichtet	zugewandt, sieht den Betrachter von unten her an, aufgestützte Arme	steht asymmetrisch, da sie eine große Rolle über der linken Schulter trägt, wirkt, als käme sie auf den Betrachter zu
Kleidung	formell gekleidet, Jackett und Krawatte	sommerlich gekleidet mit kurzärmeliger Bluse	trägt Arbeitskleidung: Hemd und Hose oder Overall
Umgebung	Bücherwand im Hintergrund	sitzt anscheinend an einem hoch mit Ordnern beladenen Schreibtisch	steht auf der Straße neben einem Transporter

b) Ergiebig ist eine Begründung der Entscheidung, da so die unterschiedlichen individuellen Gewichtungen der Beobachtungen aus Aufgabe a) deutlich werden.

a–b) Es geht darum, die spontane „Bauch"-Wahrnehmung zu reflektieren und Bezüge zwischen einzelnen Komponenten des Bildes (vgl. Tabelle oben) und der eigenen Reaktion darauf herzustellen. Wichtig ist, individuelle Gewichtungen einzelner Schüler/-innen herauszuarbeiten und so die Wahrnehmung jedes Einzelnen dafür zu stärken, mit welcher Arbeitsumgebung man vermutlich besser, mit welcher man schlechter zurechtkommen wird.

2 a) Der sehr feste Händedruck erweckt den Eindruck von Kraft, Selbstbewusstsein und Durchsetzungsfähigkeit. Gleichzeitig kann eine solche Begrüßung einen aggressiven oder ungehobelten Eindruck hinterlassen und dem Gegenüber Schmerzen bereiten.

b) Das Erröten lässt in Kombination mit der verschwitzten Hand auf einen unsicheren und nervösen Gesprächspartner schließen. Da eine solche Berührung unangenehm ist, wird empfohlen, anzusprechen, dass die Hand feucht ist, und/oder sie unauffällig an der Kleidung abzuwischen.

3
- Gerade im beruflichen Umfeld ist es wichtig, sich diesen Mechanismus immer wieder vor Augen zu führen. Ein zu legeres oder ungepflegtes Äußeres kann bei Kunden und Kollegen den Eindruck mangelnder Wertschätzung erzeugen.
- Es ist schwierig, die Körpersprache zu kontrollieren. Dadurch besteht die Gefahr, durchschaut zu werden, wenn ich mich verstelle, z. B. indem ich Interesse heuchele. Dieses Dilemma lässt sich am einfachsten auflösen, indem ich ein echtes Interesse für mein Umfeld entwickele.

S. 25

4 Körpersprachliche Äußerungen lassen sich, wenn man sie isoliert betrachtet, manchmal unterschiedlich interpretieren. Mögliche Äußerungen zu den beschriebenen Gesten könnten sein:
- „Das habe ich nicht verstanden." „Ich bin nicht einverstanden." – „Zu dieser Äußerung gehe ich auf Distanz." „Ich halte Abstand zu dir/Ihnen."
- „Wie viel Uhr ist es?" „Das Gespräch interessiert mich eigentlich nicht mehr." – „Ich finde dich/Sie sympathisch." „Ich bin einverstanden mit dem Vorschlag."

Man kann nicht nicht kommunizieren

– „Ich demonstriere meine Überlegenheit, indem ich viel Raum einnehme." „Ich sitze entspannt und bin der Situation gewachsen." – „Dieser Vorschlag interessiert mich." „Ich konzentriere mich voll auf das Gespräch."

5 c) Grundsätzlich gelten die gleichen Regeln für Körpersprache sowohl im beruflichen als auch im privaten Umfeld. Unterschiede entstehen durch die größere Vertrautheit, z. B. zwischen Vater und Sohn, und die Neigung, Gefühle im privaten Umfeld deutlicher auszudrücken. Im Sport lassen sich häufig Vertrautheit und körperliche Nähe bei Gesprächen in Kombination mit einem autoritären Auftreten der Trainingspersonen beobachten.

S. 26

Äußerung					**Sprachebene**
Stört es jemanden, wenn ich das Fenster schließe?	verbal	direkt	Frage	selbst tätig werden	Standardsprache
(Blickkontakt mit Signal)	non-verbal	direkt	Aufforderung	Lösung durch andere	–
Mir ist kalt.	verbal	indirekt	indirekte Aufforderung	Lösung durch andere	Standardsprache
Mach mal 's Fenster zu!	verbal	direkt	Aufforderung	Lösung durch andere	Umgangssprache
Würden Sie bitte das Fenster schließen? Vielen Dank!	verbal	direkt	als Frage formulierte Aufforderung	Lösung durch andere	Standardsprache
Alter, schließ die Luke.	verbal	direkt	Aufforderung	Lösung durch andere	Jugendsprache
(frösteln)	nonverbal	indirekt	indirekte Aufforderung	Lösung durch andere	–

Das Beispiel für Jugendsprache soll nur das Prinzip der Jugendsprache demonstrieren. Hier lohnt es sich, die Schüler/-innen nach aktuellen Formulierungsvorschlägen zu fragen.

3 a–b) Die höflichste Äußerung in der beschriebenen Situation ist die in Standardsprache formulierte Frage, ob ich selbst tätig werden darf, gefolgt von der Bitte um Hilfe mit anschließendem Dank für die Unterstützung. Dieser Dank fehlt der Äußerung in Umgangssprache, die dadurch und durch das fehlende „bitte" wenig respektvoll klingt. Gesteigert wird das noch in der Äußerung in Jugendsprache.
Die nonverbalen Äußerungen sind schwer zuzuordnen, da die Höflichkeit stark von der körper-sprachlichen Gestaltung abhängt. Die indirekten Aufforderungen lassen dem Empfänger die Mög-lichkeit, nicht zu reagieren. Gleichzeitig wird bei dieser Form der Kommunikation ein indirekter Druck aufgebaut, da der Sender keine eindeutige Bitte formuliert.
Die Äußerung: „Alter, schließ die Luke", die im professionellen Umfeld nicht akzeptabel wäre, ist privat durchaus möglich. Trotzdem lohnt es auch hier darüber nachzudenken, ob z. B. unterschwel-lig aggressive Formulierungen etwas über die tatsächliche Stimmung in der Gruppe aussagen.

4 a) Individuelle Lösungen, die je nach Klassenzusammensetzung stark differieren! Formulierungs-beispiel: Verdammt, es zieht. Macht endlich diese beknackte Tür zu!

20

b) Abhängig von den individuellen Lösungen: Typisch sind Kraftausdrücke und Schimpfwörter in Kombination mit harsch formulierten Aufforderungen.

S.27

5 **a)** Bei der Äußerung „Mir ist kalt" sowie der nonverbalen Äußerung (g) handelt es sich um indirekte Ausdrucksweisen, in allen anderen Fällen wird das Anliegen direkt vorgebracht.

b)

Situation	Beispiel für eine direkte Ausdrucksweise	Beispiel für eine indirekte Ausdrucksweise
Sie können das Tafelbild nicht erkennen, da der Lehrer davorsteht.	Könnten Sie bitte zur Seite gehen?	Ich kann nichts sehen.
gegen Ende einer Party:	Könntet ihr mich nachher mitnehmen?	Ich weiß gar nicht, wie ich nach Hause kommen soll.
im Unterricht, wenn Sie keine Blätter mehr haben:	Könnte ich bitte ein Blatt von dir haben?	Mein Block ist leer.

b) Die Wirkung einer solchen Äußerung hängt davon ab, inwieweit der Empfänger für Appelle offen ist. Bei dickfelligeren Gesprächspartnern kann eine indirekte Äußerung wirkungslos bleiben. Möglicherweise wird zwar der Gesprächsgegenstand aufgegriffen, der Empfänger empfindet sich aber nicht als zuständig dafür, die Situation zu ändern. Bei Menschen, die stark auf Appelle reagieren, wird die indirekte Äußerung genügen, um eine entsprechende Reaktion zu erzeugen, zumindest wenn sie in einem angemessenen Ton vorgetragen wird. Dabei darf man nicht vernachlässigen, dass bei dieser Form der Kommunikation ein indirekter Druck aufgebaut wird, da der Sender keine eindeutige Bitte formuliert.

6 Um besonders höflich zu formulieren, werden Modalverben häufig im Konjunktiv verwandt.
7 Die folgenden Formulierungen stellen nur eine Auswahl der möglichen Lösungen dar:

	Einsatz von Modalverben	Einsatz des Konjunktivs	Umschreibung mit würde
a)	Entschuldigen Sie, können Sie mir bitte sagen, wo die Schillerstraße ist?	Entschuldigen Sie bitte, könnten Sie mir erklären, wo ich die Schillerstraße finden kann?	Entschuldigen Sie bitte, würden Sie mir sagen, wo hier die Schillerstraße ist?
b)	Können Sie bitte den letzten Satz noch einmal wiederholen? Weil es gerade draußen so laut war, habe ich den nicht ganz verstanden.	Entschuldigen Sie bitte, könnten Sie den letzten Satz nochmal wiederholen? Durch die Rufe draußen konnte ich Sie nicht richtig verstehen.	Würden Sie bitte nochmal wiederholen, was ich machen soll?
c)	(einen Moment mit etwas Abstand warten und Blickkontakt aufnehmen) Entschuldigen Sie bitte, dass ich Sie unterbreche. Können Sie mir den Klassenraum aufschließen, damit ich meine Tasche rausholen kann?	(einen Moment mit etwas Abstand warten und Blickkontakt aufnehmen) Entschuldigen Sie bitte, dass ich Sie unterbreche. Dürfte ich Sie bitten, mir den Klassenraum aufzuschließen, damit ich meine Tasche rausholen kann?	(einen Moment mit etwas Abstand warten und Blickkontakt aufnehmen) Entschuldigen Sie bitte, dass ich Sie unterbreche. Würden Sie mir den Klassenraum aufschließen, damit ich meine Tasche rausholen kann?

	Einsatz von Modalverben	Einsatz des Konjunktivs	Umschreibung mit würde
d)	Darf ich Sie bitten, nochmal zu erklären, worauf ich hier achten soll? Ich habe den Zusammenhang noch nicht verstanden.	Tut mir leid, die letzte Erklärung habe ich noch nicht verstanden. Könnten Sie bitte nochmal erklären, worauf ich achten soll?	Tut mir leid, die letzte Erklärung habe ich noch nicht verstanden. Würden Sie bitte nochmal erklären, worauf ich achten soll?
e)	Mögen Sie mit mir kommen? Ich bringe Sie zu meinem Kollegen.	Möchten Sie mir folgen? Ich bringe Sie zu meinem Kollegen.	Würden Sie mir bitte folgen? Ich bringe Sie zu meinem Kollegen.

S. 28

1 a) Diese Begrüßungsform wirkt auf Deutsche, die nicht daran gewöhnt sind, persönlicher, als sie gemeint ist.

b) Grundsätzlich drückt ein Handkuss Wertschätzung und Verehrung aus. Bei Handküssen, wie man sie aus alten Filmen kennt, geht es darum, dass der Herr der Dame seine Ergebenheit und Verehrung ausdrücken möchte. Damit die Geste nicht als Liebeserklärung missverstanden werden kann, wird ein solcher Handkuss nur gegenüber verheirateten Damen ausgeführt und gegenüber unverheirateten lediglich angedeutet.

Im türkischen Kulturkreis ist eine solche Geste ausschließlich gegenüber älteren Personen, insbesondere Verwandten, üblich und soll Respekt ausdrücken. Dieser Handkuss unterscheidet sich von dem im deutschen Kulturkreis üblichen dadurch, dass anschließend der Handrücken kurz an die eigene Stirn geführt wird.

2 **Hinweis:** In dieser Aufgabe geht es sowohl um die verbalen als auch um die nonverbalen Charakteristika der jeweiligen Begrüßungsform. Wie lassen sich Besonderheiten erklären, welche Wirkung hat die jeweilige Form der Begrüßung?

3 a) Wenn im deutschen Kulturkreis jemand spricht, während ich spreche, oder mir ins Wort fällt, wirkt das, als wäre derjenige an mir und meinem Gesprächsthema wenig interessiert und wolle das Gespräch an sich ziehen.

b) Die sparsamere und kontrollierte Beteiligung am Gespräch kann distanziert und desinteressiert wirken auf Gesprächspartner, die einen deutlich lebhafteren Gesprächsverlauf gewöhnt sind.

4 Mögliche Ansatzpunkte könnten Mimik und Gestik sein, die im anderen Kulturkreis missverstanden werden (z. B. ein freundliches Begrüßungslächeln einer Frau gegenüber einem fremden Mann, das als Aufforderung missverstanden wird).

S. 29

1 Die Person in der Mitte ist entweder ein Lehrer im Fachunterricht oder ein Ausbilder im Betrieb. Seine Rolle ist es, den beiden jüngeren Personen – Praktikanten, Schüler oder Auszubildende – etwas zu zeigen und zu erklären. Die beiden jüngeren Personen lassen sich helfen, hören zu und befolgen die Anweisungen im Umgang mit dem technischen Gerät.

2 – Timo wirkt zu Beginn des Gesprächs im Fahrschulwagen verunsichert. Der Fahrlehrer gibt Anweisungen, die Timo akzeptiert. Er entschuldigt sich für einen Fehler.
– Im zweiten Gespräch kritisiert Florian Timos Fahrstil. Timo nimmt in einer ersten Reaktion die Kritik nicht ernst und reagiert auf die erneute, verschärfte Kritik Florians mit einer Drohung.

Während es sich bei dem Gespräch im Fahrschulwagen um eine komplementäre Gesprächssituation handelt (der Fahrlehrer versteht mehr vom Autofahren als Timo), ist die Ausgangssituation im zweiten Gespräch zwischen zwei befreundeten Fahranfängern symmetrisch. Während Timo die Anweisungen des Fahrlehrers akzeptiert, da dieser ein übergeordneter Gesprächspartner ist, ärgert er sich darüber, dass sein Freund, der selbst erst seit Kurzem fährt, Timos Fahrstil kritisiert.

3 **Erwartungshorizont:** Individuelle Lösungen, die sich darin ähneln, dass die Eltern den Anspruch erheben, als übergeordnete Gesprächspartner aufzutreten und auf dieser Basis Verbote und Anweisungen erteilen (z. B. zu den Themen Ordnung, Pünktlichkeit, schulische Leistungen, Freizeitgestaltung, Freundes- und Bekanntenkreis, Berufswahl). Die Schüler/-innen erheben i. d. R. den Anspruch, als symmetrische Gesprächspartner behandelt zu werden, deren gegenteilige Meinung mindestens gleichwertig zu gewichten ist (da es ja um ihr Leben geht).

S. 30

1 **a)** Die Äußerung kann gehetzt oder eher aggressiv gesprochen werden. Dabei legt ein neutraler Gesichtsausdruck eher den Eindruck von Eile nahe, während eine gerunzelte Stirn und ein stechender Blick auf Verärgerung schließen lassen.

a) Appell: Halten Sie mich nicht auf! Oder: Beeilen Sie sich!
Selbstkundgabe: Ich bin in Eile, weil der Unterricht in zwei Minuten beginnt. oder: Ich ärgere mich, dass mein Unterrichtsbeginn nicht ernst genommen wird.
Beziehung: Typisch, der Unterricht beginnt in zwei Minuten und Sie stehen hier noch herum. oder: Denken Sie daran, der Unterricht beginnt schon in zwei Minuten.

S. 31

2 **a)** Die Beziehungsaussage lässt sich sowohl als Wir-Botschaft als auch als Du-Botschaft formulieren. In Abgrenzung gegen die Selbstkundgabe fällt es den Schülerinnen und Schülern häufig leichter, eine Du-Botschaft zu formulieren, deshalb sind hier beide Möglichkeiten angegeben. Dabei hilft es, die Tendenz etwas zu überzeichnen, um das Konfliktpotenzial einzelner Äußerungen herauszuarbeiten.

Sachinhalt:	Der Rock ist kurz.
Appell:	Ziehe einen längeren Rock an!
Selbstkundgabe:	Mir ist ein so kurzer Rock peinlich.
Beziehungsaussage:	(Wir-Botschaft): Ich kenne mich in Kleidungsfragen besser aus als du.
	(Du-Botschaft): Du hast einen gewagten Kleidungsstil.

Sachinhalt:	Der Bus fährt in zehn Minuten.
Appell:	Beeil dich!
Selbstkundgabe:	Ich sorge mich, weil es schon so spät ist.
Beziehungsaussage:	(Wir-Botschaft): Ich bin besser organisiert als du.
	(Du-Botschaft): Du brauchst Hilfe, um pünktlich am Bus zu sein.

Sachinhalt:	Wann kaufst du dir ein neues Handy?
Appell:	Kauf dir ein neues Handy!
Selbstkundgabe:	Dein aktuelles Handy gefällt mir nicht.
Beziehungsaussage:	(Wir-Botschaft): Wir stehen so zueinander, dass ich mich in deine Kaufentscheidungen einmischen darf.
	(Du-Botschaft): Du bist langweilig/nicht hip.

Sachinhalt:	Die Krawatte passt nicht zum Jackett.
Appell:	Ziehe eine andere Krawatte an!
Selbstkundgabe:	Die Kombination gefällt mir nicht.
Beziehungsaussage:	(Wir-Botschaft): Ich verstehe mehr von Mode als du.
	(Du-Botschaft): Du hast keinen Geschmack.

b) Konzentriere ich mich als Empfänger auf den Appell, kann ich mich mit einer Äußerung eher inhaltlich auseinandersetzen. Konfliktpotenzial birgt häufig die Beziehungsseite der Äußerung. Die Aufgabenstellung bietet die Möglichkeit, die Aufforderung anzunehmen oder abzulehnen, bei den folgenden Sätzen handelt es sich lediglich um Formulierungsvorschläge.

(1) Du möchtest gerne, dass ich einen längeren Rock anziehe? Vielleicht hast du recht und dieser ist wirklich zu kurz für den Anlass.

(2) Du meinst, ich solle mich beeilen? Das ist nicht nötig, denn der Bus fährt direkt vor der Haustür ab und ich ziehe gerade meinen Mantel an.

(3) Habe ich dich richtig verstanden, dass du findest, ich soll mir ein neues Handy kaufen? Ich bin mit meinem ganz zufrieden.

(4) Du findest, ich solle eine andere Krawatte anziehen? Auf keinen Fall! Diese Farbkombination ist im Moment große Mode.

b) (1) Die Rocklänge muss dir nicht peinlich sein. Einige andere Frauen tragen deutlich kürzere Röcke.

(2) Mach dir keine Sorgen, wir haben noch genug Zeit, wenn wir jetzt losgehen.

(3) Was hast du gegen mein Handy?

(4) Schade, dass dich die Kombination nicht überzeugt.

3 a)

Situation 1:	komplementär, der Lehrer kennt die Aufgabe
Situation 2:	symmetrisch, die Schülerin weist den Personalchef unhöflich auf ein Missverständnis hin
Situation 3:	komplementär, der Chef kann Anweisungen erteilen
Situation 4:	symmetrisch, zwei Schüler unterhalten sich über ein Sachthema
Situation 5:	komplementär, der Schulleiter verwendet einen ironischen Tonfall, um die Schülerin auf ihre Verspätung hinzuweisen.

b)

Sachinhalt:	Ich komme mit der Aufgabe nicht zurecht.
Appell:	Bitte helfen Sie mir bei der Aufgabe!
Selbstkundgabe:	Ich brauche Hilfe.
Beziehungsaussage:	Sie kennen sich aus mit solchen Aufgaben.

Sachinhalt:	Sie haben etwas falsch verstanden.
Appell:	Ändern Sie Ihre Meinung! Hören Sie mir zu!
Selbstkundgabe:	Ich kenne mich aus./Ich habe recht.
Beziehungsaussage:	Sie haben keine Ahnung.

Sachinhalt:	Die Ware muss dringend heute noch eingeräumt werden.
Appell:	Räumen Sie die Ware ein!
Selbstkundgabe:	Mir es wichtig, dass ausreichend Ware eingeräumt ist.
Beziehungsaussage:	Sie sind zuständig für dieses Problem.

Sachinhalt:	Ist Frau Peters heute nicht da? Mich interessiert, ob Frau Peters heute da ist.
Appell:	Beantworte meine Frage!
Selbstkundgabe:	Ich weiß nicht, wo Frau Peters ist.
Beziehungsaussage:	Du kennst dich aus/weißt Bescheid.

Sachinhalt:	Sie sind zu spät.
Appell:	Kommen Sie in Zukunft pünktlich!
Selbstkundgabe:	Ich bin verärgert.
Beziehungsaussage:	Sie sind unzuverlässig.

c) Sollte die Sprecherin auf die andere Schülerin gewartet haben, werden sich die Botschaften der Schülerin und des Schulleiters stark ähneln. Allerdings hat der Schulleiter aufgrund seiner Funktion innerhalb der Schule in diesem Gespräch die überlegene Position, während die situative Überlegenheit der zurechtweisenden Schülerin nur dadurch entsteht, dass sie Regeln befolgt hat, die die andere Schülerin gebrochen hat, grundsätzlich begegnen die beiden sich als symmetrische Gesprächspartner/-innen, d. h. die Zurechtweisung wirkt weniger schwerwiegend:

Sachinhalt:	Du bist zu spät.
Appell:	Sei in Zukunft pünktlich!
Selbstkundgabe:	Ich bin verärgert/enttäuscht.
Beziehungsaussage:	Du bist unzuverlässig.

Ich bin besser organisiert als du./Ich bin im Recht und darf deshalb so mit dir sprechen.

Je nach Verhältnis der Schülerinnen zueinander wäre aber auch eine andere Aufschlüsselung möglich, z. B.:

Sachinhalt:	Du bist zu spät.
Appell:	Erzähl mir, warum du zu spät bist!
Selbstkundgabe:	Ich bin neugierig.
Beziehungsaussage:	Wir kennen uns so gut, dass ich so mit dir reden kann.

4 a)

Sachinhalt:	Ich habe ein neues Handy.
Appell:	Schau dir das neue Handy an!/Bewundere mein neues Handy!
Selbstkundgabe:	Ich bin stolz auf mein neues Handy./Ich bin cool.
Beziehungsaussage:	Du hast nur ein älteres Handy./Du bist nicht so cool wie ich.

b) Serkan fühlt sich angegriffen, da Anna-Lena ihr neues Handy so stark hervorhebt und dabei keine Rücksicht darauf nimmt, dass Serkan vielleicht auch gerne ein neues Handy hätte.
Da die Situation nicht detaillierter beschrieben wird, wäre theoretisch auch denkbar, dass Anna-Lena froh ist, jetzt endlich auch ein neues Handy wie die anderen zu besitzen. In diesem Fall würde Serkan aber anders reagieren.

S. 33

1 a) Herr Veneranda antwortet genau auf die Fragen des Herrn im dritten Stock, ohne seinerseits Erläuterungen zu liefern, die dem Herrn im dritten Stock bei der Beurteilung der Situation helfen könnten. Er kümmert sich nicht um die Motive, die hinter den Äußerungen des Herrn im dritten Stock stecken, sondern beantwortet dessen Fragen buchstabengetreu.
b) Der Herr im dritten Stock schätzt die Ausgangssituation des Gesprächs falsch ein: Er geht davon aus, dass Herr Veneranda das Haus betreten möchte und deshalb pfeift. Tatsächlich bestätigt Herr Veneranda seine Vermutungen, indem er aussagt, dass die Tür geschlossen sei und er keinen Schlüssel habe. Deshalb geht der Herr im dritten Stock automatisch davon aus, dass er das Pfeifen des Herrn Veneranda richtig eingeschätzt hat, und kann sich deshalb die folgenden Äußerungen des Herrn Veneranda nicht erklären.
c) Herr Veneranda gibt den Wortwechsel weitgehend korrekt, wenn auch etwas überspitzt wieder. Allerdings unterschlägt er, dass sein Pfeifen den Kommunikationsprozess mit dem Herrn im dritten Stock in Gang gesetzt hat, und präsentiert die Gesprächselemente betont zusammenhanglos. Da-

bei wird nicht eindeutig klar, ob er sich dumm stellt oder die Situation tatsächlich so eindimensional wahrnimmt.

d) „Nein, ich habe keinen Schlüssel. Ich sehe mir einfach Ihr Haus an. Entschuldigen Sie bitte, dass ich Sie mit meinem Pfeifen gestört habe." – In diesem Fall signalisiert Herr Veneranda, dass er davon ausgeht, dass der Herr im dritten Stock die Situation falsch einschätzt, und liefert Erklärungen, die eine korrekte Einschätzung der Situation ermöglichen.

d) Eigentlich wollte ich mir nur Ihr Haus von außen ansehen. Weil ich dabei gepfiffen habe, ist der Herr im dritten Stock davon ausgegangen, dass ich Ihr Haus betreten will, und wollte mir den Schlüssel hinunterwerfen, den ich ja gar nicht brauche. Alles nur ein Missverständnis. Tut mir leid, wenn wir Sie gestört haben, weil wir so laut gerufen haben. – Da der weitere Verlauf des Gesprächs zwischen Herrn Veneranda und dem Herrn im dritten Stock nur eine Fortführung des ursprünglichen Missverständnisses ist, genügt es, dem Herrn im ersten Stock die Ausgangssituation zu erläutern.

2 a) Die wertneutrale Frage, ob die Schuhe neu seien, wird von Natascha als Kritik interpretiert. Im weiteren Gesprächsverlauf wird deutlich, dass die eigentlich harmlos klingenden Äußerungen Jennifers sich auch als Kritik interpretieren lassen, wenn man wie Natascha davon ausgeht, dass sie kritisch gemeint sind. Jennifer fühlt sich missverstanden und bricht das Gespräch ab.

a) Da Jennifer die Schuhe nicht ausdrücklich lobt, interpretiert Natascha die Frage als versteckte Kritik. Jennifer, die eine Sachfrage gestellt hatte, kann mit Nataschas Reaktion nichts anfangen und wiederholt ihre Frage. Natascha verfolgt die Idee, dass Jennifer ihre Schuhe kritisiert, weiter und stellt eigene kritische Überlegungen an. Jennifer wundert sich, warum Natascha die Schuhe gekauft hat, wenn sie selbst wenig begeistert davon ist. Natascha greift nur den Teil der Aussage auf, in dem sich Jennifer über den Kauf wundert, und sieht sich in ihrem Verdacht bestätigt. Jennifer gibt es auf, das Gespräch ohne Missverständnis fortsetzen zu wollen.

b) Sie ist unsicher, was ihre neu erworbenen Schuhe oder ihre Modekompetenz ganz allgemein angeht, und hört deshalb aus einer Sachfrage Kritik heraus.

b) Wenn Jennifer ihre erste Frage bereits mit einem Lob beginnt, wird das Gespräch vermutlich einen anderen Verlauf nehmen: „Sind die Schuhe neu? Die gefallen mir." Spätestens nach Nataschas zweiter Äußerung müsste Jennifer sich ausdrücklich für die Schuhe aussprechen, um das Missverständnis auszuräumen:

Natascha: Klar, sie sind nicht so schick wie deine …
Jennifer: Was hast du gegen die Schuhe? Mir gefallen sie – und du hast sie dir doch schließlich gekauft!
Das Gespräch könnte dann wie folgt weitergehen:
Natascha: Ach weißt du, heute Morgen kamen sie mir plötzlich gar nicht mehr so schön vor.
Jennifer: Das Gefühl kenne ich. Keine Panik, das sind wirklich coole Schuhe.

Zusätzliche Kopiervorlagen auf der CD-ROM

(Differenzierte) Arbeitsblätter
– 1.1 Schulz von Thun – Die vier Seiten einer Nachricht (leistungsdifferenziert) (KV 4)
– 1.2 Eine Aussage untersuchen (KV 5)
– Fazitbogen zum Kapitel 1 (KV 6)

Klassenarbeit/Test
– Kommunikation (leistungsdifferenziert) (KV 7)
– Korrekturraster zur Klassenarbeit (KV 7)

Name: Datum:

Fazitbogen zum Kapitel 1

CHECKLISTE	Erfolgreich kommunizieren

- ☐ Nutze ich im Gespräch eine angemessene Körpersprache (Mimik, Gestik, Blickkontakt, Körperhaltung)?
- ☐ Wahre ich eine angemessene Distanz zu meinem Gegenüber?
- ☐ Verhalte ich mich der Situation angemessen und verwende ich eine höfliche Sprache?
- ☐ Nehme ich Rücksicht auf unterschiedliche kulturelle Gewohnheiten?
- ☐ Bin ich mir meiner Beziehung zum Gesprächspartner bewusst (symmetrisch – komplementär)?
- ☐ Habe ich die vier Seiten einer Nachricht wahrgenommen (Sachinformation, Appell, Selbstkundgabe und Beziehungsaussage)?
- ☐ Habe ich erkannt, auf welche Seite der Nachricht mein Gegenüber bzw. ich den Schwerpunkt legen möchte?
- ☐ Bin ich mir über mein Selbstbild und das meines Gegenübers im Klaren?

Kompetenz	Das kann ich	Das kann ich teilweise	Das kann ich noch nicht
– körpersprachliche Signale verstehen – die Beeinflussung durch körpersprachliche Signale erkennen – eine angemessene Körpersprache in Schule und Beruf einsetzen			
– Kommunikationssituationen richtig einschätzen und höflich gestalten – die angemessene Sprachebene nutzen – Gesprächsbeiträge höflich formulieren – kulturelle Besonderheiten kennen und berücksichtigen			
– symmetrische und komplementäre Kommunikationssituationen richtig einschätzen und angemessen gestalten – Gespräche mithilfe der vier Seiten einer Äußerung analysieren und bewusst gestalten, z. B. unter Anwendung des kontrollierten Dialogs			
– das Wissen in unterschiedlichen Gesprächssituationen anwenden			

Kapitel 2: Im Berufsalltag kommunizieren

Vorbemerkung zum Kapitel

Relevanz für Alltag, Schule und Beruf

In fast allen Berufen spielt die mündliche Kommunikation eine entscheidende Rolle, denn kommunikative Fehlinterpretationen sind oft die Quelle von Missverständnissen und manchmal sogar die Ursache von Verstimmungen und Problemen im Betrieb wie auch im privaten Alltag. Somit ist es wichtig, dass die Schüler/-innen über einen adäquaten Wortschatz und verschiedene Fragetechniken verfügen, um sich z. B. in Beratungs- und Verkaufsgesprächen jederzeit situationsgerecht verhalten und ausdrücken zu können. Die Erarbeitung von Mitarbeiter-, Jahres- und Reflexionsgesprächen ist ebenso relevant für das gesamte Berufsleben wie die strukturierte Herangehensweise an Konfliktgespräche, die stets eine besondere Schwierigkeit darstellen. Hinweise und Übungen zu sachlich geführten Konfliktgesprächen dienen daher der Vorbereitung für den Ernstfall.

Aufbau des Kapitels/Lernzuwachs

Dieses Kapitel thematisiert mögliche Formen von Gesprächen zwischen Menschen im Unternehmen und vermittelt die erforderlichen sprachlichen Kompetenzen für die Bewältigung beratender, beurteilender und konfliktlösender Gesprächsabläufe.
Die Kenntnisse über KAAPAV-Struktur, Fragetechnik, Verhaltensmuster von Menschen und Reklamationen bilden die Grundlage für den ersten Teil des Kapitels, Reflexionsgespräche (z. B. bezüglich der beruflichen Praktika) und die Lösung von Konfliktsituationen den zweiten. Ziel ist jeweils, die Schüler/-innen zu befähigen, auch in schwierigen Situationen verbal und nonverbal umsichtig zu handeln.

Methodik, Didaktik, Differenzierung

Die Text- und Übungsbeispiele orientieren sich stets am privaten und beruflichen Alltag der Schüler/-innen. Insbesondere leistungsschwächere Schüler/-innen sollen auf diese Weise motiviert werden, sich der Thematik zu stellen und sich mit den Lerninhalten auseinanderzusetzen. Diese werden primär induktiv erarbeitet. Zunächst steht die Reflexion über sprachliche Besonderheiten im Fokus, später wird zur Realisierung der Kompetenzerweiterung mit Checklisten, Ablaufregeln und Fragestellungen eine Struktur vorgegeben, die von den Schüler/-innen selbstständig gefüllt werden soll. Anregungen zu Rollenspielen bieten die Möglichkeit, eigene sprachliche Verbesserungen gezielt zu erproben und einzuüben.
Differenzierende Aufgaben ermöglichen Schülerinnen und Schülern mit unterschiedlichen Vorkenntnissen und Lernstärken einen individuellen Lernfortschritt. Auf diesem Wege wird allen Lernenden die Möglichkeit geboten, die Grundlagen von unterschiedlichen Gesprächsverläufen und Ausdrucksformen zu erlernen.

Kompetenzen

Die Schülerinnen und Schüler
- analysieren Gesprächssituationen
- führen Beratungs- und Verkaufsgespräche mithilfe der KAAPAV-Struktur
- führen Reflexions- und Konfliktgespräche

Aufgabenlösungen und methodisch-didaktische Hinweise

S. 37

1 „Sie begrüßen … Atmosphäre" (3) = 1 Kontakt
2 „Sie fragen … ggf. nach" (1) = 2 Analyse des Kundenproblems
„Sie legen … der Auswahl" (5) = 3 Angebot
„Sie beantworten … zu stellen" (2) = 4 Prüfen
„Sie bemerken … Entscheidung" (6) = 5 Abschluss
„Sie bedanken … höflich" (4) = 6 Verabschiedung

3

Abschnitt	Thema/Phase	sprachliche Besonderheiten
Z. 1–4 Kontakt	Kontaktaufnahme	Begrüßung, freundliche Ansprache z. B. durch Fragen, Bestätigung
Z. 4–12 Analyse des Kaufmotivs	Analyse des Kundenwunsches	überwiegend fragendes Vorgehen, Sprechanreize durch Impulse (Z. 9)
Z. 13–39 Angebot, Beratung/ Prüfen (Kundenein- wände)	Präsentation diverser Angebote Kundeneinwände prüfen und – soweit möglich – begründet entkräften; Alternativen anbieten	Frage- und Aussagesätze Aussagesätze
Z. 42 Abschluss (Verabschie- dung)	Entscheidung bekräftigen	Aussagesätze
Z. 42–44 Verabschiedung	Dank und Verabschiedung	höfliche, digital und analog angemessene Verabschiedung formulieren und demonstrieren

S. 38

1 a–b)

offene Fragen: Analyse, Angebot
– „Kann ich etwas für Sie tun?"
– „Was wünschen Sie?"
– „Welche Vorstellungen haben Sie?"
geschlossene Fragen: Analyse, Angebot, Abschluss
– „Sie bevorzugen bestimmte Farben?"
– „Möchten Sie die Hose mit diesem Schnitt anprobieren?"
– „Darf ich Ihnen noch unsere neueste Kollektion zeigen?"
Alternativfragen: Angebot, Abschluss
– „Wünschen Sie einen dünnen Stoff für den Sommer, z. B. Leinen, oder doch ein anderes Mate- rial, das Sie auch noch an kühleren Herbsttagen tragen können?"
– „Soll die Hose am Bein weiter geschnitten sein oder bevorzugen Sie die Röhrenform?"
Suggestivfragen: Abschluss, aber auch in der Phase des Angebots denkbar
– „Ist es vor allem aus finanziellen Gründen nicht sinnvoll, ein Material auszuwählen, das Sie auch im Herbst noch tragen können?"
– „Sie bevorzugen doch sicherlich Qualitätsware?"

Im Berufsalltag kommunizieren

2 a–b) z. B. bei **Kleidungsstücken**: Qualität, Schnitt, Mode, Stoff, Design;
z. B. **Auto**: PS, Design, Ausstattung, Spritverbrauch, zulässige Höchstgeschwindigkeit; Hinweis:
Die Gespräche können per Video aufgezeichnet werden, um sie in der anschließenden Unterrichtsphase im Klassenverbund erneut präsentieren und analysieren zu können. Alternativ können
Textvorschläge ausgewählter oder aller Arbeitsgruppen kopiert und im Plenum analysiert werden.

3 a) Einwände, z. B. **Kleidung**: Empfindlichkeit des Stoffes, Allergien auslösende Färbemittel,
Waschverhalten (Farbechtheit, Einlaufen der Kleidungsstücke, Preis …)
Auto, z. B.: zu groß, zu klein, Anhängervorrichtung, Preis, Farbe, Ausstattung, Verbrauch …
b) **Bekleidung** – mögliche Gegenargumente: Exklusivität, Haltbarkeit, modernes Design, leichte
Pflege (= bügelfrei) …
Auto – mögliche Gegenargumente: Ausstattung im Verhältnis zum Preis (serienmäßige Ausstat-
tung in Relation zu anderen Fahrzeugen gleicher Preisklasse), geringer Kraftstoffverbrauch, gerin-
ge Kilometerleistung (bei Gebrauchtfahrzeugen) …
b) z. B. Begründungsmethode: „Der Preis für dieses Auto ist zwar etwas höher, aber dafür sind im
Preis die vollautomatische Klimaanlage und die Leichtmetallfelgen bereits inbegriffen."
Rückfragemethode: „Hätten Sie nicht gerne ein modernes Design?"
Verharmlosungsmethode: „Dieses Kleidungsstück ist nicht empfindlicher als andere Kleidungsstücke aus Seide."
Abwägungsmethode: „Ja, sicher, die Farbe unseres Sondermodells ist nicht jedermanns Sache.
Und wenn Sie Ihnen nicht gefällt, müssen Sie überlegen, ob das angesichts der höherwertigen
technischen Ausstattung ohne Aufpreis nicht verschmerzbar ist."

S. 39

1 Das primäre Ziel dieser Unterrichtsphase besteht darin, die Schüler-/innen für unterschiedliche
Verhaltensmuster von Menschen zu sensibilisieren, um in der Folge Reaktionsmöglichkeiten und
Umgangsformen entwickeln zu können.
b) Rechthaberisch auftretenden Personen geht es weniger um eine sachliche Auseinanderset-
zung und um die Entwicklung von kausalen Lösungen, sondern vielmehr um ihre Selbstdarstel-
lung. Deswegen können sie in der Regel auch nicht zuhören.
Folglich erscheint es wenig sinnvoll, rechthaberische Menschen belehren zu wollen.
Die Auseinandersetzung auf einer argumentativen Ebene kann zu einem *„WER HAT RECHT?"*-
Wettbewerb führen, aus dem eine schier endlose Reiz-Reaktions-Triade entstehen kann, die das
eigentliche Ziel, eine gemeinsame Lösung zu finden, gar nicht mehr verfolgt.
Hilfreich ist es, Gefühle von Verärgerung, Antipathie oder gar Aggression, die rechthaberische
Menschen leicht auslösen können, zu verdrängen. Ablehnung, Kampf und Anfeindung kennt der
Rechthaberische bereits sehr genau. Damit kann er gut umgehen. Deshalb sollte sich niemand auf
dieses Spiel einlassen.
Je nach Situation erscheint es ratsam, das Spiel mitzuspielen. Beispielsweise könnte in einem
Kundenberatungsgespräch die Kompetenz des Rechthaberischen herausgestellt und gelobt wer-
den. Ein positives Resultat ist dann erzielt, wenn sich der Rechthaberische durch seine vermeintli-
che Kompetenz das Produkt quasi selbst verkauft.

2 a) Die Rollenspiele können per Video aufgezeichnet werden, damit sie in der anschließenden Unterrichtsphase im Klassenverbund analysiert werden können. Alternativ können Textvorschläge
ausgewählter oder aller Arbeitsgruppen kopiert und im Klassenverband analysiert werden.
b) **Der Vielredner**
Auch Vielredner gehören zu der Spezies von Menschen, die kaum oder gar nicht zuhören können.
Wenn es der situative Rahmen erlaubt, sollte der Vielredner eine Plattform zur Präsentation bekommen; er sollte zunächst also reden dürfen. Durch körpersprachliche Signale oder verbale Zei-

chen (hm, ach ja …) signalisiert der Zuhörer das aktive Zuhören. Auf diese Weise werden Spannungen und ein gänzliches Abdriften auf die Beziehungsebene vermieden.

Bei günstiger Gelegenheit sollte der Vielredner dann („sanft") unterbrochen und schließlich freundlich und bestimmt vom Zuhörer gelenkt werden: *„Ja, diese Meinung über Smartphones habe ich schon sehr oft gehört und kann sie auch nachvollziehen. Andererseits darf man natürlich auch nicht übersehen, dass …"*

Der Selbstsichere

Selbstsichere Menschen verfügen naturgemäß über ein ausgeprägtes Selbstvertrauen. Häufig wirken sie, möglicherweise auch gespielt, kühl und sachlich, wenig emotional. Selbstsichere Menschen wirken oft konstruktiv. Im Gegensatz zur rechthaberischen Spezies, mit denen es sicherlich Überschneidungen in Verhaltensmustern gibt, sind allerdings selbstsichere Individuen (z. B. im Fall von Problemlösungen) nicht unbedingt an einer Selbstinszenierung interessiert.

Da sie schnelle und präzise Problemlösungen erwarten, ist ihnen mit sachlicher und fachlicher Kompetenz zu begegnen.

Der Hektische

Hektische Menschen sprechen in der Regel sehr schnell und verwenden gerne auch Satzfragmente. Der Zuhörer muss sich diesem Sprachstil zwar nicht zwangsläufig anpassen, sollte aber einen hektischen Menschen auch nicht durch übermäßige Darstellung von Ruhe und Gelassenheit provozieren. Weit ausholende Begründungen zur eigenen Position (z. B. bezüglich der Smartphone-Nutzung) könnten als Provokation aufgefasst werden, sind also zu vermeiden. Der Zuhörer sollte folglich seine Auffassung rasch darlegen, ohne allerdings selbst in Hektik zu verfallen.

Der Schüchterne

Schüchterne Menschen sind leicht zu verunsichern, was sie dann auch in ihrem analogen Kommunikationsverhalten zum Ausdruck bringen. Sie erröten z. B. sehr schnell. Diese Individuen sind zögerlich in Entscheidungsfragen, tragen trotz möglicher Verunsicherungen selten Einwände vor. Schüchternen Typen hilft eine ausgedehnte „Warming-up-Phase". In Verkaufsgesprächen ist die Kontaktphase folglich entsprechend zu gestalten. Sie benötigen Diskretion, sodass für eine diskrete Gesprächsatmosphäre zu sorgen ist. Schüchterne Menschen brauchen Unterstützung, also eine sehr zielgerichtete Beratung, auch im Bereich der Entscheidungsfindung. Da Schüchternheit häufig aber auch mit einer gewissen Skepsis gepaart ist, sollte der Umgang mit Worten eher sparsam erfolgen.

3 Das Verhalten von Menschen ist in der Regel vielschichtig. Folglich treten die erwähnten Verhaltensmuster häufig als „Mischformen" auf, die sich aber oft ergänzen. Ein selbstsicherer Mensch wird eher zur Rechthaberei neigen als ein schüchterner Typ; der Vielredner zeigt auch Merkmale eines hektischen Individuums, weil er z. B. Angst vor Unterbrechungen durch den Kommunikationspartner hat. Schüchterne Menschen werden hingegen selten zu ausschweifenden verbalen Darstellungen neigen usw.

S. 40

1 Die Karikatur verdeutlicht ein falsches Verständnis von Kundenreklamationen. Ihr ist zu entnehmen, dass zunächst große Hürden übersprungen werden müssen, um Reklamationen überhaupt vortragen zu können.

Diese Einstellung gegenüber Kundenreklamationen provoziert natürlich Verärgerungen und Unzufriedenheit.

Die Beschwerden von Kunden sollten im Gegenteil sehr ernst genommen werden. Diese Auffassung stärkt die Kundenbindung, sichert mithin langfristig Absätze oder erhöht diese sogar. Stammkunden können auf diesem Wege gewonnen und an die Firma gebunden werden, was sehr bedeutsam ist, da sie für die Firmen einen höheren Stellenwert als die so genannte „Laufkundschaft" haben.

Eine alte Marketingregel besagt, dass ein zufriedener Kunde maximal einen weiteren Kunden für die Firma gewinnen, ein einzelner unzufriedener Kunde aber zehn weitere potenzielle Neukunden abschrecken kann.

2 Die Bestimmungen finden sich in den Paragrafen 434 ff. BGB. Berechtigte Reklamationen sehen z. B. für den Kunden die Möglichkeit einer *Nacherfüllung, der Preisminderung, eines Rücktritts vom Vertrag oder sogar Schadenersatz vor* (siehe BGB).

Hinweis

In der Rolle als Verkäufer/-in sollten die Schüler/-innen die rechtlichen Bedingungen über das Zustandekommen eines Kaufvertrages und die daraus resultierenden Rechte und Pflichten wenigstens grob einordnen können.

Wird der Unterricht in Klassen der Berufsfachschule Wirtschaft erteilt, könnten die Schüler-/innen das erforderliche Fachwissen interdisziplinär in den Deutschunterricht transferieren. Empfehlenswert sind aufgrund der Komplexität der Thematik Internetrecherchen der Schüler-/innen.

3 Insbesondere die Körpersprache muss signalisieren, dass die Bereitschaft zum aktiven Zuhören gegeben ist. Zustimmende verbale Signale wie „ach ja", „gut", „hm", „ja", usw. unterstreichen kommunikativ diese Zuwendung.

Dem Reklamierenden muss zunächst also die Möglichkeit eingeräumt werden, das Problem darzustellen, ihm ist das Gefühl zu vermitteln, dass sein Anliegen auf jeden Fall ernst genommen wird.

Die Verkäuferin „bündelt" dann die wahrgenommenen Informationen, indem sie das Reklamationsanliegen nochmals mit ihren Worten beschreibt. Auf diesem Wege wird erneut aktives Zuhören demonstriert und gleichsam verdeutlicht, dass das Problem verstanden wurde.

Alsdann sind denkbare Lösungen aufzuzeigen und die Berechtigung der Reklamation zu überprüfen (BGB).

Nachdem der Anlass der Kundenbeschwerde geklärt ist, bestätigt die Verkäuferin die Akzeptanz der Reklamation oder weist sie im Falle der Nichtberechtigung begründet zurück. In diesem Falle besteht noch die Möglichkeit einer Kulanzregelung, um z. B. Stammkundschaft nicht zu verärgern.

a) Der Kunde erhofft sich vermutlich ein neues Produkt, das nicht mit Mängeln behaftet ist. Denkbar ist auch, dass er eine Gutschrift erwartet, um z. B. ein höherwertiges Produkt zu erwerben, oder schlicht die Rückgabe des gezahlten Preises. Möglich ist auch, dass der Kunde auf jeden Fall mit einer Kulanzregelung rechnet, falls er einschätzen kann, dass keine Rechtsansprüche bestehen.

Diese Absichten gilt es, aus dem Beschwerdevortrag zu interpretieren.

b) Der Kunde ist sehr emotional und greift die Verkäuferin persönlich an. Die Verhaltensmerkmale deuten auf einen rechthaberischen Kunden hin, der sich seiner Sache sicher ist.

Hier ist eine professionelle Reaktion gefragt: Die Verkäuferin sollte eine Reiz-Reaktions-Triade, die auf der Selbstoffenbarungs- oder Beziehungsebene ausgetragen wird, vermeiden. Das könnte zu weiteren sprachlichen Entgleisungen des Kunden führen.

Keineswegs muss die Verkäuferin die Beschimpfungen zulassen. Sie sollte ihre Bereitschaft zum Zuhören erwähnen, gleichzeitig aber betonen, dass sie persönliche Diffamierungen und Beleidigungen nicht akzeptiert: *„Ich kann Ihre Verärgerung nachvollziehen, gebe Ihnen aber nicht das Recht, mich durch Ihre verbalen Angriffe zu verletzen."*

Erst die Rückkehr auf die Sachebene (soweit realisierbar) ermöglicht dann eine wie auch immer geartete Lösung des Problems.

c) Die Rollenspiele können per Video aufgezeichnet werden, um sie in der anschließenden Unterrichtsphase im Klassenverbund erneut präsentieren und analysieren zu können. Alternativ können Textvorschläge ausgewählter oder aller Arbeitsgruppen kopiert und im Plenum analysiert werden.

d) Das Feedback der Lerngruppe sollte vor allem spiegeln, ob die Regeln des aktiven Zuhörens eingehalten werden.

Ferner zeigt sich, ob die Schüler/-innen die einzelnen Schritte der Checkliste sinnvoll chronologisch einhalten können, und welche Konsequenzen daraus resultieren.

Interessant sind auch mögliche unterschiedliche Kundenreaktionen, die die Verkäuferin wiederum zu unterschiedlichen Lösungen zwingt.

Liegt z. B. eine schon im Vorfeld zu erkennende fehlende Berechtigung für die Beschwerde vor, besteht die Gefahr, dass dieser Aspekt sehr schnell durch die Verkäuferin thematisiert wird. Ein solches Verhalten könnte den Reklamierenden provozieren, weil er sich und sein Anliegen nicht ernst genommen fühlt. Das könnte dazu führen, dass das Gespräch auf die Beziehungsebene abgleitet, negative Befindlichkeiten provoziert und unter Umständen langjährige Stammkunden verärgert werden.

S. 41

1 Lösungsvorschlag

Cluster zum Thema Beurteilung - Reflexionsgespräch

2 a–b)

Vorteile

Beurteilungs- und Reflexionsgespräche können zu einer höheren Zufriedenheit führen, weil sich die Betroffenen auf dieser Basis besser einzuschätzen lernen und sich entsprechend zu positionieren wissen. Sie kennen dann ihre Chancen in Bezug auf Beförderungen, Stellenausschreibungen, Einstellungen (Übernahme eines Praktikanten in ein Ausbildungsverhältnis) usw. Auf der Ebene des Vorgesetzten lassen sich auf diesem Wege Entwicklungswünsche der Mitarbeiterinnen und Mitarbeiter besser ausmachen, Stimmungsbilder ausloten etc.

Ein auf diesem Wege erreichtes vertrauensvolles Klima führt zu mehr Zufriedenheit im Unternehmen, was wiederum positiv nach außen wirken kann.

Nachteile

– Kritische Inhalte sind problematischer zu kommunizieren als positive. Hemmungen auf der Vorgesetztenebene (z. B. auch der Lehrkräfte in einem Beurteilungs- und/oder Reflexionsgespräch) können zu „weichen" und damit nicht aussagekräftigen Beurteilungen führen. Es kommt dann zu einer oberflächlichen Scheinbewertung. Die gewünschten Verhaltensänderungen sind auf diese Weise nicht zu erzielen und negative Verhaltensmuster könnten sich festsetzen.

– Kritische Beurteilungen könnten Resignation und Demotivation provozieren.

Generell gilt, dass der entscheidende Faktor das „WIE" ist, also die Art, Lob und Tadel zu kommunizieren. So sollte die Formulierung *„Es fehlt Ihnen auf jeden Fall an Durchsetzungsfähigkeit für*

…" vermieden werden. Die Variante *„Ich meine, Sie sollten zukünftig an Ihrer Durchsetzungsfähigkeit arbeiten. Konkret beziehe ich mich auf das Beispiel …"* enthält schon Kritik, lässt aber Spielraum für positive Veränderungen, klingt folglich nicht endgültig und ultimativ.

Die gemäß Aufgabenstellung geforderte **Folie** könnte in der Form einer Mindmap erstellt werden.

3 **a)** Berufspraktika lassen sich grob in drei Phasen aufteilen:
Einführung/Erkundung, Durchführung, Evaluation
Diese Phasen beschreiben einen Prozess, der von stets wachsenden Lernfortschritten und der zunehmend selbstständigen Tätigkeit des Praktikanten geprägt sein sollte. Dieser Entwicklungsprozess muss sich natürlich auch im Reflexionsgespräch spiegeln.

Im Verlauf eines *Reflexionsgespräches* könnten folgende Fragen gestellt werden:
– „Wie fühlen Sie sich in dieser Phase (in der Mitte oder am Ende) Ihres Praktikums?"
„Haben Sie das Gefühl, dass Sie von diesem Praktikum profitieren konnten?"
– „Welchen konkreten Berufswunsch hatten und haben Sie? Entsprechen die Tätigkeiten Ihres Praktikums diesem Berufswunsch?"
– „Bildet Ihr Praktikumsbetrieb aus? Wenn ja, ist der Betrieb ein Ort, an dem Sie eine Ausbildung machen möchten?"
– „Sie haben Ihren Praktikumsbetrieb bereits näher kennen gelernt. Geben Sie einige Informationen zum Betrieb (z.B. Größe, Anzahl der Mitarbeiter, Abteilungen, Produkte …)."
– „Welche Tätigkeiten verrichten Sie?"
– „Arbeiten Sie im Team? Wie beurteilen Sie diese Zusammenarbeit?"
– „Welche Eigenschaften müssen Sie im Falle des Wechsels in einen Ausbildungsberuf mitbringen?"
– „Wie empfinden Sie die Organisation Ihres Praktikums?"

b) Das Reflexionsgespräch sollte eine Einteilung in unterschiedliche Phasen erfahren.
Die unter 3 a) aufgelisteten beispielhaften Fragestellungen und weitere Anregungen sollten diesen Phasen zugeordnet werden:
Phase 1: Gespräch eröffnen
– Welchen Berufswunsch hatten und/oder haben Sie? Sehen Sie in Ihrem Praktikum Parallelen zu diesen Vorstellungen?
– Wie fühlen Sie sich in der aktuellen Phase (Beginn, Mitte, Schluss) Ihres Praktikums?
Phase 2: Situationsbeschreibung
– Ist Ihr Praktikumsbetrieb ein Ort, an dem Sie auch gerne Ihre Ausbildung machen würden? (Wenn ja: Mögen Sie Gründe für Ihre Meinung anführen? Wenn nein: Mögen Sie Gründe für Ihre Meinung anführen?)
– Sie kennen Ihren Praktikumsbetrieb inzwischen. Könnten Sie diesen bitte etwas genauer beschreiben, z.B. Größe, Anzahl der Mitarbeiterinnen und Mitarbeiter, Abteilungen, Produkte, eben alles, was Ihnen bedeutsam erscheint?
– In welchen Abteilungen oder Arbeitsbereichen wurden Sie bislang eingesetzt?
Phase 3: Stärken- und Schwächenanalyse
– In den Abteilungen arbeiten unterschiedliche Teams. Beschreiben und bewerten Sie die Zusammenarbeit in den einzelnen Teams und die Rolle, die Sie eingenommen haben.
– Nennen und beschreiben Sie Tätigkeiten, die Sie selbstständig verrichten mussten. Beurteilen Sie die Zufriedenheit mit den Ergebnissen aus Ihrer Sicht und – soweit Sie das einschätzen können – aus der Sicht Ihres/Ihrer Vorgesetzten. Gab es z.B. Lob, gab es Tadel? (Im Falle eines Tadels: Sind Sie der Auffassung, dass die Kritik berechtigt ist?)
– Fühlen Sie sich bei der Verrichtung der mit Ihrem Praktikum verbundenen Tätigkeiten eher unter- oder eher überfordert oder entsprechen die Anforderungen Ihren Erwartungen?
– Gibt es Überschneidungen zwischen Ihren beruflichen Vorstellungen und den Tätigkeiten in Ihrem Praktikum?

Phase 4: Ziele im Hinblick auf mögliche Verbesserungen und denkbare Maßnahmen zur Zielerreichung

– Wie hätte Ihr Praktikum nach Ihren Vorstellungen idealerweise verlaufen müssen bzw. wie müssten Sie und/oder Ihr Vorgesetzter/Ihre Vorgesetzte und Ihre Kolleginnen und Kollegen sich idealerweise verhalten, damit Ihre Vorstellungen hätten umgesetzt werden können?
– Welche Maßnahmen bzw. welche Verhaltensänderungen erscheinen Ihnen angebracht, damit positive Ergebnisse erzielt werden können (z. B. Arbeitseinsatz, Engagement, Teamverhalten, Belastbarkeit, Disziplin …)? (Im Falle von Problemen im Umgang mit den Kolleginnen und Kollegen können Maßnahmen im Bereich des analogen und/oder digitalen Kommunikationsverhaltens ergriffen werden usw.)

Phase 5: Formulierung von Zielen für die weitere Entwicklung (gemäß Absprache zwischen schulischer und betrieblicher Praktikumsbetreuung und der Praktikantin/dem Praktikanten)

– sich effektiver in der Teamarbeit engagieren
– mehr Flexibilität entwickeln, um sich situativ besser anpassen zu können
– positive Körpersprache entwickeln
– mehr auf die Einhaltung von Rahmenbedingungen achten (z. B. Pünktlichkeit, Erscheinungsbild usw.)

Phase 6: Gespräch beenden

– bereits erreichte Ergebnisse sind zu würdigen (in Absprache mit der Praktikumsbetreuung)
– Ermutigung, sich weiteren Herausforderungen und Lernprozessen zu stellen

Hinweis

Die Schüler/-innen werden die Aufgabenstellung nicht so detailliert wie im vorliegenden Lösungsmuster bearbeiten. Hier kann die Lehrkraft im Rahmen des Auswertungsgesprächs zu den Aufgabenstellungen steuernd eingreifen. Entscheidend ist, dass sich die Schüler/-innen der Bedeutung der Reflexion ihres Praktikums bewusst sind, um für sich Konsequenzen ableiten zu können (berufliche Perspektiven, Verhaltensmuster, Profileinschätzung …).

c)

Probleme	Tipps
Schwierigkeiten im Umgang mit Arbeitskolleginnen und Arbeitskollegen	das Problem möglichst rasch thematisieren und nach Lösungen suchen; Gegenstrategien ohne direkte Beteiligung der anderen Konfliktpartei „hinter dem Rücken des/der Betroffenen" vermeiden; persönliche Angriffe und Anschuldigungen vermeiden, z. B.: *„Ich habe Schwierigkeiten mit der Art, wie Sie (der Kollege …) mit mir umgehen/umgeht. Es erscheint mir sinnvoll, dass ich einen Teamwechsel vornehme. Alternativ schlage ich vor, dass wir das Problem besprechen und gemeinsam nach möglichen Lösungen suchen."*
Schwierigkeiten bei der Verrichtung der aufgetragenen Tätigkeiten (z. B. Über- oder Unterforderung)	Auch dieses Problem ist rasch anzusprechen, damit Änderungen vorgenommen werden können, bevor Demotivation oder dergleichen ensteht., z. B.: *„Mir fehlen doch noch einige Vorkenntnisse, damit ich die Aufträge korrekt erledigen kann. Diese muss ich mir noch aneignen. Können Sie mir dabei behilflich sein?"*

Im Berufsalltag kommunizieren

prinzipieller Grundsatz
Alle angesprochenen Probleme sollten positive Aussagen im Lösungsansatz beinhalten. Dann wird deutlich, dass es sich nicht um Nörgelei handelt, sondern dass versucht wird, konstruktiv mit dem Problem umzugehen.
Alternativ schlage ich vor, ...
Diese muss ich mir noch aneignen.

S. 42

4 a) Bei der Erarbeitung der Rollenspiele orientieren sich die Schüler/-innen an dem im Unterricht erarbeiteten Phasenablauf für das Reflexionsgespräch. Die Praktikumsanleiterin soll das Gespräch lenken und mit der Gesprächseröffnung beginnen. Diese kann durchaus kurz gehalten werden.

Denkbar ist, dass bereits die in der Eröffnung gestellte Frage nach der Befindlichkeit erste Unmutsäußerungen provoziert (*„Ich fühle mich überhaupt nicht gut. Ich habe mir das hier nämlich total anders vorgestellt"*).

In diesem Falle erscheint es wenig sinnvoll, starr an dem Phasenablauf festzuhalten. Vielmehr sollten bereits anfänglich getätigte Äußerungen der Unzufriedenheit dazu führen, auch die Situationsbeschreibung kurz zu halten oder gar zu vernachlässigen.

Die Stärken- und Schwächenanalyse soll hingegen umfangreicher ausfallen. Die Frage nach der Selbsteinschätzung des Praktikumsverlaufs kann die Praktikantin/der Praktikant z. B. mit einem kritischen Urteil in der Eigenbewertung beantworten:

Praktikant/-in:
Ja, ich habe sicherlich häufig nicht erlaubte Raucherpausen eingelegt und wirke manchmal gewiss lustlos. Aber ich versichere, dass ich dieses Praktikum sehr motiviert angegangen bin. Allerdings bin ich hier ständig unterfordert.
Ich habe den Eindruck, dass keiner so richtig weiß, was er mit mir anfangen soll. Und das führt dann dazu, dass ich immer wieder Ablagetätigkeiten zu verrichten habe. Dabei bieten die unterschiedlichen Abteilungen so viele interessante Tätigkeiten. Ich kann mir beispielsweise sehr gut vorstellen, ..."

Praktikumsbetreuerin:
„Ja, tatsächlich habe ich Sie in der Anfangsphase Ihres Praktikums positiver erlebt. Ihr Auftreten z. B. hatte eine vollkommen andere Ausrichtung. Ich erlebe Sie als einen sehr offenen jungen Menschen, frage mich dann allerdings, warum Sie Ihre Unzufriedenheit nicht schon früher geäußert haben ..."

Im weiteren Verlauf des Gesprächs sollten die potenziellen Fähigkeiten, Anforderungen an die Praktikantin/den Praktikanten, Arbeitsziele, Möglichkeiten der Umsetzung etc. besprochen werden. Daraus ergeben sich die Maßnahmen, welche die Praktikumsbetreuerin und der Praktikant/ die Praktikantin ergreifen werden, damit die negative Situation in eine positive verändert werden kann; z. B. könnte die Betreuerin versprechen, für eine intensivere und lehrreiche Betreuung und für wechselnde und höhere Arbeitsanforderungen zu sorgen; der Praktikant/die Praktikantin könnte Maßnahmen zur Verhaltensänderung (Einhalten der Rahmenbedingungen, Kommunikationsverhalten) zusagen.

b) z. B.:
– „Ich bin der Auffassung, dass ich mehr gefordert werden müsste."
– „Der Betrieb ist so groß. Sehr gerne würde ich möglichst viele Abteilungen kennenlernen."
– „Ich habe den Eindruck, dass die Praktikanten in diesem Betrieb vernachlässigt werden."

– „Ich habe den Eindruck, dass die Teamkollegen gar nicht wissen, was sie mit Praktikanten überhaupt anfangen sollen."
– „Ich wünsche mir, dass Sie mein Anliegen nicht als Nörgelei auffassen, sondern mein Problem verstehen und mir bei der Lösung behilflich sein wollen."

5 **a) nonverbales Verhalten**
– z. B. analoge Signale im Bereich Mimik, Gestik, Intonation, die Aggression, Empathie, Zuwendung oder Distanz ausdrücken können
– Körpersprachliche Signale können das thematisierte Problem unterstreichen (z. B. die in der Teamarbeit bereits beklagte Teilnahmslosigkeit und mangelnde Freundlichkeit) und weitere Verstimmungen provozieren.
– Die Praktikumsbetreuung könnte das mangelnde Interesse an dem Praktikanten/der Praktikantin verdeutlichen, sich z. B. schlecht vorbereitet zeigen (wühlt in den Unterlagen), hektisch agieren (häufig auf die Uhr schauen), …

a) verbales Verhalten
In diesem Zusammenhang ist auf die Verwendung einer rollen- und situationsgerechten Sprachvarietät zu achten. Insbesondere der Praktikant/die Praktikantin könnte bei Verärgerung zu umgangssprachlichen Wendungen neigen, die es unbedingt zu korrigieren gilt (*Ich habe keinen Bock mehr auf diesen …"/„Hier hängen doch alle nur rum und chillen, aber ich werde dumm angemacht, wenn ich mal eine rauche"*).

S. 43

Methodischer Hinweis
Die Arbeitsgruppen setzen sich mit der dargestellten Szene auseinander. Die Lehrkraft betreut die Schüler/-innen bei der Vorbereitung des Rollenspiels, greift z. B. erläuternd und unterstützend bei der Interpretation der nachgestellten Situation ein und achtet darauf, dass die Figurenanordnung der Szene entsprechend erfolgt.

Die Gruppen stellen ihre Rollenspiele vor. Die am Rollenspiel nicht aktiv beteiligten Schüler/-innen beobachten die Darstellung und fertigen gemäß der Aufgabenstellung Notizen an. Je nach Leistungsvermögen der Lerngruppe kann arbeitsteilig vorgegangen werden, d. h., dass sich einzelne Mitglieder der Arbeitsgruppen auf die Beobachtung einer der beiden Figuren oder auf Teilaspekte konzentrieren (Intonation, Mimik, Habitus etc.).

1 a–c)
Betreuerin

Körpersprache	Gefühle/Regungen	Lösung
steht drohend	Ich muss mir endlich Luft verschaffen.	keine sachliche Auseinandersetzung
aggressiv (Augen zusammenkniffen, nach vorne gebeugt)	Dir werde ich zeigen, wer hier etwas zu sagen hat.	Das „Gespräch" findet ausschließlich auf der Selbstoffenbarungs- und der Beziehungsebene statt; folglich ist eine Lösung des Konflikts nicht möglich.
Macht demonstrierend (sehr aufrecht, mit erhobenem Kopf)	Mit mir machst du das nicht! Das sage ich dir!	
herablassend (zynisch lächelnd, grinsend)	Wir wollen doch mal sehen, wer hier das Sagen hat.	

Im Berufsalltag kommunizieren

Praktikant

Körpersprache	Gefühle/Regungen	Lösungen
sitzt, Blick nach unten gerichtet	Am besten gar nichts sagen.	keine sachliche Auseinandersetzung
Mund geschlossen, Lippen aufeinandergepresst	Nicht noch mehr reizen, kein zusätzliches Öl ins Feuer gießen.	Das „Gespräch" findet ausschließlich auf der Selbstoffenbarungs- und der Beziehungsebene statt; folglich ist eine Lösung des Konflikts nicht möglich.
zurückgebeugte Körperhaltung	Die kann mich mal. Die soll aufhören und gehen.	
verschränkte Arme	Was will die von mir? Ich mach einfach dicht!	

S. 44

1 Zielaufgabe

Die erforderlichen Grundlagen für die Bearbeitung der einzelnen Komponenten der Zielaufgabe sind dem Gesamtkapitel zu entnehmen und können bei Bedarf wiederholt bzw. nachgeschlagen werden:

– Auf Basis der **KAAPAV-Struktur** werden Beispiele für misslungene und gelungene Kunden-beratungsgespräche erstellt.
– In diesem Zusammenhang steht natürlich die richtige Wahl der Fragestellungen im Fokus, aber auch das gesamte Kommunikationsverhalten, die korrekte Anwendung der Regeln für Konflikt-gespräche, die Entscheidung für die korrekte Sprachvarietät, die adäquate Interpretation der Verhaltensmuster der Kunden und die dazu passenden Reaktionen.
– Das Ergebnis der zu erstellenden Dialoge ist dann Gegenstand eines Reflexionsgesprächs, das ein Beobachter der Szene mit der „Praktikantin"/dem „Praktikanten" führt. Dieses Gespräch wird neben der Möglichkeit der Überprüfung des Einhaltens von strukturierten Abläufen (Phasen) und deren Sinnhaftigkeit den Schülerinnen und Schülern erneut die Relevanz der kritischen Re-flexion der eigenen Person in unterschiedlichen Anforderungen des Lebens (hier: Beruf) und die Möglichkeit positiver Veränderungen durch zielgerichtete Maßnahmen verdeutlichen.

Zusätzliche Kopiervorlagen auf der CD-ROM

(Differenzierte) Arbeitsblätter
– 2.1 Ein Reklamationsgespräch führen (leistungsdifferenziert) (KV 8)
– 2.3 Kritik äußern, Kritik annehmen (KV 9)
– Fazitbogen zum Kapitel 2 (KV 10)

Klassenarbeit/Test
– Beratungs- und Verkaufsgespräche (KV 11)
– Korrekturraster zur Klassenarbeit (KV 11)

Name: Datum:

Fazitbogen zum Kapitel 2

CHECKLISTE	Berufliche (Konflikt-)Gespräche führen

- ☐ Habe ich das Gespräch ausreichend vorbereitet, Fragen überlegt, ggf. einen Plan erstellt?
- ☐ Sind die einzelnen Redebeiträge sachlich?
- ☐ Biete ich Lösungsansätze an?
- ☐ Werden verbindende Elemente und Kompromisse gesucht?
- ☐ Habe ich die Kritikpunkte positiv formuliert?
- ☐ Werden Ich-Botschaften benutzt?
- ☐ Ist die Kritik konstruktiv?
- ☐ Hat das Gespräch eine erkennbare Struktur?
- ☐ Habe ich mir Maßnahmen zur Überprüfung der Kompromisse überlegt?

Kompetenz	Das kann ich	Das kann ich teilweise	Das kann ich noch nicht
Gespräche mit Kunden führen – KAAPAV-Struktur bei Verkaufsgesprächen kennen und anwenden – Fragentypen kennen und zielorientiert einsetzen – Einwände verstehen und ergebnisorientiert bearbeiten – Kundengruppen und Kundentypen kennen – Anforderungen verschiedener Kundengruppen und Kundentypen an den Verkäufer/die Verkäuferin kennen und anwenden – Reklamationsgespräche strukturiert führen			
Betriebsinterne Gespräche kennen – Jahresgespräche vorbereiten und führen – Rollenspiele vorbereiten und durchführen – sprachliche Mittel reflektieren und konstruktiv verwenden – Konfliktgespräche analysieren, strukturieren und führen			

Lernszenario „Sprechen und Zuhören"

Methodisch-didaktische Hinweise

S. 45, 46

Erfassen Sie die Situation und arbeiten Sie das Problem heraus.
Situation:
– unterschiedliche Gruppen
– eskalierte Situation
– Termin- und Handlungsdruck
Problem:
– Wie ist eine Schlichtung möglich?

Setzen Sie Ziele und formulieren Sie Handlungsaufträge.
Die Schüler/-innen können ein Verhaltensrepertoire zur Lösung einer gestörten komplexen Kommunikationssituation entwickeln.

Planen Sie Ihr Vorgehen und führen Sie es anschließend durch.
Die Informationen aus den beiden vorausgehenden Kapiteln werden für das Vorgehen genutzt, z. B.:
– Körpersprache und Gesamteindruck
– Kommunikationsregeln
– Kommunikationssituation einschätzen und gestalten
– Gruppenarbeitsregeln
– Ich-Botschaften
– aktives Zuhören
– Feedback geben
– Zeitplan erstellen

Werten Sie Ihre Ergebnisse aus und präsentieren Sie diese.
Handlungsprodukt:
Entwicklung eines Zeit- und Schlichtungsplans mit den (virtuell) betroffenen Gruppen sowie Schlichtungsvereinbarung in Form eines schriftlichen Regelwerks und/oder einer schriftlichen Vereinbarung

Grundlegende Lern- und Arbeitstechniken: Sich informieren

Kapitel III: Grundlegende Lern- und Arbeitstechniken: Sich informieren

Vorbemerkung siehe Vorbemerkung zu den Kapiteln I bis IV auf S. 9

Aufgabenlösungen und methodisch-didaktische Hinweise

S. 48

1
2 individuelle Lösungen

S. 49

1 a) Recherche im **Inhaltsverzeichnis:**
IV Eigenen Texten den letzten Schliff geben
7.1 Beschreiben und berichten
4.1 Fehler erkennen und korrigieren
Die Recherche über das **Vorwort** führt zu keinem Ergebnis.
Recherche über das **Sachwortverzeichnis:**
Bericht S. 121 ff., 150
– Protokoll S. 124, 286
Rechtschreibung S. 73 ff.
– Rechtschreibhilfen S. 74, 77
Schreibplan S. 69

b) Am hilfreichsten sind die Informationen zum Thema „Protokoll" (S. 124). Der Kopf des Protokolls kann übernommen werden (Überschrift, Datum, Ort, Zeit, Anwesende), damit der Chef den
Kontext der Notiz schnell erkennt. Auch die Struktur kann wie im abgebildeten Protokoll angelegt
werden: Die TOP der Besprechung werden in Absätze unterteilt – je nachdem, ob es mehrere
Themen bei der Besprechung gab. Unter dem jeweiligen TOP können auch die zu erledigenden
Aufgaben vermerkt werden und wer zu informieren ist.
c) Sobald man die richtigen Schlagwörter weiß, ist die Recherche über das Sachwortverzeichnis
die erfolgreichste. Das Inhaltsverzeichnis kann auch nützlich sein, sofern die gesuchten Inhalte
sehr allgemein gehalten sind (Oberbegriffe zum Thema). Allerdings hängt das stark vom Inhaltsverzeichnis ab, denn Bücher sind unterschiedlich strukturiert. Je kleiner die Abschnitte, die im Inhaltsverzeichnis auftauchen, desto genauer bildet es die Inhalte ab.
Im vorliegenden Fall ist das Inhaltsverzeichnis für die Recherche nicht gut geeignet.

2 a–c) Je nach Aufgabe und Fachbuch sind die Lösungen recht unterschiedlich, jedoch sollten die
Schüler/-innen das bereits Erlernte anwenden: Titel, ggf. Inhaltsverzeichnis, Register/Sachwort-
verzeichnis, ggf. Hinweise zur Benutzung, grafische Elemente, Lesetechnik zur Beantwortung des
gestellten Themas (vgl. S. 55 ff.).

41

Grundlegende Lern- und Arbeitstechniken: Sich informieren

Ergänzende Punkte zur Checkliste „Richtig recherchieren in Fachbüchern" können sein:

CHECKLISTE	Richtig recherchieren in Fachbüchern
☐ Kann der Inhalt über ein Sachwortregister gezielt erschlossen werden?	
☐ Gibt es Zusatzinformationen in Form von Glossaren (Worterklärungen), Material-Anhängen, biografischen Angaben zu wichtigen Autoren, Fachleuten, Experten?	
☐ Kann über eine Literaturliste oder mithilfe von Hinweisen auf Internetseiten weiterrecherchiert werden?	
☐ Ist das Layout übersichtlich, sodass ein überfliegendes Lesen zur schnellen Auswahl möglich ist? Gibt es grafische Unterstützung (Absätze, Icons, Gliederungszeichen usw.)?	
☐ Ist das Werk aktuell?	
☐ Ist der Stoff verständlich dargeboten? Werden die Fragen zufriedenstellend beantwortet?	

S. 50

1 Das Rechtschreibwörterbuch zeigt die korrekte Schreibung eines Wortes. Es ist streng alphabetisch angelegt – dies gilt für jeden Buchstaben eines Wortes –, man muss also verschiedene Möglichkeiten ausprobieren, wenn die Buchstabenfolge eines Wortes unklar ist (mit „h" oder ohne „h", mit Vokal „e" oder Umlaut „ä", mit doppeltem oder einfachem Konsonanten usw.).
Zusätzlich gibt es einige weiterführende Informationen, z. B. über das grammatische Geschlecht, die Silbentrennung, Veränderungen je nach grammatischer Funktion bei Flexion, über die Sprachebenen (ugs., fachspr. usw.), über Herkunft, Aussprache und Bedeutung u. v. a. m.
Dazu ist es notwendig, das Abkürzungsverzeichnis zu nutzen und sich über den Aufbau des Buches zu informieren (Inhaltsverzeichnis, Nutzungshinweise).

2 **a)** **Problem 1:** Wie finde ich Wörter mit Umlauten? Die in der deutschen Sprache gebräuchlichen Umlaute ä, ü, ö sind keine Bestandteile des Alphabets und werden entsprechend nicht gesammelt aufgeführt. Sie sind wie ihr zugehöriger Vokal eingeordnet, richten sich also nach den umgebenden Buchstaben.
Problem 2: Wie finde ich Wörter mit scharfem ß (sz)?
b–c) Aus einem Wörterbuch können verschiede Abkürzungen herausgefunden und mithilfe des Abkürzungsverzeichnisses geklärt werden.
Diese Aufgabe kann auch arbeitsteilig und in Partnerarbeit durchgeführt werden; die Lerngruppe kann Mutmaßungen anstellen, die jeweiligen „Rechercheure" werden zu Experten.

3 **a)** Wörterbücher sind Nachschlagewerke, die unterschiedliche Schwerpunkte haben und unterschiedliche Informationen liefern:
- Rechtschreibwörterbuch, Fremdwörterbuch, Fremdsprachenlexikon: Sprachwissen, z. B. korrekte Schreibung, Bedeutung
- Sachwörterbuch, Fachlexikon: Sachwissen, z. B. Was bedeutet der Begriff? Welche sachlichen Inhalte und Hintergründe sind dazu zu nennen?
- Synonyme: Welche sinn- und sachverwandten Wörter gibt es? Kann man einen treffenderen Ausdruck verwenden?
- Weitere Wörterbucharten: Enzyklopädie, Lexikon (Sachwissen), etymologisches Wörterbuch (Wortherkunft), Stilwörterbuch (sprachlicher Ausdruck)
b) Für diese Aufgabe sollte konkretes Anschauungsmaterial hinzugezogen werden, da es von Wörterbuch zu Wörterbuch Abweichungen gibt.

Grundlegende Lern- und Arbeitstechniken: Sich informieren

S. 51

1 a)
- Jg. – Jahrgang
- S. – Seite
- f. – folgende Seite (ff. – folgende Seiten)
- hrsg. – herausgegeben
- http:// – Hypertext-Übertragungsprotokoll
- www. – world wide web
- Aufl. – Auflage

b) gemäß der Reihenfolge:
- Zeitschrift
- Internetquelle
- Buch
- Buch (Wörterbuch)

Mögliche Zusatzfrage: Woran haben Sie die Zugehörigkeit erkannt? (Zeitschrift: „in", Internet: url)

2 Es fehlen:
- Autor(en), Herausgeber, Untertitel, Erscheinungsdatum
- Vorname, evtl. Jahrgang, Seitenangaben
- Autor, Abrufdatum

S. 52

1 Es empfiehlt sich zu prüfen, ob sich aus der Behandlung des Kapitels I.1, S. 13 (Mitschriften) Abkürzungen und Markierungen ergeben haben, die sinnvollerweise auch hier eingesetzt werden.

Zusätzliche Kopiervorlagen auf der CD-ROM

Arbeitsblatt
- III.1 Markierungstechniken anwenden (KV 12)

Kapitel 3: Texte verstehen

Vorbemerkung zum Kapitel

Relevanz für Alltag, Schule und Beruf

Der sachkundige Umgang mit Texten ist für Schüler/-innen der Schlüssel zu schulischem und beruflichem Erfolg. Auch in Zeiten des Internets findet Informationsvermittlung überwiegend in textgebundener Form statt. Eine geringe Lesekompetenz führt dazu, dass Schüler/-innen nicht in der Lage sind, die angebotenen Informationen effektiv, das heißt in angemessener Zeit und präzise aufzunehmen und auszuwerten. Fehlende Leseübung und Lesefähigkeit führen gleichzeitig dazu, dass sich der passive Wortschatz nicht entwickelt und Schüler/-innen oft schon an der Begrifflichkeit eines anspruchsvollen Textes scheitern. Damit laufen Sie Gefahr, jeglicher Form von Manipulation mittels Sprache hilflos ausgeliefert zu sein.

Aufbau des Kapitels/Lernzuwachs

Der Handlungsauftrag zu Beginn knüpft an Erfahrungen von Schülerinnen und Schülern in multikulturellen Peergroups an. Er ermöglicht es, sich mit der Situation von Asylbewerbern auseinanderzusetzen. Informationsgewinnung ist hier kein Selbstzweck, sondern hat für die betroffenen Asylbewerber/-innen existenzielle Bedeutung.

Zu Beginn des Kapitels werden Lesetechniken vorgestellt und anhand von zwei unterschiedlichen Texten, einem eher expressiven und einem informativen, erprobt. Während im Folgenden die Komplexität der angebotenen Texte zunimmt, geht es darum, die in den Texten enthaltenen Informationen zu sichern bzw. Zusammenhänge zu veranschaulichen. Mithilfe der geübten Lesetechniken sollten die Schüler/-innen am Ende des Kapitels in der Lage sein, den Gesetzestext zu erfassen.

Methodik, Didaktik, Differenzierung

In den Bildungsgängen der Berufsfachschule wird eine umfassende berufliche, gesellschaftliche und personale Handlungskompetenz angestrebt – für ein „selbstbestimmtes und gesellschaftlich verantwortliches demokratisches Handeln, das eine Teilhabe am kulturellen, politischen und beruflichen Leben ermöglicht" (Bildungsplan zur Erprobung NRW, S. 7). Dem Fach Deutsch kommt dabei eine besondere Verantwortung zu. Der Handlungsauftrag ermöglicht ein fächerübergreifendes Arbeiten und unterstreicht so die zentrale Bedeutung der zu erwerbenden Kompetenzen für den privaten, schulischen und beruflichen Alltag. Neben der Schulung von Lesekompetenz geht es deshalb um Techniken, die es ermöglichen, die gewonnenen Informationen sinnvoll zu verarbeiten.

Das Kapitel wird ergänzt durch das Kapitel 10, in dem Schüler/-innen lernen, diskontinuierliche Texte wie Schaubilder und Grafiken zu entschlüsseln bzw. selber zu gestalten.

Kompetenzen

Die Schülerinnen und Schüler
- wenden Lesetechniken und Strategien zielgerichtet an
- klären die Bedeutung von Wörtern mithilfe unterschiedlicher Informationsquellen
- sind in der Lage, die Validität von Informationen, z. B. aus dem Internet, zu überprüfen und kritisch zu bewerten
- erkennen die Struktur von Texten und können sie darstellen
- unterscheiden unterschiedliche Arten von Sachtexten
- arbeiten selbstständig alleine, mit Partnern und in Gruppen
- sind in der Lage, einen Text auf die wichtigsten Informationen zu reduzieren und Oberbegriffe zu finden
- wenden die Methode „Gruppenpuzzle" sachgerecht an und evaluieren ihre Arbeit
- verdeutlichen Zusammenhänge mit geeigneten Mitteln sach- und adressatengerecht

Texte verstehen

Aufgabenlösungen und methodisch-didaktische Hinweise

S. 55

2 In dem Text „Die Liebe zum Fußball machte sie zum Flüchtling", der von der UNO-Flüchtlingshilfe UNHCR veröffentlicht wurde, geht es um das Schicksal eines jungen Mädchens aus Somalia. Dessen Liebe zum Fußball machte sie zur Witwe und zum Flüchtling.

3 Diagonales Lesen: Z. 33 ff., Z. 46 ff., Z. 59 ff.

4 **Erwartungshorizont**

Diagonales Lesen	z. B. Tageszeitung, Kataloge, Internetrecherche
Punktuelles Lesen	z. B. Kochrezepte, Programminformationen
Sequenzielles Lesen	z. B. Bücher, AGBs
Intensives Lesen	z. B. Bedienungsanleitung, Reparaturhandbuch, Fachbuch

S. 57

5 z. B.:

Fragen	Antworten
Welche Personen werden lt. Genfer Flüchtlingskonvention von 1951 als Flüchtlinge bezeichnet?	Ein Flüchtling ist eine Person, die „... aus der begründeten Furcht vor Verfolgung wegen ihrer Rasse, Religion, Nationalität, Zugehörigkeit zu einer bestimmten sozialen Gruppe oder wegen ihrer politischen Überzeugung sich außerhalb des Landes befindet, dessen Staatsangehörigkeit sie besitzt, und den Schutz dieses Landes nicht in Anspruch nehmen kann oder wegen dieser Befürchtungen nicht in Anspruch nehmen will ..." (Z. 1 ff.)
Warum verlassen Menschen ihre Heimat?	Krieg, Verfolgung, Naturkatastrophen oder auch der Wunsch nach einem besseren Leben veranlassen Menschen dazu, Zuflucht in einem anderen Land zu suchen. (Z. 13 ff.)
Was unterscheidet Flüchtlinge von Migranten?	Flüchtlinge werden zur Flucht gezwungen; Migranten suchen zumeist aus eigenem Antrieb Möglichkeiten, ihren wirtschaftlichen Status zu verbessern. (Z. 24 ff.)
Welche Folgen hat diese Unterscheidung für die Menschen?	Während Staaten in Bezug auf Migranten weitestgehend frei sind, über ihre Aufnahme zu entscheiden, sind sie durch internationale Abkommen verpflichtet, den Schutz von Flüchtlingen zu garantieren. (Z. 38 ff.)
Welche Risiken birgt eine Flucht?	Weil sie ihre Heimat überstürzt verlassen mussten oder die entsprechenden Behörden im Land fehlen, haben Flüchtlinge oft keine Reisedokumente bei sich. Deshalb bleibt ihnen meist keine andere Möglichkeit, als sich skrupellosen Schleppern anzuvertrauen, die sie über die Grenze bringen. Viele bezahlen für die Reise in eine bessere Zukunft nicht nur viel Geld, sondern auch mit ihrem Leben. (Z. 45 ff.).

Schlüsselbegriffe: z. B. Genfer Flüchtlingskonvention, Völkerrecht, Migrant, Flüchtling, rechtliche Stellung im Ankunftsland, gefährliche Wege

45

Texte verstehen

Zusammenfassung: In dem Text „Flüchtlinge", der von der UNO-Flüchtlingshilfe UNHCR veröffentlicht wurde, geht es um die völkerrechtlich bedeutsame Unterscheidung zwischen Migranten und Flüchtlingen und deren rechtliche Stellung im Ankunftsland. Während Flüchtlinge zur Flucht gezwungen wurden und deshalb im Ankunftsland Schutz genießen, verlassen Migranten aus eigenem Antrieb ihre Heimat. Das Ankunftsland kann in diesem Fall frei über eine Aufnahme entscheiden. Für Flüchtlinge und Migranten ist eine Flucht in der Regel teuer und gefährlich.

6 a) Krieg, Verfolgung, Naturkatastrophen oder auch der Wunsch nach einem besseren Leben veranlassen Menschen dazu, Zuflucht in einem anderen Land zu suchen. (Z. 13 ff.)

a) Während Flüchtlinge zur Flucht gezwungen wurden und deshalb im Ankunftsland Schutz genießen, verlassen Migranten aus eigenem Antrieb ihre Heimat. Das Ankunftsland kann in diesem Fall frei über eine Aufnahme entscheiden.

b) Flüchtlinge werden zur Flucht gezwungen. Das Heimatland kann oder will sie nicht mehr schützen. Laut Genfer Menschenrechtskonvention ist das Ankunftsland verpflichtet, Flüchtlingen Schutz zu gewähren.

c) Genfer Flüchtlingskonvention: Im Text finden sich keine Aussagen zum Hintergrund der Genfer Flüchtlingskonvention von 1951. Allerdings stützen sich die Aussagen zur rechtlichen Situation von Flüchtlingen auf die Genfer Konvention.

S. 59

1

http://www.caritas.de/hilfeundberatung/ratgeber/migration/	**Rechte von Kindern und Jugendlichen ohne Aufenthaltsrecht: Schule**

- Kinder und Jugendliche ohne Aufenthaltsrecht
- in manchen Bundesländern schulpflichtig, in anderen schulberechtigt
- in Brandenburg, Sachsen und Niedersachsen kein Recht auf Schulbesuch
- Bildungseinrichtungen müssen illegal in Deutschland lebende Kinder und Jugendliche nicht melden

http://www.caritas.de/hilfeundberatung/ratgeber/migration/	**Rechte von Kindern ohne Aufenthaltsrecht: Gesundheitsversorgung**

Kinder ohne Aufenthaltsstatus
- haben Anspruch auf Leistungen nach dem Asylbewerbergesetz, wenn sie beim Sozialamt gemeldet sind
- Notfälle werden immer behandelt (Schweigepflicht der Ärzte)
- Hilfe bieten oft nicht staatliche Institutionen wie Malteser Migranten Medizin

http://www.caritas.de/hilfeundberatung/ratgeber/migration/	**Rechte von Menschen ohne Aufenthaltsrecht: Wohnung**

Menschen ohne Aufenthaltsrecht
- wohnen häufig als Untermieter von Verwandten ohne Mietrechte
- legale Wohnungen gibt es nur für gemeldete Personen

http://www.caritas.de/hilfeundberatung/ratgeber/migration/	**Rechte von Menschen ohne Aufenthaltsrecht: Arbeit**

Menschen ohne Aufenthaltsrecht
- dürfen keine Beschäftigung aufnehmen
- leben oft in illegalen Beschäftigungsverhältnissen bei ganz geringer Bezahlung

2 **Hinweis:** Material zur Aufgabe ist u. a. auf folgenden Internetseiten zu finden:
http://www.uno-fluechtlingshilfe.de/aktiv-werden/lehrer-schueler/unterrichtsangebot.html
http://www.kkstiftung.de/127-0-Arbeitspaket-Fluechtlinge.html
https://www.proasyl.de
http://www.demokratiezentrum.org/ausstellung/stationen/05-asyl.html
http://www.bmi.bund.de/DE/Themen/Migration-Integration/migration-integration_node.html
http://www.unhcr.de/service.html

S. 60

a)

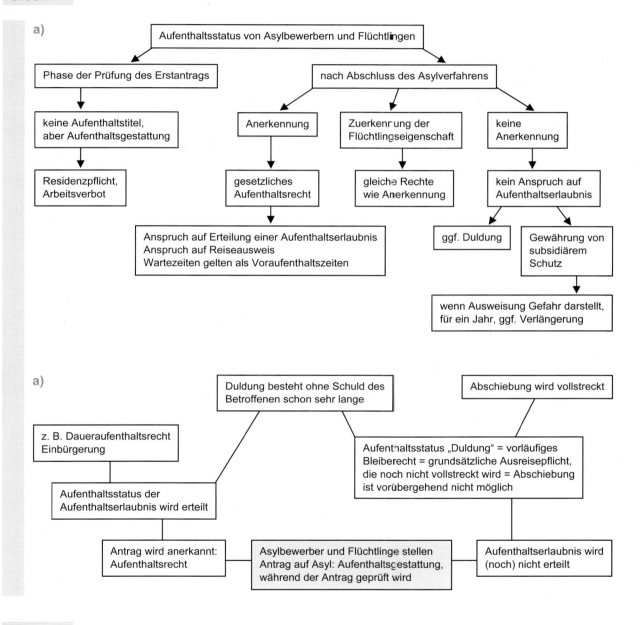

S. 62

1 **Hinweis:** Es bietet sich an, folgende Formulierungen erläutern zu lassen: stichhaltige Gründe, Unversehrtheit einer Person, willkürliche Gewalt.

Texte verstehen

S. 63

3	Präambel	Die Vereinten Nationen möchten Bedingungen schaffen, „unter denen Gerechtigkeit und die Achtung vor den Verpflichtungen aus Verträgen und anderen Quellen des Völkerrechts gewahrt werden können".
	Artikel 1 der Charta der Vereinten Nationen	Die Vereinten Nationen möchten „die Achtung vor den Menschenrechten und Grundfreiheiten für alle ohne Unterschied der Rasse, des Geschlechts, der Sprache oder der Religion fördern und festigen".
	Artikel 2 der Charta der Vereinten Nationen	„Alle Mitglieder legen ihre internationalen Streitigkeiten durch friedliche Mittel so bei, dass der Weltfriede, die internationale Sicherheit und die Gerechtigkeit nicht gefährdet werden." (http://www.unric.org/de/charta)

4

Asylverfahrensgesetz http://www.gesetze-im-internet.de/asylvfg_ 1992/BJNR111260992.html	**Subsidiärer Schutz**

Ein Antragsteller erhält subsidiären Schutz, wenn er stichhaltige Gründe für die Annahme vorgebracht hat, dass ihm in seinem Herkunftsland ernsthafter Schaden droht. Als ernsthafter Schaden gilt die Verhängung oder Vollstreckung der Todesstrafe (§4 Abs. 1 Nr.1 AsylVFG), Folter oder unmenschliche oder erniedrigende Behandlung oder Bestrafung (§4 Abs. 1 Nr.2 AsylVFG) oder eine ernsthafte individuelle Bedrohung des Lebens oder der Unversehrtheit einer Zivilperson infolge willkürlicher Gewalt im Rahmen eines internationalen oder innerstaatlichen bewaffneten Konflikts (§4 Abs. 1 Nr.3 AsylVFG).

S. 64

1 a) **Erwartungshorizont:** Die Lösung sollte folgende Informationen enthalten: Subsidiärer Schutz bedeutet, dass keine Abschiebung stattfindet, solange sich die politischen Verhältnisse im Ursprungsland nicht ändern. Folge: Aufenthaltserlaubnis für ein Jahr, Verlängerung für zwei weitere Jahre möglich. Aufnahme einer selbstständigen oder unselbstständigen Tätigkeit ist möglich.
b) Einspruchsfrist: Zwei Wochen, Ziel: Zuerkennung der Flüchtlingseigenschaft mit der Folge, dass sich das Bleiberecht auf mindestens drei Jahre verlängert.
a) **Hinweis:** Bespiele für Flyer oder Faltblätter finden sich unter anderem hier:
http://www.bundesaerztekammer.de/downloads/Faltblatt_Patienten-ohne-Aufenthaltsstatus_ 30112013.pdf
http://www.bamf.de/SharedDocs/Anlagen/DE/Publikationen/Flyer/ablauf-asylverfahren.pdf?__ blob=publicationFile
http://www.drk-hamm.de/Migration/images/Informationen/flyer-ablauf-asylverfahren-dt.pdf
http://www.save-me-mainz.de/tl_files/dokumente/flyer-ablauf-asylverfahren-dt.pdf
http://www.khane-iran.de/download/asylverfahren.pdf
http://scribus.softonic.de/

Zusätzliche Kopiervorlagen auf der CD-ROM

Arbeitsblatt
– 3.1 Den Inhalt eines Textes erfassen (leistungsdifferenziert) (KV 13)

Lernszenario „Lesen und mit Texten umgehen"

Methodisch-didaktische Hinweise

S. 65, 66

Erfassen Sie die Situation und arbeiten Sie das Problem heraus.
Situation:
– Wir alle konsumieren Zucker, bewusst oder als versteckten Zucker.
– Die meisten Menschen wissen wenig über die Wirkung von Zucker.
– Die Informationen sind häufig auch widersprüchlich.
Problem:
– Welche Wirkung kann Zucker auf den menschlichen Organismus haben? Wie viel Zucker-konsum ist sinnvoll, wann wird der Konsum schädlich?

Setzen Sie Ziele und formulieren Sie Handlungsaufträge.
Die Schüler/-innen können ein Portfolio zum Thema Zucker erstellen, die Informationen verarbeiten, exzerpieren und für die Verbreitung/Präsentation/Weitergabe aufbereiten.

Planen Sie Ihr Vorgehen (und anschließend durchführen).
– Recherchieren im Internet
– Texte bearbeiten nach der 5-Schritt-Lesemethode
– Informationen exzerpieren
– Schaubilder suchen, eigene Schaubilder erstellen
– Informationen aufbereiten

Werten Sie Ihre Ergebnisse aus und präsentieren Sie diese.
Handlungsprodukt:
Präsentation der Arbeitsergebnisse, z. B. in Form eines Flyers, in Form von Stellwänden, in Form eines Infofilms, in Form von szenischem Spiel oder in Form eines Informationsstandes.

Empfehlenswerte Texte
– „Zucker – Auswirkungen auf den Körper" vom Zentrum für Gesundheit: http://www.zentrum-der-gesundheit.de/zucker.html#ixzz3Bo5C0f3N
– Text „Ungesunde Süße. WHO senkt Zuckerempfehlung drastisch" vom 07.03.2014, 08:18 Uhr von AP/ akl: http://www.t-online.de/lifestyle/gesundheit/id_68359680/who-empfiehlt-drastisch-weniger-zucker.html

Grundlegende Lern- und Arbeitstechniken: Eigenen Texten den letzten Schliff geben

Kapitel IV: Grundlegende Lern- und Arbeitstechniken: Eigenen Texten den letzten Schliff geben

Vorbemerkung siehe Vorbemerkung zu den Kapiteln I bis IV auf S. 9

Aufgabenlösungen und methodisch-didaktische Hinweise

S. 68

1 Lösungsvorschlag

wie fange ich an, erster Satz, Einleitung und Schluss, Rechtschreibung, verständliche Formulierung, die richtigen Worte finden, Zeit

2 Wesentliche Unterschiede sollten erkannt werden (vgl. Lösung zu Aufgabe 3).

3 a–b) Schriftlicher Sprachgebrauch ist erforderlich, z. B. im Behördenbereich und bei sonstigen offiziellen Situationen, im Kundenkontakt, bei Verträgen, Beschwerden, Reklamationen, Eingaben, im Nachrichtenwesen, bei Arbeits- und Produktbeschreibungen, in der Werbung, für Dokumentationen etc.

Merkmale von Schriftlichkeit	Merkmale von Mündlichkeit
Informationen müssen verständlich formuliert werden.	Bei Verständnisproblemen kann nachgefragt und erläutert werden.
Jede Information muss ausdrücklich und umfassend verschriftlicht werden: • breite Ausformulierung • treffende Begriffe • vielfältige Wortwahl/Vermeidung von Wiederholungen	Nichtsprachliche Mittel (Mimik, Gestik, Tonfall usw.) unterstützen den gemeinten Zusammenhang.
Ein Text fixiert die Information dauerhaft, er muss sich daher umfassend an sprachlichen Normen orientieren.	Rechtschreibung und Zeichensetzung entfällt; Formulierungsfehler sind Augenblickssache, sind korrigierbar, werden schnell vergessen, werden eher toleriert
Der Rezipient kann einen Text wiederholt lesen, sprachliche/inhaltliche Fehler machen einen schlechten Eindruck.	Das gesprochene Wort ist flüchtig und schnell vergessen (Ausnahme: Tonaufnahmen oder „berühmte" Versprecher, z. B. Trainer Trappatoni: „Flasche leer").
braucht zusätzliche Werkzeuge (Papier, Schreibgerät, Tastatur, Drucker usw.)	ist materialunabhängig, aber personengebunden
erfordert insgesamt einen höheren Aufwand (Konzentration, Zeit, Vorbereitung)	ist spontan einsetzbar und wirksam (Ausnahme: Reden u. Ä.)

50

S. 69

4 **a–b)** Die Merkmale der Textsorten finden Sie in Kapitel 7, S. 117 ff.

Wesentlich ist hier, dass die Schüler/-innen einen analytischen Zugang zu ihrem Schreiben finden, indem sie sich den Schreibanlass, die Schreibabsicht und die Zielgruppe vor Augen führen.

– **Bericht** (Zeitung): Was ist geschehen? Wie ging es den Besuchern?/umfassende Information/ breite, allgemein interessierte Zielgruppe
– **Beschreibung:** Was ist für das Fest geplant? Wie ist der Ablauf?/Information, Werbung/Medien, mögliche Kunden und potenzielle Festbesucher
– **Protokoll:** zeitlicher Ablauf der Ereignisse, Beteiligung einzelner Personen/Dokumentation, umfassende sachliche Klärung/Untersuchungsbehörden, Versicherung
– **Beschwerdebrief:** mit bestimmten Umständen, Schäden usw. nicht einverstanden sein/ Entschädigung, Erstattung, Entschuldigung/verantwortliche Personen oder Institutionen
– **Einladung:** Zusammenstellung der Gäste für einen entsprechenden Anlass/Teilnahme und Zusage/potenzielle Gäste
– **Gratulation:** besonderer Anlass/Anteilnahme und Verbundenheit signalisieren, Kontakt pflegen/Personen, die primär von dem Anlass betroffen sind
   Zur Erleichterung der Planung, v. a. bzgl. Sprache und Stil, kann ein sinnvoller Zwischenschritt sein, sich in die Rolle des Adressaten zu versetzen und zu überlegen, was man erwarten würde oder als angemessen ansähe. Zielführend können auch Negativbeispiele sein: Was würde man als unangemessen empfinden?

c) Eine intensive Einbeziehung des GUT-ZU-WISSEN-Kastens und des Kapitels 7 wird empfohlen.

S. 70

1 Die Texte wirken gleichförmig und langweilig. Die Informationen wirken abgehackt und zufällig, weil die Sätze unverbunden sind; dadurch lassen sich inhaltliche Zusammenhänge kaum erkennen.

2 **a)** **Muster**

Am Samstag besuchte ich das Fest der Firma Müller, bei der mein Vater arbeitet. Es war viel los, denn sie hatten Jubiläum und boten ein vielfältiges Programm: Eine Band machte draußen Musik, es gab ein Kinderprogramm, einen Film über die Firmengeschichte und natürlich auch viele Reden. Man konnte auch verschiedene Spezialitäten zu niedrigen Preisen probieren und das Essen sah ziemlich lecker aus. Obwohl die Preise sehr niedrig waren, habe ich trotzdem an der nächsten Imbissbude einen Hamburger gegessen.

Später gab es ein Gewitter und die Leute suchten Schutz. Dadurch wurde es im Zelt sehr voll, auch weil die Band dort spielte. Für einen guten Zweck wurde eine Tombola veranstaltet, bei der ich einen Preis gewonnen habe, weil meine Mutter mir ein Los geschenkt hat.

Am Abend gab es ein Feuerwerk, das einen Brand einiger Büsche auslöste. Ich half beim Löschen, denn ich bin bei der Jugendfeuerwehr.

Grundlegende Lern- und Arbeitstechniken: Eigenen Texten den letzten Schliff geben

a) **Muster**

Mediziner wissen, dass Lachen die Gesundheit fördert. Ein spontaner Heiterkeits-
ausbruch tut dem Organismus gut, denn das Immunsystem wird aktiviert und die
Durchblutung wird gefördert. Dadurch ist das Lachen der größte Feind des Stres-
ses, da die Stresshormone abgebaut werden und das Schmerzempfinden gelindert
wird. Aber das Lachen muss echt sein, sonst fehlt die medizinische Wirkung.
Das unechte Lachen hat keine Wirkung und ist daran zu erkennen, dass nur die
Muskeln des Mundes beteiligt sind. Ein echtes Lachen dagegen geht von den Augen
aus und hat einen positiven Effekt, indem Bereiche des Gehirns aktiviert werden,
die bei Glücksgefühlen aktiv sind.

Eine kommentierte Linkliste zu Sprachübungen im Internet finden Sie unter http://www.chancen-
erarbeiten.de/download/allgemeines.html [7.8.2014], Stichpunkt: „Schreibkompetenz fördern", S. 73–75.

S. 71

3 Es sollte darauf geachtet werden, dass die Bewertungen begründet und kriteriengestützt sind;
dadurch werden die Inhalte wiederholt und gefestigt.
Dazu kann eine Tabelle nach folgendem Muster angelegt werden:

Zeichen	Bedeutung	Konkreter Hinweis
+/++	finde ich gelungen/finde ich besonders gelungen	z. B. „Sätze treffend verbunden"
–	gefällt mir nicht/ist falsch	z. B. „zeitliche Reihenfolge unklar"
?	unklar, verstehe ich nicht/muss geklärt werden	z. B. „ist das inhaltlich richtig?"

4 – Das Fest war ein großer Erfolg, **weil** das Feuerwerk nicht funktionierte. → wenig sinnvoll, denn
  Feuerwerke gelten in der Regel als Highlight eines Festes
  – Das Fest war ein großer Erfolg, **bis** das Feuerwerk nicht funktionierte. → zeitlich: solange bis,
  danach nicht mehr oder als Ausnahme *bis auf die Tatsache, dass das ...*
  – Das Fest war ein großer Erfolg, **solange** das Feuerwerk nicht funktionierte. → eher sinnlos,
  denn das Feuerwerk erscheint hier als „Spaßbremse"
  – Das Fest war ein großer Erfolg, **sodass** das Feuerwerk nicht funktionierte. → sinnlos, unlo-
  gisch, denn es gibt keinen entsprechenden inhaltlich-sachlogischen Zusammenhang
  – Das Fest war ein großer Erfolg **und** das Feuerwerk funktionierte nicht. → möglich, aber wenig
  sinnvoll, kein inhaltlicher Zusammenhang, nicht nachvollziehbare Aneinanderreihung

5 **Lösungsvorschlag**
Die Herstellung ist aufwendig, deshalb sind die Preise hoch.
Die Herstellung ist aufwendig und die Produkte sind hochwertig.
Die Preise sind hoch, weil die Herstellung aufwändig ist.
Die Preise sind hoch, aber angemessen.
Die Preise sind hoch, doch die Kundschaft ist zufrieden.
Die Kundschaft ist zufrieden, obwohl die Preise hoch sind.
Obwohl die Preise hoch sind, läuft der Verkauf gut.
Die Produkte sind hochwertig und die Kundschaft ist zufrieden.

S. 72

6 Satz 1: Nicht sinnvoll – drückt keinen Gegensatz aus
Satz 2: Sinnvoll – gibt eine Bedingung an
Satz 3: Sinnvoll – gibt eine mögliche Art und Weise wieder

6 Lösungsvorschlag
- Die Party findet statt, obwohl Chris krank ist (Einschränkung), denn (Begründung) es ist ein besonderer Anlass.
- Der Kunde ist nicht zufrieden, obwohl ich alles getan habe (Gegensatz), sodass ich nun nicht weiterweiß (Folge, Wirkung).
- Man beseitigt das Problem, indem man die Reset-Taste drückt (Art und Weise) und den Vorgang wiederholt (Aufzählung der Arbeitsschritte).

7 Es ist auch möglich, bewusst fehlerhafte Beispiele erstellen zu lassen, die der Lernpartner korrigieren muss.

Zusätzliche Kopiervorlagen auf der CD-ROM

Arbeitsblatt
- IV.1 Einen Schreibplan erstellen (leistungsdifferenziert) (KV 14)

Richtig schreiben

Kapitel 4: Richtig schreiben

Vorbemerkung zum Kapitel

Relevanz für Alltag, Schule und Beruf

Fehlende Kenntnisse in Rechtschreibung, Zeichensetzung und Grammatik werden häufig bemängelt. Deshalb hat eine Auseinandersetzung mit diesen Themenkomplexen eine große Relevanz. Ein sprachlich richtiges Bewerbungsschreiben und gute Ergebnisse im sprachlichen Bereich von Einstellungstests können über die beruflichen Chancen entscheiden. Dass in der Schule die sprachliche Richtigkeit nicht zu vernachlässigen ist, versteht sich von selbst.

Aufbau des Kapitels/Lernzuwachs

Das kurze Unterkapitel zu Beginn mit dem Titel „Fehler erkennen und korrigieren" zeigt Möglichkeiten der Korrektur eigener Fehler und Fehlerschwerpunkte auf. Auch das Nachschlagen in Wörterbüchern wird hier aufgegriffen.

Danach folgt die Thematisierung der häufigsten Fehlerquellen in der Rechtschreibung. Das Phänomen der Groß- und Kleinschreibung wird ebenso geübt wie die Schreibung von s-Lauten und die Getrennt- und Zusammenschreibung. Im Anschluss an die Rechtschreibung werden drei wesentliche Fehlerquellen der Zeichensetzung aufgezeigt. Durch verschiedene Übungen soll die Sensibilität der Schüler/ -innen für diese Fehler geweckt werden. Seiten zur Grammatik bilden den dritten großen Schwerpunkt dieses Kapitels. Bei der Beschäftigung mit den Wortarten wird die Funktion der Konjunktion bei der Bildung von sinnvollen Satzgefügen und Satzreihen verdeutlicht, die Tempusformen des Verbs, Aktiv und Passiv sowie der Konjunktiv in der indirekten Rede werden behandelt. Übungen zu den Satzgliedern runden diesen Schwerpunkt ab.

Methodik, Didaktik, Differenzierung

Das Kapitel 4 vermittelt das Wissen deduktiv. Zu Beginn eines jeden Abschnitts erfolgt die Präsentation des Phänomens in einem GUT-ZU-WISSEN-Kasten, danach werden Übungen angeboten. Dies ist dem Umstand geschuldet, dass die Schüler/-innen alle Themen dieses Bereichs bereits erlernt haben sollten und hier eher nachschlagend und übend tätig werden.

Bei der Auseinandersetzung mit der Rechtschreibung und Grammatik wird der Fokus immer wieder auf die Funktionalität gelegt. So wird z.B. verdeutlicht, warum es sinnvoll ist, Satzreihen oder Satzgefüge zu bilden, und welcher Konjunktion es bedarf.

Thematische Schwerpunkte sollen zusätzliche Anreize für die Schüler/-innen schaffen, sich mit den Phänomenen auseinanderzusetzen. So wird die Zeichensetzung an dem Thema „Erfindungen" aufgezeigt, die Wortarten sowie Satzgefüge/Satzreihen am Lebenslauf von Carl Benz.

Die Differenzierung ist zumeist über den Umfang der Aufgabe und ihren Schwierigkeitsgrad geregelt.

Kompetenzen

Die Schülerinnen und Schüler
- erkennen ihre eigenen Fehlerschwerpunkte im Rechtschreiben
- nutzen Wörterbücher und Lexika
- überprüfen selbst verfasste Texte eigenständig auf orthografische und grammatische Korrektheit

Richtig schreiben

Aufgabenlösungen und methodisch-didaktische Hinweise

S. 74

1 Eine gute Möglichkeit zur Gewinnung eines Überblicks über die eigenen Fehler ist ein Fehlerdiag-
nosebogen, den man einige Zeit begleitend zu den Schreibprodukten führen sollte, um die eigenen Schwächen gezielt angehen zu können.

3 Diese Text ist ein großer Schwachsinn. Er dient allein dazu, dass Rechtsschreib-Programm des
Computer zu über prüfen.

Diese Text – richtig: Dieser Text
da**ss** – richtig: das
Recht**s**schreib-Programm – richtig: Rechtschreibprogramm
des Computer – richtig: des Computers
zu über prüfen – richtig: zu überprüfen

4 Nur Rechtschreib- und Grammatikfehler korrigieren:
Hallo Frau Schulleiterin,
ich muss bald zur Hochzeit von meinem Bruder. Weißt du, er wohnt weit weg in Berlin. Ich brauche Urlaub für die Reise. Sag ja! Bitte, bitte, liebe Frau Schulleiterin.
DDD

Auf den Stil und die Sprachebene Bezug nehmen:
Die ausgesprochen jugend- bzw. umgangssprachliche Fassung ist für einen Antrag in keinem Fall
geeignet. Die Schreibabsicht (Freistellung vom Unterricht) ist unzureichend, eine korrekte Anrede
ist nicht gegeben, eine korrekte Unterschrift fehlt. Es geht nicht daraus hervor, wer der Antragsteller ist.
Allgemeine sprachliche Normen müssen in jedem Fall eingehalten werden. Der Ton muss angemessen, formaler sein, eine korrekte Anrede mit Nachnamen und Höflichkeitsform „Sie" ist erforderlich.

S. 75

1 a) Der Diagnosebogen als Kopiervorlage findet sich am Ende des Kapitels und auf der beiliegen-
den CD-ROM.
c) Richtig geschrieben sind: Schifffahrt, Fußballspiel, Rhetorik, Börsentipp, Spagetti sowie Spa-
ghetti.
d) Die Fehler im Text sind im folgenden Text korrigiert und fett gedruckt:
In den 80er und **90er** Jahren hat man über **den** Beruf des Fris**eurs/der** Frisörin (beide Formen
sind möglich, jedoch sollte in einem Text auf Einheitlichkeit geachtet werden) diskriminierende,
schräge Witze gemacht: Im **allgemeinen** Sprachgebrauch der Witze wurde der Beruf **fast** nur von
Frauen ausgeübt**:** Sie waren **ausnahmslos** blond und meistens nicht sehr helle**,** wenn man **den**
Witzen glauben darf … **Ach ja**, eine **Frisöse** hatte in diesen Witzen auch immer einen – ebenfalls
nicht sehr intelligenten – Freund**,** der **einen** Manta (mit **Fuchsschwanz**) fuhr … Nun, die Zeiten
der blöden Witze über einen **bestimmten Berufsstand** sind **glücklicherweise** heute vorbei. In
der **Realität** ist dieses **Klischee** sowieso nur sehr selten anzutreffen gewesen: Der Beruf des Fri-
seurs/der Friseurin war und ist überaus **vielseitig** und **anspruchsvoll**. Es geht in den **Salons**
längst nicht mehr nur um Haarschnitt**,** sondern vielmehr umfasst die Ausbildung heute auch **As-**
pekte der Typberatung**,** Kosmetik**,** Farb- und **Stilberatung** und vor allen Dingen der **Kommunika-**

55

Richtig schreiben

tion mit den Kunden. Wobei es kein Vorurteil **ist, dass** die Kunden **überwiegend** Kundinnen sind: Im **Durchschnitt** sind Frauen dreimal so oft beim Friseur wie Männer …

S. 76

1 a) Femininum: die
b) An der Darstellung der Lautschrift bzw. die Betonung auch am Silbenstrich
c) am Ende der **Saison**
a) Weil es aus der französischen (**frz.**) Sprache stammt und entsprechend ausgesprochen wird. Die Aussprache kann man unter dem Symbol des Lautsprechers (Tonaufnahme) hören bzw. an der Lautschrift ablesen, wenn man diese z. B. aus dem Fremdsprachenerwerb kennt.
b) in den vergangenen Winter**saisons** (den – Plural)

2 – Aufbau: meist alphabetische Nennung der Begriffe, zu jedem Begriff die entsprechenden Details
– Abkürzungen: gängige Abkürzungen, die im Abkürzungsverzeichnis (Verz. d. Abk.) erklärt werden
– Details: In den meisten Büchern werden alle auf S. 76 genannten Informationen gegeben. Apps tendieren zu kürzeren Darstellungen, da sie nur einen groben Überblick geben wollen. Fast immer wird auf Schreibweise und Bedeutung eingegangen.
– Bedienung: Kenntnisse der Buchstabenfolge des deutschen Alphabets sowie der richtigen Schreibweise des Wortes sind Voraussetzung für eine erfolgreiche Benutzung.
– Essen: Es sollten beide Bedeutungen (Stadt im Ruhrgebiet und Nahrung) genannt werden, dazu noch die Variante „essen" (Tätigkeit).
– Fundus: aus dem lat. stammendes Wort für „zur Verfügung stehende Menge" – meist im Zusammenhang mit Bekleidung im Theater benutzt
– twittern: moderne Wortneuschöpfung, in den meisten Wörterbüchern inzwischen enthalten

S. 77

1 Teil 1: Gestern ist mir etwas ~~komisches~~/Komisches passiert. Am ~~morgen~~/Morgen schien die Welt in Ordnung, aber als ich gegen 7.30 Uhr zur U-Bahn-Haltestelle ging, lief ~~plötzlig~~/plötzlich alles schief. Ich sah eine Frau, die versuchte, das/~~dass~~ Geländer am Eingang runterzurutschen, und ich war so ~~gebant~~/gebannt von ihrer akrobatischen Leistung, ~~das~~/dass ich ~~überascht~~/überrascht stehen blieb.
Teil 2: ~~Dass~~/Das war keine gute Idee, da die hinter mir gehenden Leute gegen mich prallten, was mich zu Boden stürzen ließ/~~liehs~~/~~lies~~. Zwar ist mir nichts ~~Gefehrliches~~/Gefährliches passiert, aber ich habe mich geärgert darüber, ~~das~~/dass meine Kleidung ~~dreckich~~/dreckig geworden war. Also ging ich zurück nach Hause, um mich umzuziehen. Dadurch kam/~~kahm~~ ich zu spät zur Arbeit/~~arbeit~~.

2 a) Sicherlich nennen die Schüler/-innen hier die Software Word (MS-Office).
Die Textverarbeitungsprogramme basieren auf Wörterbüchern, die im Hintergrund mitlaufen, wodurch die falsche, nicht mit dem Wörterbucheintrag übereinstimmende Schreibweise unterschlängelt wird.
b) Das Rechtschreibprogramm erkennt die folgenden unterstrichenen Worte als fehlerhaft:
<u>Ess</u> Wahr <u>wirklig</u> <u>nich</u> war, das er <u>mier</u> <u>dihsen</u> Rad gegeben hatte.
Die anderen Rechtschreibfehler werden deshalb nicht erkannt, weil die Worte ja durchaus in der deutschen Sprache vorkommen und nur in diesem Zusammenhang falsch sind. Das Programm erkennt sie nicht als fehlerhaft, weil es keine sinnhafte Verwendung von Worten kontrollieren kann.

Richtig schreiben

Genauso verhält es sich mit dem falsch geschriebenen „das/dass": Word kann nicht erkennen, ob es als Konjunktion oder als Relativpronomen gebraucht wird und unterschlängelt es daher nicht.

S.78

1 a) **Lösungsvorschlag**
alles Alte, etwas Schönes, genug Böses, manches Neue, nichts Langweiliges, viel Hässliches, wenig Interessantes
b) z.B.: Bei der Klassenfahrt haben wir manches Neue, viel Interessantes und wenig Hässliches gesehen.

S.79

1 a) *Applaus – Ausweis – Eis – Fass – Fuß – Gefäß – Gas – Graus – Greis – Gruß – Hass – Kreis – Kuss – Maß – Maus – Paradies – Pass – Schluss – Schuss – Verließ*
b) z.B.: Glas, Fluss, Preis

2
– Besenstiel – Vasenrand – Meisenknödel – Pausenclown – Wachsamkeit – Schneebesen – Badfliesen – Rasenmäher
– Hauseingang – Preisschild – Glasreiniger – Kreisverkehr
– Anzeigenschluss – Abflussreinigung – Schlossführung – Sessellift – Bisswunde – Bewusstsein – Flusslauf – Schusswunde
– Straßenreinigung – Fußbad – Schweißnaht – Süßspeise – mitreißend – maßlos – Großtante

3

Infinitiv	3. Person Präsens	3. Person Imperfekt	Partizip Perfekt
beißen	er beißt	er biss	gebissen
essen	sie isst	sie aß	gegessen
lassen	er lässt	er ließ	gelassen
messen	sie misst	sie maß	gemessen
schließen	es schließt	es schloss	geschlossen
vergessen	er vergisst	er vergaß	vergessen
wissen	sie weiß	sie wusste	gewusst

S.80

1 Ich hoffe, dass du die Prüfung bestehst.
Ich glaube fest daran, dass du das schaffst.
Ich bin davon überzeugt, dass du viel Talent hast.
Ich sage dir lieber gleich, dass du nur eine geringe Chance hast, das zu schaffen.

2 **Lösungsvorschlag**
Ich hoffe, dass ich meinen Wunschausbildungsplatz erhalte.
Ich meine, dass man als Bankangestellter viel Geld verdienen kann.
Ich glaube, dass ich inzwischen viel gelernt habe.
Ich denke, dass mein Ausbildungsvertrag nächste Woche unterschriftsreif ist.
Ich freue mich, dass ich die Zwischenprüfung so gut bestanden habe.

Richtig schreiben

Ich bin davon überzeugt, dass meine Leistung ausreicht.
Ich habe erfahren, dass die Firma einen weiteren Azubi sucht.
Ich habe recherchiert, dass die Gletscher schmelzen.
Es ist Pech, dass der Kuchen ungar ist.

3 Das Haus, das in einer Sackgasse steht, hat sieben Zimmer.
Paulchen freut sich, dass er ab nächstem Jahr mehr Geld bekommt.
Ich finde es schade, dass das Fußballspiel fast vorbei ist.
Damit, dass das kleine Mädchen trotzt, kommt sie auch nicht weiter.
Das Auto, das erst in der Werkstatt war, ist schon wieder kaputt.
Er hatte Glück, dass die Reparatur nicht so teuer war.

4 Frau: Darf das das?
Mutter: Das darf das!
Frau: Dass das das darf!

S.81

	Artikel (das)	Relativpronomen (das)	Demonstrativ-pronomen (das)	Konjunktion (dass)
5	8, 11, 16	9	1, 3, 12, 14, 18, 20	2, 4, 5, 6, 7, 10, 13, 15, 17, 19

S.82

1 Es ist einfach schön, mit meinen Freunden zusammen zu sein. Manchmal planen wir einen gemeinsamen Ausflug, wobei wir gerne **spazieren gehen. Beim Fußballspielen** kann ich mich **austoben** und den Arbeitsstress vergessen. Kaum einer von uns will einen solchen Termin **absagen**, jeder will **teilnehmen** und tut alles dafür, dass die Treffen **stattfinden**.

2 a) z. B.: beim Volleyballspielen, Rückenschwimmen, Schlittschuhlaufen, Skifahren

3 Natürlich sorgt das **Aufeinandertreffen** so vieler Menschen immer für Reibungspunkte. Das **Sauberhalten** unseres Schulgebäudes müsste eine Selbstverständlichkeit für alle sein. Das **Instandhalten** der alten Bausubstanz hat oberste Priorität. So lautete zumindest das Ergebnis einer Konferenz, die letzte Woche **stattfand**.

S.83

4 kaltlassen: gleichgültig, unbeeindruckt sein von etwas; schiefgehen: misslingen, scheitern, fehlschlagen; klarsehen: durchschauen, sich auskennen, begreifen; hochhalten: achten, schätzen; freisprechen: schuldlos halten, lossprechen

5 Charles Dickens hatte keine leichte Kindheit. Als Kind mussten für ihn viele Wünsche **offenbleiben**. So arbeitete er als Zwölfjähriger in einer Fabrik, wo er täglich zwölf Stunden Etiketten auf Schuhcremedosen klebte. Man konnte sich nicht einfach **krankschreiben** lassen, wenn es einem **schlecht ging** und **schwerfiel** zu arbeiten. Man konnte leicht **hochrechnen**, dass man dann den Arbeitsplatz verlieren würde. Dickens' Familie hatte recht wenig Geld, der Vater machte viele

Schulden und kam deshalb hinter Gitter: Da konnte man sich noch so sehr **schwarzärgern**, es half nichts. Diese Lebensumstände haben dem Jungen sehr schnell **klargemacht**, dass er sich seine Welt zum Träumen woanders suchen musste.

S. 84

1 a) 1. Bestimmte Vor- und Nachsilben (z. B. ex-, -nik, -ing), 2. Lautung, 3. Schriftbild mit unüblicher Buchstabenfolge, 4. seltener Gebrauch
b) z. B.: 1. attraktiv, komplex, 2. Mainstream, 3. Paparazzi, 4. intrinsisch
c) Fremdwörter haben etwas Besonderes an sich. Sie sind die Glanzlichter in unserem Sprachgebrauch.

2 a)

Nomen mit Artikel	Bedeutung	Passendes Verb
die Arroganz	der Hochmut, der Dünkel, die Überheblichkeit	–
die Faszination	die Begeisterung, die Leidenschaft	faszinieren
die Funktionalität	die Tauglichkeit, die Verwendbarkeit	funktionieren
die Installation	die Einrichtung, der Einbau	installieren
die Kombination	die Verknüpfung, die Verbindung	kombinieren
die Konferenz	die Versammlung, die Besprechung	konferieren
die Organisation	die Abwicklung, die Durchführung, die Gruppe	organisieren
die Reaktion	die Wirkung, die Verhaltensweise, die Resonanz	reagieren
die Rebellion	die Auflehnung, der Aufruhr	rebellieren
die Spekulation	die Hypothese, die Einbildung, bestimmtes Geldgeschäft	spekulieren
die Tendenz	die Richtung, die Färbung	tendieren

3 Fleischer/-in

S. 86

1

Hauptsatz	Nebensatz
kann alleine stehen	steht nicht alleine
konjugierte Verbform steht an zweiter Stelle des Satzes	konjugierte Verbform steht am Satzende
	Einleitung z. B. durch Konjunktionen, Relativpronomen, Fragepronomen

2 Die Beispielsätze sind wie folgt markiert: einleitendes Wort des Nebensatzes, Verb, Hauptsatz
Viele Industrieunternehmen beschäftigen Abteilungen, die Produkte entwickeln.
Doch auch Privatpersonen tüfteln weltweit an Erfindungen, obwohl längst nicht jedes Genie sich mit seiner Idee durchsetzt.
Weil er die Natur zum Vorbild nahm, konstruierte ein Tüftler 1881 einen Regenhut mit Schuppen aus Tannenzapfen, der einer Dachschiefer-Konstruktion ähnelte.

Richtig schreiben

Wenn die weltgrößte Erfindermesse stattfindet, kann man die seltsamsten Erfindungen bestaunen, die teilweise mit denen von Daniel Düsentrieb konkurrieren können.
Dinge, die die Menschen erstaunen oder zum Lachen bringen, werden gezeigt.

3 Heute ist sogar ein Technikwettbewerb Hamburger Schulen, der dazu anspornen will, neue Themen aufzugreifen, nach Daniel Düsentrieb benannt.
z. B.: Dadurch dass (weil, da, wenn) fächerübergreifend gearbeitet wird, können viele neue Wege gegangen werden. Wenn (sobald) die Schüler danach fragen, wird Unterstützung durch Universitäten und Fachhochschulen vermittelt.

4 Einzelne Hauptsätze wirken abgehackt und zusammenhanglos. In Satzgefügen werden Inhalte miteinander verbunden und so in ihren Zusammenhängen klar.

S. 87

1 a–b) Viele Zuschauer haben jedes Jahr Spaß daran, Skirennen anzuschauen und die Leistung der Athleten zu bestaunen. Was ist, wenn kein Schnee vom Himmel fällt? Statt das Rennen absagen zu müssen, arbeiten die Betreiber von Skipisten mit Kunstschnee. Schneekanonen werden eingesetzt, um diesen Schnee auf die Abfahrtsstrecken rieseln zu lassen. Ein Ventilator wird benötigt, um Luft mit hoher Geschwindigkeit durch die Schneekanonen zu blasen. Viele Düsen helfen dabei, das Wasser in den Luftstrom zu sprühen. In kalter Luft gefriert das Wasser zu Eiskristallen, um dann als Schnee zu Boden zu fallen. Vielleicht hat man aber mehr Freude daran, auf Schnee zu fahren, der vom Himmel gefallen ist? Oder man hat Bedenken, Kunstschnee herstellen zu lassen? Trotz allem ist es aber ein schönes Gefühl, einen Berg hinunterzufahren.

S. 88

1 a) Nomen, Numerale, Präpositionen und Artikel reichen aus, da mit einem tabellarischen Lebenslauf ein Überblick gegeben werden soll.
b) Numerale: alle Zahlenangaben; Präpositionen: in, mit; Artikel: des, einer; die übrigen Wörter sind Nomen
b) Carl Benz *wurde* am 25. November 1844 als Sohn **der** Dienstmagd Josephine Vaillant und **des** Lokomotivführers Johann Benz in Karlsruhe *geboren*. Nach **dem** Besuch **des** Karlsruher Lyzeums *begann* er **ein** Studium am Polytechnikum in Karlsruhe, das er 1864 **erfolgreich** *beendete*. 1871 *gründete* er mit **einem** Geschäftspartner seine erste Firma in Mannheim. In dieser Zeit *beschäftigte* er sich **intensiv** mit **dem** Zweitaktmotor. 1872 *heiratete* er Bertha Ringer, die 1888 **die** erste **erfolgreiche** Fernfahrt mit **einem** Automobil *unternahm*.
unterstrichen: Nomen   gepunktet unterstrichen: Präposition
kursiv: Verb   unterschlängelt: Konjunktion
grau unterlegt: Numerale   doppelt unterstrichen: Pronomen
fett und unterschlängelt: Artikel   **fett:** Adjektiv
c) Durch Adjektive kann die Bedeutung der Erfindung hervorgehoben werden.

60

Richtig schreiben

S. 89

1 a)
- Obwohl Carl Benz mit seinem Fahrzeug eine bahnbrechende Erfindung gelang, wurde in der Presse über die pferdelose Kutsche gespottet./Carl Benz gelang mit seinem Fahrzeug eine bahnbrechende Erfindung, dennoch wurde in der Presse über die pferdelose Kutsche gespottet.
- Als Carl Benz im Mannheimer Mercedes-Benz-Werk noch den ersten „Stift" ausgebildet hat, hatte die Ausbildung andere Inhalte als heute.
- Weil/da sich das Berufsbild des Automechanikers bzw. Kfz-Mechatronikers gewandelt hat, wurden die Lerninhalte der Ausbildung verändert./Das Berufsbild des Automechanikers bzw. Kfz-Mechatronikers hat sich gewandelt, deshalb wurden die Lerninhalte der Ausbildung verändert.
- Der Auszubildende hat keine Probleme, die Prüfung zu bestehen, weil/da/sobald er die Lerninhalte beherrscht./Der Auszubildende hat keine Probleme, die Prüfung zu bestehen, denn er beherrscht die Lerninhalte.
- Wir haben uns gut auf die Abschlussprüfung vorbereitet, dennoch sind wir etwas aufgeregt./Wir haben uns gut auf die Abschlussprüfung vorbereitet, aber wir sind doch etwas aufgeregt/Obwohl wir uns gut auf die Abschlussprüfung vorbereitet haben, sind wir doch etwas aufgeregt.
- b) Die Zusammenhänge werden klarer, wenn die Sätze verbunden sind.

2 Der Fehler besteht darin, dass zwei Konjunktionen den Nebensatz einleiten.
- Es ist klar, dass das Auto bald seinen Geist aufgibt, weil man so fährt.
- Ich habe die Erfahrung gemacht, dass meine Ergebnisse nicht gut sind, obwohl ich mit anderen zusammenarbeite.

S. 90

1

Präsens	Er besucht die Baumesse.	Sie nimmt Informationsmaterial mit.	Wir gehen nicht mit.
Perfekt	Er hat die Baumesse besucht.	Sie hat Informationsmaterial mitgenommen.	Wir sind nicht mitgegangen.
Präteritum	Er besuchte die Baumesse.	Sie nahm Informationsmaterial mit.	Wir gingen nicht mit.
Plusquamperfekt	Er hatte die Baumesse besucht.	Sie hatte Informationsmaterial mitgenommen.	Wir waren nicht mitgegangen.
Futur I	Er wird die Baumesse besuchen.	Sie wird Informationsmaterial mitnehmen.	Wir werden nicht mitgehen.
Futur II	Er wird die Baumesse besucht haben.	Sie wird Informationsmaterial mitgenommen haben.	Wir werden nicht mitgegangen sein.

2

Präteritum	Perfekt
Sie halfen.	Sie haben geholfen.
Er überprüfte.	Er hat überprüft.
Sie verarbeitete.	Sie hat verarbeitet.
Wir ordneten an.	Wir haben angeordnet.
Er war.	Er ist gewesen.

Richtig schreiben

Präteritum	Perfekt
Er erfuhr.	Er hat erfahren.
Sie hielt.	Sie hat gehalten.
Er unterhielt sich.	Er hat sich unterhalten.
Er konnte sich einbringen.	Er hat sich einbringen können.

3 Beschreibung: Präsens; Inhaltsangabe: Präsens; Märchen: Präteritum; Bericht: Präteritum; Anleitung: Präsens

S. 91

1 aktiv: Sie lesen einzelne Teile stichprobenartig an. Sie achten auf besondere Hervorhebungen. Sie lesen die Textpassagen gründlich, die Sie beim diagonalen Lesen als brauchbar herausgefiltert haben. Sie überspringen Zeilen oder Abschnitte, die für die Leseabsicht unwichtig erscheinen. Sie lesen den ganzen Text Satz für Satz durch. Sie lesen intensiv und aktiv, d. h., Sie markieren Wörter oder Satzteile, die Ihnen wichtig erscheinen oder die Sie nicht verstanden haben. Sie orientieren sich an der Technik des sequenziellen Lesens. Sie arbeiten den gesamten Text langsam und konzentriert durch, evtl. auch mehrfach. Sie achten besonders auf die vorgegebene Aufgabe. Sie wenden die Lesemethode ÜFLAZ an.

2 Im ersten Beispiel geht es um den Sachverhalt, hier ist es gleichgültig, wer das Spielfeld geräumt hat. Im zweiten Beispiel wird betont, wer das Spiel abgebrochen hat.

S. 93

1 a) Die Ausbilderin berichtet dem Berufsschullehrer: Daniel sagt, seine Noten in den letzten Klassenarbeiten seien nicht gut gewesen. Er sei unglücklich darüber.
Daniel berichtet seinem Freund: Meine Ausbilderin sagt, sie verstehe das. Sie fragt mich, was ich zu tun gedenke.
Die Ausbilderin: Daniel sagt, er wolle sich frühzeitig vorbereiten.
Daniel: Meine Ausbilderin hat mich gefragt, ob ich schon einmal daran gedacht habe, mir Unterstützung von außen zu holen. Ich habe sie gefragt, woran sie denke.

S. 94

1 a) adverbiale Bestimmung der Zeit: am 1. Mai 1886, Prädikat: gab; Subjekt: es; adverbiale Bestimmung des Ortes: in den Industrieregionen der USA; Akkusativobjekt: Massenstreiks und Demonstrationen
b) In den Industrieregionen der USA gab es am 1. Mai 1886 Massenstreiks und Demonstrationen. Massenstreiks und Demonstrationen gab es am 1. Mai 1886 in den Industrieregionen der USA.
d) Es steht an zweiter Stelle des Satzes.

2 Heute/bereiten/wir/uns/vor.
adverbiale Bestimmung der Zeit/Prädikat/Subjekt/Akkusativobjekt/Prädikat
Die Homepage des Betriebes/entspricht/unseren Erwartungen.
Subjekt/Prädikat/Dativobjekt

62

Morgen/werde/ich/mir/die Homepage/anschauen.

adverbiale Bestimmung der Zeit/Prädikat/Subjekt/Dativobjekt/Akkusativobjekt/Prädikat

2 Heute/bereiten/wir/uns/ganz gezielt/vor.

adverbiale Bestimmung der Zeit/Prädikat/Subjekt/Akkusativobjekt/adverbiale Bestimmung der Art und Weise/Prädikat

Wegen ihrer Aktualität/entspricht/die Homepage der Schule/voll/unseren Erwartungen.

adverbiale Bestimmung des Grundes/Prädikat/Subjekt/adverbiale Bestimmung der Art und Weise/Dativobjekt

Morgen/werde/ich/mir/die Homepage des Betriebes/genauer/anschauen.

adverbiale Bestimmung der Zeit/Prädikat/Subjekt/Dativobjekt/Akkusativobjekt/adverbiale Bestimmung der Art und Weise/Prädikat

S. 95

3 a)

Sehr geehrter Herr Hammerschmidt,

ich melde mich **aufgrund Ihrer Anzeige**. Demnach vermissen Sie **seit einigen Tagen** Ihren Hund Sky. Ich bin **die letzten Tage** häufig **am Rhein** spazieren gegangen. Dabei fiel mir ein Hund auf, auf den Ihre Beschreibung zutrifft. Dieser war **sehr zutraulich**. **Wegen seines Hundehalsbands** kam ich nicht auf die Idee, dass ihn jemand vermissen könnte.
Meistens habe ich den Hund **am späten Vormittag in der Nähe des Cafes „Schöne Aussicht"** gesehen.
Vielleicht hilft Ihnen meine Nachricht weiter, Ihren Hund zu finden.

Freundliche Grüße

C. Lakatus

b) **Lösungsvorschlag**
– C. Lakatus sah den Hund am späten Vormittag in der Nähe des Cafes „Schöne Aussicht".
– Der Hund lief schnell/schwanzwedelnd auf ihn zu.
b)
– Wegen des schlechten Wetters ging C. Lakatus heute nicht am Rhein spazieren.
– Wenige Tage später fand Herr Hammerschmidt wegen des Hinweises durch Frau Lakatus seinen Hund in der Nähe des Rheinufers wieder.
c) Weil sich viele Menschen ehrenamtlich engagieren, kann das Tierheim so vielen in Not geratenen Tieren helfen.

4 a)

Wortarten	Satzglieder
Adjektiv	Akkusativobjekt
Konjunktion	Subjekt
Numerale	adverbiale Bestimmung des Ortes
Artikel	

Richtig schreiben

c)

	Er	findet	den	Hund
Wortart	Pronomen	Verb	Artikel	Nomen
Satzglied	Subjekt	Prädikat	Akkusativobjekt	

S. 96

1 a) Die Rechtschreibregeln und **ihre** Auswirkungen auf die Sprache

Im **deutschen** Sprachraum fand Ende der neunziger Jahre eine **Rechtschreibreform** statt. Vor allem in **den Bereichen Groß- und Kleinschreibung,** der **Getrennt- und Zusammenschreibung,** aber auch beim **Trennen** von **Wörtern** wurden die bestehenden **Standards** überarbeitet. Das Komma, das einen Nebensatz einschließt, muss weiterhin gesetzt werden. Aber bei **Infinitivgruppen** ist es jetzt auch erlaubt, das **Komma** unter bestimmten Bedingungen wegzulassen. Eine große Änderung betraf die Schreibung des s-Lautes: Man muss genau **hinhören,** wie einzelne Wörter gesprochen werden. Bei das/dass **muss man** daran denken, **dass man** zwischen **Artikel, Relativpronomen, Demonstrativpronomen** und Konjunktion unterscheiden muss, um die Schreibweise zu **entscheiden. Allerdings** gibt es eine „Einsetzprobe", mit deren **Hilfe** der **Schreibende sicherstellen** kann, **dass** die Schreibweise stimmt. Vor allem ihren Schülern sagen die **Lehrer** immer **wieder** jene Regeln, die die **Rechtschreibung** erleichtern und den **Stil der** Sprache verbessern, z. B.: „Höfliche Anredepronomen schreibt man groß!" – „Vor dem Genitiv-s setzt man kein **Apostroph!" Viele** Schüler benutzen die Ausrede, **dass** sie diese vielen **Regeln** gar nicht behalten können. Aber das ist **Nonsens:** Denn die Regeln für die **Computerspiele** können sich die Jugendlichen sehr wohl merken, und **das** ist auch nicht immer einfach! Ganz **egal,** welche **Regeln** gelten: Man muss Sie lernen, um **die** Sprache zu beherrschen! Und nur derjenige/**diejenige,** der/die die **Regeln** beherrscht, kann auch den **Fachwortschatz** lernen, um sich **stilvoll, rhetorisch,** wirkungsvoll und **adäquat** auszudrücken!

Zusätzliche Kopiervorlagen auf der CD-ROM

(Differenzierte) Arbeitsblätter
- 4.1 Diagnosebogen: Fehlerschwerpunkte (KV 15)
- 4.2 Sprachproben anwenden (KV 16)
- 4.3 s-Schreibung (KV 17)
- 4.4 Wortarten zuordnen/Wortarten und Satzglieder unterscheiden (leistungsdifferenziert) (KV 18)
- Fazitbogen zum Kapitel 4 (KV 19)

Klassenarbeit/Test
- Grammatik (KV 20)
- Lösung zur Klassenarbeit (KV 20)

Name: Datum:

Arbeitsblatt 4.1: Diagnosebogen: Fehlerschwerpunkte

1 Korrigieren Sie Ihre Texte und tragen Sie die Fehler in die nachfolgende Tabelle ein. Finden Sie so Ihre Fehlerschwerpunkte, die Sie besonders üben sollten.

Fehlerschwerpunkte	Eigene Fehler
Rechtschreibung	
Groß- und Kleinschreibung – Nomen – Nominalisierungen – Satzanfänge – Anredepronomen	
Getrennt- und Zusammenschreibung – Zusammengesetzte Verben – Straßennamen	
Schreibung von Konsonanten – f – v – Dehnungs-h – Konsonantenverdoppelung	
Schreibung von Vokalen – i, ie, ieh – eu – äu	
Schreibung von s-Lauten	
Zeichensetzung	
Kommasetzung zwischen Haupt- und Nebensätzen	
Kommasetzung bei Aufzählungen	
Kommasetzung bei Appositionen	
Grammatik	
Fehler bei der Anwendung der vier Fälle	
fehlende Übereinstimmung zwischen Subjekt und Prädikat	
falscher Artikel	
indirekte Rede	
Satzbau	
Zeiten	

Das Deutschbuch für Berufsfachschulen — Richtig schreiben

Name: Datum:

Fazitbogen zum Kapitel 4

Kompetenz	Das kann ich	Das kann ich teilweise	Das kann ich noch nicht
Fehler erkennen und korrigieren – eigene Fehlerschwerpunkte (mithilfe eines Diagnosebogens) erkennen – in Wörterbüchern nachschlagen – Sprachproben und andere Rechtschreibhilfen nutzen – Rechtschreibprüfung am Computer nutzen – eigene Texte korrigieren – die richtige Schreibung begründen			

Rechtschreibung
– Groß- und Kleinschreibung
  • bei Satzanfängen, Eigennamen und Nomen
  • bei der höflichen Anrede
  • bei Nominalisierungen
– die Schreibung des s-Lauts (s, ss, ß)
– das/dass richtig einsetzen
– Getrennt- und Zusammenschreibung
  • Zusammensetzungen mit Verben
– Besonderheiten von Fremdwörtern kennen
– Fachwörter richtig schreiben			

Zeichensetzung – Komma bei Aufzählungen – Komma zwischen Haupt- und Nebensatz – Komma bei Infinitivgruppen			

Grammatik
– Wortarten erkennen
– Sätze bilden
  • Satzreihe
  • Satzgefüge
– Tempusformen sicher verwenden
– Aktiv und Passiv anwenden
– Modusformen des Verbs kennen und anwenden
  • Indikativ
  • Konjunktiv
  • Imperativ
– Satzglieder erkennen			

© 2014 Cornelsen Schulverlage GmbH, Berlin. Alle Rechte vorbehalten.

KV 19

Kapitel 5: Sich bewerben

Vorbemerkung zum Kapitel

Relevanz für Alltag, Schule und Beruf

Das Thema Ausbildungsplatzsuche ist den Schülerinnen und Schülern nicht neu. Die meisten von ihnen besuchen diese Schulform, um ihren bisherigen Schulabschluss zu verbessern und weil sie keinen Ausbildungsplatz bekommen haben. In der Regel haben sie schon negative Erfahrungen gemacht, aber sie werden sich dessen ungeachtet wieder bewerben müssen, um einen Ausbildungsplatz zu erhalten. Je praxisnaher und individueller sich die/der Einzelne darauf vorbereitet, desto besser werden ihre/seine Chancen sein.

Aufbau des Kapitels/Lernzuwachs

Das Kapitel ist in drei Unterabschnitte aufgeteilt. Das erste Unterkapitel befasst sich mit dem Ausloten der eigenen Fähigkeiten und der Suche nach passenden Arbeitsstellen. Im zweiten Unterkapitel werden die Bestandteile einer Bewerbungsmappe formgerecht erstellt. In Kapitel 5.3 bereiten sich die Schüler/-innen auf Vorstellungsgespräche vor. Am Ende des Kapitels werden die Ergebnisse mithilfe des Kompetenzchecks überprüft.

Methodik, Didaktik, Differenzierung

Das Kapitel geht in weiten Bereichen nach der Think-Pair-Share-Methode vor, einer grundlegenden Vorgehensweise des kooperativen Lernens:
− Am Anfang steht die individuelle Auseinandersetzung mit einer Aufgabe (think).
− Anschließend ergänzen sich die Schüler/-innen in Kleingruppen (pair).
− Erst am Schluss steht der Schritt vor das Plenum oder eine größere Gruppe (share).
Die Auflösung des heterogenen Klassenverbands durch Think-Pair-Share trägt der Differenzierung Rechnung, indem sie ein individuelles Lerntempo, individuelle Leistungen und individuelles Vorwissen ermöglicht.

Kompetenzen

Die Schülerinnen und Schüler
− werden sich des Facettenreichtums ihrer Persönlichkeit bewusst und erstellen ein Persönlichkeitsprofil
− vergleichen die Anforderungen der Ausbildungsberufe mit ihren persönlichen Eigenschaften und Fähigkeiten
− üben die Phasen der Ausbildungsplatzsuche ein: Bewerbungsschreiben, Vorstellungsgespräch
− verfassen ein Bewerbungsschreiben inhaltlich und formal korrekt und erstellen eine Bewerbungsmappe

Sich bewerben

Aufgabenlösungen und methodisch-didaktische Hinweise

S. 98

Zu den Aufgaben **1 und 2** kann auf den „Qualipass" aus Baden-Württemberg hingewiesen werden, in dem sowohl Jugendliche als auch Erwachsene berufliches und ehrenamtliches Engagement dokumentieren können, um ihr Profil zu erstellen: www.qualipass.info/

3 **a–b)** Unterschiedliche Einschätzungen können entweder auf ein sehr stark oder ein sehr gering ausgeprägtes Selbstwertgefühl, auf Sympathien oder Antipathien oder fehlende Informationen über die zu beurteilende Lernpartnerin oder den zu beurteilenden Lernpartner zurückzuführen sein. Die Schüler/-innen sollten zwar zur Ehrlichkeit angeregt werden, aber auch ihre Einstellung und ihr Wissen über den Lernpartner reflektieren und ihre Einschätzung vorsichtig und nicht verletzend formulieren.

S. 99

3 Neben den subjektiven Erfahrungen, die bei der jeweiligen Suche gemacht werden, sollten am Ende der Aufgabenbearbeitung einige allgemeingültige Vor- und Nachteile zu den verschiedenen Möglichkeiten stehen. Diese könnten sein:
- **innerbetriebliche Suche**: Man kennt den Betrieb bereits und hat eventuell gute Verbindungen. Kommt man mit einigen Kollegen nicht gut aus, kann das natürlich nachteilig sein.
- **Stellenmärkte im Internet**: Die Konkurrenz ist sehr groß, da viele Bewerberinnen und Bewerber auf Anzeigen im Internet zugreifen.
- **Printmedien**: Regionalität kann eine große Rolle spielen; vielleicht bevorzugt das Unternehmen Bewerber, die aus der Region kommen.
- **Personalberatungen**: Man kann vom Know-how der Berater profitieren; eventuell muss die Beratung bezahlt werden.
- **Fachmessen, Kongresse**: Man muss sich zeitlich darauf einstellen, da sie meist nur einmal jährlich stattfinden. Man kann sich ein sehr genaues Bild verschiedener Firmen machen, sich eventuell schon persönlich vorstellen und Kontakte knüpfen.
- **Tipps aus dem Bekanntenkreis**: Nicht jeder hat dieselben Beurteilungskriterien, es ist auf jeden Fall ratsam, sich ein eigenes Bild zu machen; ein Vorteil kann sein, dass Stellenangebote noch nicht veröffentlicht sind.
- **persönliche Kontakte, Betriebspraktika**: Die Bewerberin oder der Bewerber kann mit ihrer/seiner Persönlichkeit punkten.

S. 100

1 Allgemeine Hinweise zum Anschreiben des Schülers:
2 Der Schüler bezieht sich in seinen Aussagen größtenteils nicht auf den Ausbildungsberuf und produziert sich in einer Weise, die unangemessen ist. Zudem scheint er sich nicht über den Ausbildungsberuf informiert zu haben und das Praktikum scheint ebenfalls nicht zu Einblicken in den Beruf geführt zu haben – auch wenn er dies in seinem Schreiben behauptet. All dies führt dazu, dass sich dieser Schüler mit Form und Inhalt seiner Bewerbung für den Beruf des Kaufmanns für Büromanagement selbst disqualifiziert, ohne dass man die Zeugnisse noch lesen müsste.
Was im Bewerbungsschreiben richtig ist:
- Angaben zu Absender und Adressaten
- Anrede mit Komma, danach klein weiter
- Grußformel

68

Was korrigiert werden sollte:
- formale Fehler: Ort und Datum, Betreffzeile, Anlagen fehlen, Telefonnummer wird nicht gegliedert, Unterschrift mit vollem Namen
- Foto gehört nicht ins Anschreiben
- Fächer/Abkürzungen ausschreiben
- falsche Reihenfolge von Informationen
- überflüssige Informationen (Fähigkeiten, die nicht ins Berufsbild gehören), Wiederholungen
- fehlende Informationen: Informationsquelle, genauer Name der Schule

Olaf Schmitz
Beispielstr. 1
12345 Beispielort
01234 123456

Beispielort, 21.03.20..

Auto Mobil
Otto-Benz-Straße 1
54321 Autostadt

Bewerbung um einen Ausbildungsplatz als Kaufmann für Büromanagement

Sehr geehrte Damen und Herren,

vom Berufsberater der Agentur für Arbeit, Herrn Walter, habe ich erfahren, dass Sie auch im nächsten Jahr wieder Ausbildungsplätze zum Kaufmann für Büromanagement anbieten. Um eine dieser Stellen bewerbe ich mich.

Zurzeit besuche ich in Autostadt die zweijährige Berufsfachschule für Wirtschaft, die ich im Juni nächsten Jahres mit dem mittleren Schulabschluss verlassen werde.

Grundlegende kaufmännische Fähigkeiten konnte ich mir bereits in der Schule aneignen. Die Fächer Rechnungswesen, Büroorganisation und Informatik liegen mir besonders, wie Sie auch meinem Zeugnis entnehmen können. Darüber hinaus arbeite ich selbstständig und sorgfältig. Ich bin team- und kritikfähig, wie ich bei Gruppenarbeiten in der Schule feststellen konnte.

Während eines zweiwöchigen Schulpraktikums in der Firma Konzel hatte ich zudem die Gelegenheit, einen guten Einblick in die Tätigkeiten eines Kaufmanns für Büromanagement zu gewinnen. Dieses Praktikum hat mich in meinem Berufswunsch bestärkt und mir gezeigt, dass meine Fähigkeiten zum Berufsbild passen.

Über die Einladung zu einem Vorstellungsgespräch würde ich mich sehr freuen.

Mit freundlichen Grüßen

Olaf Schmitz
Olaf Schmitz

Anlagen
Lebenslauf
Foto
Zeugniskopie
Kopie der Praktikumsbescheinigung

Sich bewerben

2 b) Die Chance, nach dieser „Visitenkarte" noch zu einem Vorstellungsgespräch eingeladen zu werden, ist mehr als gering.

3 **Erwartungshorizont**
Die Schüler/-innen sollten ehrlich ihre eigenen Fähigkeiten und Kenntnisse reflektieren. Die Ergebnisse können im Folgenden dann zu einer differenzierten, schülerindividuellen Wiederholungsphase genutzt werden.

S. 101

4 a) Möglichkeiten, ein Bewerbungsschreiben zu beginnen:
– Organisation ist meine Stärke, daher habe ich Ihre Stellenanzeige in … mit großem Interesse gelesen.
– Sie suchen genau mich – eine junge, dynamische, einsatz- und kontaktfreudige …
– Sie suchen eine junge, dynamische, einsatz- und kontaktfreudige …, diesen Anforderungen entspreche ich gerne.
– Ihr Inserat in … vom … hat mein Interesse geweckt, daher bewerbe ich mich als … in Ihrem Unternehmen.
– Wie gestern telefonisch vereinbart, sende ich Ihnen heute meine vollständigen Bewerbungsunterlagen für die Stelle als …
– Unser Telefongespräch am … hat mich ermutigt, mich bei Ihnen als … zu bewerben.
– Sie suchen einen zuverlässigen und kontaktfähigen …, der sich nicht nur als Theoretiker, sondern auch als Praktiker sieht und es gewohnt ist, sowohl selbstständig als auch teamorientiert zu arbeiten.
– Da ich ein außerordentliches Interesse an … Fragen habe, stand mein Berufswunsch schon vor dem Schulabschluss fest: … deshalb bewerbe ich mich bei Ihnen.

5 In der Anzeige genannte Anforderungen sind vermutlich:
– jung, dynamisch, einsatz- und kontaktfreudig
– fachliche Beratung für ein breites Warensortiment
– Kunden kompetent und individuell betreuen
– tieferes Verständnis der elektronischen Geräte

Weitere (geforderte) Kenntnisse könnten sein:

Geforderte Fähigkeit	Mögliche Stellungnahme
gute MS-Office-Kenntnisse	Die sichere Anwendung der MS-Office-Programme ist meine besondere Stärke, daher entspreche ich in diesem Bereich Ihrem Anforderungsprofil voll.
technisches Verständnis und Genauigkeit	Wie Sie meinem Zeugnis entnehmen können, gehören Mathematik und Physik zu meinen Stärken. Daher bin ich sicher, dass ich technisches Verständnis und Genauigkeit in Ihr Unternehmen einbringen kann.
gute Englischkenntnisse	Wie Sie meinen Zeugnissen entnehmen können, habe ich … Jahre Englisch gelernt. Sehr gerne bin ich bereit, meine Sprachkenntnisse in meiner Freizeit weiter zu vertiefen.

S. 102

1	**CHECKLISTE**	**Lebenslauf**

Persönliche Daten
- ☐ Vor- und Nachname
- ☐ Geburtsdatum und -ort
- ☐ Familienstand, ggf. Zahl und Alter der Kinder
- ☐ Staatsangehörigkeit

Schulbildung
- ☐ besuchte Schulen und Schulabschluss mit Daten (Ein- und Austritt)

Praktika
- ☐ Aufgabenbezeichnung
  Name der Firma, Ort, Datum der Einstellung und des Abschlusses

Besondere Kenntnisse und Fähigkeiten
- ☐ Sprachen
- ☐ EDV
- ☐ Führerschein
- ☐ Auslandsaufenthalte (wenn diese Teil der Aus- oder Schulbildung waren, dann dort notieren)

- ☐ **Ort, Datum**
- ☐ **Unterschrift**

S. 103

1 a) Nur das Bild Nr. 3 kommt in Frage. Die anderen beiden sind Privatbilder und gehören nicht in eine Bewerbung.

a)

CHECKLISTE	**Bewerbungsfoto**

- ☐ einen kompetenten Fotografen suchen, der Erfahrung mit Bewerbungsfotos hat
- ☐ dem Fotografen mitteilen, in welchem Bereich Sie sich um welche Position bewerben
  Erfahrene Fotografen kennen die Ansprüche der Unternehmen und können Sie hinsichtlich
  Kleidung, Frisur und Make-up beraten.
- ☐ Informationen über den Dresscode der Branche beachten, in der Sie sich bewerben
  Mit Bluse und Jackett bei Frauen sowie Hemd, Jackett und Krawatte bei Männern kann
  man eigentlich nichts falsch machen.
- ☐ Verzichten Sie auf übertriebenen Schmuck.
- ☐ Wählen Sie einen hellen Bildhintergrund.
- ☐ Versehen Sie das Foto auf der Rückseite mit Ihrem Namen und Ihrer Telefonnummer.
- ☐ Befestigen Sie das Foto auf dem Lebenslauf rechts oben. Alternativ ist auch ein zusätzliches
  Deckblatt für die gesamte Bewerbung möglich. Dort kann das Bewerbungsfoto mittig oder
  im oberen Drittel platziert werden. Außerdem kann das Foto in diesem Fall größer sein.
- ☐ Benutzen Sie zum Befestigen des Bewerbungsfotos keine Büroklammern, sondern einen
  Montagekleber, der sich leicht abrubbeln lässt.

Sich bewerben

S. 105

2 Arbeitgeber versuchen in Vorstellungsgesprächen so viele Informationen wie möglich über potenzielle Mitarbeiter/-innen zu bekommen. Das Arbeitsrecht setzt hier aber Grenzen, denn der Arbeitgeber muss die Persönlichkeitsrechte der Bewerber/-innen wahren.

Tabu sind deshalb Fragen nach
- Alter
- Familienplanung
- Rauchgewohnheiten
- sexueller Orientierung
- Gewerkschaftszugehörigkeit
- geleistetem Wehr- oder Zivildienst
- Schwangerschaft

Sonderregelungen gibt es bei Fragen nach einer Partei- und Religionszugehörigkeit sowie politischen Ansichten. Lediglich in sogenannten Tendenzbetrieben wie kirchlichen Einrichtungen oder in Parteien sind Fragen hierzu erlaubt.

Fragen nach Schwerbehinderung oder nach dem Gesundheitszustand sind erlaubt, wenn ein direkter Zusammenhang mit dem Arbeitsplatz besteht. So ist die Frage nach einer HIV-Infektion erlaubt, wenn die künftige Tätigkeit ein Ansteckungsrisiko mit sich bringt (z. B. bei bestimmten Berufen im Gesundheitswesen).

Fragen nach Nebenjobs sind erlaubt.

Ein weiterer Sonderfall ist die Arbeitserlaubnis für ausländische Arbeitnehmer. Die Frage nach ihr ist nur bei Nicht-EU-Bürgern zulässig. Ein klares Fragerecht dagegen hat der Arbeitgeber bei weiteren Beschäftigungsverhältnissen neben dem beabsichtigten. Denn Nebenjobs können zu einer Einschränkung der Leistungsfähigkeit und -bereitschaft des Bewerbers nach seiner Einstellung führen.

Weitere Informationen gibt es beispielsweise unter www.bildung-news.com/bildung-und-karriere/bewerbung/unerlaubte-fragen-im-vorstellungsgespraech/

Zusätzliche Kopiervorlagen auf der CD-ROM

(Differenzierte) Arbeitsblätter
- 5.1 Bewerbungsanschreiben erstellen (leistungsdifferenziert) (KV 21)
- 5.2 Ein Vorstellungsgespräch als Rollenspiel vorbereiten (leistungsdifferenziert) (KV 22)
- 5.3 Beobachtungsbogen Vorstellungsgespräch (KV 23)
- Fazitbogen zum Kapitel 5 (KV 24)

Klassenarbeit/Test
- Einen Arbeitsplatz suchen und sich bewerben (KV 25)
- Korrekturraster zur Klassenarbeit (KV 25)

Das Deutschbuch für Berufsfachschulen — Sich bewerben

Name: Datum:

Fazitbogen zum Kapitel 5

CHECKLISTE	Bewerbung

- ☐ Habe ich im Anschreiben meine Kompetenzen passend zu den Anforderungen der Stellenanzeige formuliert?
- ☐ Habe ich die formalen Vorgaben beim Anschreiben berücksichtigt?
- ☐ Habe ich Stil, Rechtschreibung, Grammatik und Zeichensetzung geprüft?
- ☐ Ist mein Lebenslauf übersichtlich, sinnvoll strukturiert und an die Stellenanzeige angepasst?
- ☐ Sind meine kopierten/gescannten Zeugnisse relevant für die Stelle, vollständig und sauber?
- ☐ Habe ich ein angemessenes Porträtfoto?
- ☐ Habe ich ein passendes Deckblatt erstellt?
- ☐ Vermittelt der Gesamteindruck meiner Bewerbung ein einheitliches Bild (Design, Layout) und passt es zu dem angeschriebenen Betrieb?
- ☐ Sind meine Unterlagen vollständig?

Kompetenz	Das kann ich	Das kann ich teilweise	Das kann ich noch nicht
– ein Persönlichkeitsprofil erstellen – verschiedene Möglichkeiten kennen, eine Anzeige zu suchen – Stellenanzeigen verstehen und mit dem eigenen Profil vergleichen – Informationen zum Arbeitgeber recherchieren			
Eine Bewerbungsmappe formgerecht zusammenstellen: – ein formgerechtes (DIN 5008) und inhaltlich passgenaues Anschreiben verfassen – einen tabellarischen Lebenslauf erstellen – Zeugnisse richtig verstehen und einschätzen – verschiedene Bewerbungsarten in ihren Besonderheiten kennen; wissen, wann welche Bewerbungsart sinnvoll ist – Online-Bewerbungen zusammenstellen			
– die Phasen eines Vorstellungsgesprächs kennen – ein Vorstellungsgespräch vorbereiten – ein Vorstellungsgespräch im Rollenspiel durchführen und kritisch reflektieren			

© 2014 Cornelsen Schulverlage GmbH, Berlin. Alle Rechte vorbehalten.

KV 24

Kapitel 6: Inhalte von Sachtexten erfassen und schriftlich wiedergeben

Vorbemerkung zum Kapitel

Relevanz für Alltag, Schule und Beruf

Wesentliche Inhalte zusammenfassen und kurz wiedergeben ist eine Kompetenz, die in vielen Bereichen des Berufs, aber auch im Alltag verlangt wird. Inhaltsangaben liefern einen Überblick darüber, welche wesentlichen Inhalte ein Text, ein Film oder eine Rede enthalten. Die Informationen sind sachlich und ermöglichen eine schnelle Orientierung. Die Schüler/-innen lernen zum einen den Unterschied zwischen der wertfreien Zusammenfassung von Inhalten und den im Alltag häufig formulierten Wertungen zu Texten und Filmen kennen. Zum anderen steht die strukturierte Erarbeitung und Wiedergabe eines Textes im Mittelpunkt, die Grundlage für eine gute Verständlichkeit der Inhaltszusammenfassung ist.

Aufbau des Kapitels/Lernzuwachs

Im Vergleich von zwei Texten wird die Funktion von Inhaltsangaben verdeutlicht. Eingangs wird untersucht, in welchen Bereichen sie gebraucht wird und wichtig ist.
Mittels der Lesemethode 5-Schritt/ÜFLAZ, die in Kapitel 3, S. 57 näher erläutert wird, wird ein Sachtext analysiert und die Inhaltsangabe vorbereitet. Hierbei steht die Strukturierung von Textinformationen im Zentrum. Die Schüler/-innen lernen die Merkmale der Inhaltsangabe kennen und wenden sie an, um so in einem Text Wesentliches von Unwesentlichem zu unterscheiden. Die indirekte Rede, die bei der Erstellung der Inhaltsangabe nochmals vertiefend geübt wird und den grammatikalischen Bestandteil des Kapitels darstellt, ist wichtig, um übernommene Äußerungen einer anderen Person korrekt wiederzugeben

Methodik, Didaktik, Differenzierung

Es wurden Texte ausgewählt, die sich mit Ausbildung im Ausland, beruflich erfolgreichen Menschen mit Migrationshintergrund und der Anwerbung von spanischen Jugendlichen für eine Ausbildung in Deutschland auseinandersetzen. Diese bilden den inhaltlichen „roten Faden" des Kapitels.
Unter Verwendung der 5-Schritt Lesemethode werden das Markieren, Finden von Schlüsselbegriffen sowie Anlegen einer Mindmap geübt.

Die Differenzierung gibt beim einfacheren Niveau Hilfestellung, um letztendlich den Inhalt des Textes zu erfassen (S. 111 f.) und zu verschriftlichen (S. 114). Etliche sprachliche Starthilfen in diesem Kapitel unterstützen die Schüler/-innen bei diesen Aufgaben.

Kompetenzen

Die Schülerinnen und Schüler
- erkennen die Funktion von Inhaltsangaben
- wenden die 5-Schritt-Lesetechnik an
- erfassen die Struktur eines Sachtextes
- fassen den Inhalt eines Textes zusammen
- überarbeiten ihre Texte kriterienorientiert

Aufgabenlösungen und methodisch-didaktische Hinweise

S. 109

2 Die beiden Texte thematisieren die Möglichkeit, während der Ausbildung eine bestimmte Zeit im Ausland zu verbringen: Sie zeigen die Vorteile auf, machen aber auch deutlich, dass bislang nur wenige Auszubildende davon Gebrauch machen.

3 Mit einer interessanten Überschrift weckt die Verfasserin die Neugier der Leser/-innen. Sie löst unterschiedlichste Assoziationen aus und weckt bestimmte Erwartungen an den Text, über die sich die Schüler/-innen in Aufgabe 1 frei ausgetauscht haben. Am Beispiel eines bestimmten Auszubildenden wird anschaulich gezeigt, welche Vorteile ein Auslandsaufenthalt bieten kann. Mit den Beispielen für andere Berufe wird das Modell übertragbar. Die Zitate machen den Text lebendig. Der Text will motivieren, einen Auslandsaufenthalt während der Ausbildung ins Auge zu fassen.

4 In Text 2 wird auf das Beispiel von S. Kohnke verzichtet. Er kommt ganz ohne Zitate aus.

5 Die Ergebisse von Aufgabe 4 deuten darauf hin, dass der Text allgemeiner und neutraler gehalten ist und mehr Wert auf Sachinformationen legt, z. B. die Anzahl der Azubis, die dieses Angebot wahrnehmen, sowie Programme zur Finanzierung solcher Projekte.

S. 111

1 a) Es geht um die Lebensgeschichte von Dario Fontanella, der das Spaghettieis erfunden hat.
c) Z. 1–11: Dario Fontanella, erfolgreicher Mannheimer Geschäftsmann, ist Erfinder des Spaghettieises.
Z. 12–26: Darios Eltern und ihre Pläne für den Sohn
Z. 27–36: Darios schulischer Werdegang
Z. 37–45: Darios Leidenschaften und sein Einstieg in das Eisgeschäft
Z. 46–63: Darios Idee, aus der seine berühmte Eiskreation entstand
Z. 64–70: „Pläne" für die Kinder
e) an einen schwierigen Punkt kommen

e)
– hier: mit der Lebenswelt des Deutschen und Italienischen groß werden
– wenn man nicht vollkommen hinter einer Sache steht, ist sie nicht erfolgreich
– an einen schwierigen Punkt kommen

S. 112

2 Muster 1 ist zielführender, da relevante Aspekte markiert sind (Mannheim, Firmenchef) und Unwichtiges nicht hervorgehoben wird (Straciatella- oder Zitroneneis); keine ganzen markierten Sätze

Inhalte von Sachtexten erfassen und schriftlich wiedergeben

4 **Erwartungshorizont**

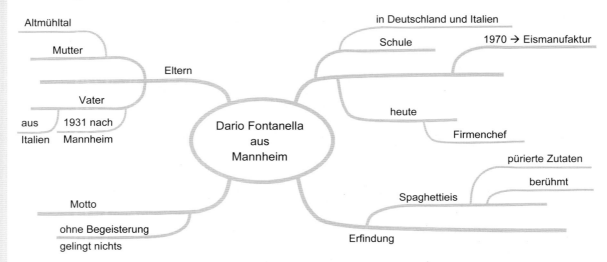

5 z. B. Lösung der vorgegebenen Starthilfe S. 111, Aufgabe 1 b: Dario Fontanellas Vater stammt aus den Dolomiten, seine Mutter aus dem Altmühltal.

S. 113

1 Nicole Hess/„Die italienische Spezialität stammt aus Mannheim"/Rhein-Neckar-Zeitung/28.8.2012
Nicole Hess ist Autorin des Zeitungsartikels „Die italienische Spezialität stammt aus Mannheim", der am 28.8.2012 in der Rhein-Neckar-Zeitung erschienen ist.

2 die zweite Variante, da die anderen Beispiele nur Teilaspekte umfassen

2 Der Artikel handelt von Dario Fontanella, dem Mannheimer Unternehmer und Erfinder des Spaghettieises.

3 Die Textsorte ist nicht präzise angegeben; der Name der Autorin fehlt; „geschrieben in der […]" und die Redewendung „Der Text handelt sich um" sind falsch; nicht Dario Fontanella, sondern sein Vater verließ Italien, der letzte Satz ist unwichtig.

S. 114

4 a) Tim sagt, Marie esse gern Eis./Orkan sagt, seine Eiswaffel sei knusprig und sehr lecker./ Yannic antwortet, er finde auch das Spaghettieis gut.

5 Man müsse mit Herz und Seele dabei sein. Sonst habe es keine Zukunft./Das sei so locker, leicht und filigran gewesen.

7 **Muster**

> Der Zeitungsartikel „Die italienische Spezialität stammt aus Mannheim" ist am 28.8.2012 in der Rhein-Neckar-Zeitung erschienen. Nicole Hess schreibt über Dario Fontanella, den Mannheimer Unternehmer und Erfinder des Spaghettieises. Sein

Vater ist 1931 von Italien nach Mannheim gekommen, wo er sich beruflich und privat mit seiner deutschen Frau niedergelassen hat. Dario ist das älteste seiner vier Kinder, das mit 18 Jahren in den elterlichen Eisbetrieb eingestiegen ist und ihn mit 33 Jahren übernommen hat. 1969 hat er das Spaghettieis kreiert, inspiriert von einem Dessert, dessen wichtigste Zutaten püriert gewesen sind. Seine Erfindung ist über Deutschland hinaus berühmt geworden. Dario Fontanella beschäftigt heute 48 Mitarbeiter und hat vier Filialen sowie eine gläserne Manufaktur. Seine Kinder haben bislang kein Interesse, das Unternehmen zu übernehmen.

S. 115

1 Auf der CD-ROM befinden sich zwei differenzierte Arbeitsblätter, die zur Inhaltsangabe dieses Textes hinführen: Der Text umfasst dort auch den letzten Abschnitt des Zeitungsartikels.

Muster

Robert Brenners Zeitungsartikel „Er hat sich in seiner neuen Heimat ‚durchgebissen'" ist am 16.1.2013 in der Rhein-Neckar-Zeitung erschienen. Er thematisiert die Erfolgsgeschichte eines jungen Mannes, der als Jugendlicher von Westsibirien nach Deutschland gekommen ist.
1995 ist die Familie Schneider mit ihrem 15-jährigen Sohn Waldemar nach Deutschland gekommen und hat nach mehreren Stationen in Neckargemünd eine neue Heimat gefunden.
Waldemar ist nach dem Wiederholen der neunten Klasse in der Hauptschule und dem Absolvieren des Grundwehrdienstes als Hilfsarbeiter im Tiefbau beschäftigt. Er beschließt, den Beruf des Stuckateurs zu erlernen. Hier ist er sowohl schulisch als auch praktisch sehr erfolgreich und gewinnt mehrere Auszeichnungen. 2004 legt er seine Meisterprüfung mit Erfolg ab und gründet kurz darauf seinen eigenen Betrieb. Weitere berufliche Pläne werden realisiert oder ins Auge gefasst.
Er blickt positiv auf seine Jahre in Deutschland zurück und ist dankbar, dass es ihm ermöglicht worden ist, seine Träume zu verwirklichen.

Zusätzliche Kopiervorlagen auf der CD-ROM

(Differenzierte) Arbeitsblätter
– 6.1 Einen Sachtext wiedergeben – ÜFLAZ/den 5-Schritt anwenden (leistungsdifferenziert) (KV 26)
– 6.2 Den Inhalt eines Sachtextes zusammenfassen (leistungsdifferenziert) (KV 27)
– 6.3 Lesen mit Methode – ÜFLAZ/den 5-Schritt anwenden (KV 28)
– Fazitbogen zum Kapitel 6 (KV 29)

Klassenarbeit/Test
– Eine Inhaltsangabe verfassen (KV 30)
– Korrekturraster zur Klassenarbeit (KV 30)

Das Deutschbuch für Berufsfachschulen — Inhalte von Sachtexten erfassen und schriftlich wiedergeben

Name: Datum:

Fazitbogen zum Kapitel 6

CHECKLISTE	Eine Inhaltsangabe überarbeiten

- ☐ Enthalten meine einleitenden Sätze Angaben zu Autor/Autorin, Titel, Textsorte, Publikationsorgan, Erscheinungsdatum und Thema?
- ☐ Habe ich die wesentlichen Textaussagen erkannt und zusammengefasst?
- ☐ Lässt meine Inhaltsangabe den Gedankengang des Verfassers nachvollziehen?
- ☐ Habe ich den Text sachlich und ohne Wertung wiedergegeben?
- ☐ Habe ich mich kurz gehalten?
- ☐ Habe ich auf wörtliche Rede und Zitate verzichtet?
- ☐ Habe ich im Präsens geschrieben?
- ☐ Habe ich Aussagen des Autors/der Autorin in der indirekten Rede wiedergegeben?
- ☐ Ist mein Ausdruck klar, verständlich und angemessen?
- ☐ Habe ich meine Arbeit sprachlich überarbeitet (vgl. z. B. Randspalte des Schülerbandes)?

Kompetenz	Das kann ich	Das kann ich teilweise	Das kann ich noch nicht
ÜFLAZ bzw. 5-Schritt-Lesemethode anwenden: – Fragen an den Text formulieren – Wortbedeutungen klären – Informationen markieren – Schlüsselbegriffe finden – Textinhalte mithilfe einer Mindmap strukturieren			
zwei Texte lesen, verstehen und vergleichen			
die Funktion der Texte erkennen			
Aufbau und Merkmale einer Inhaltsangabe kennen			
eine Inhaltsangabe verfassen – indirekte Rede anwenden			
Inhaltsangaben anhand einer Checkliste überprüfen			
die Inhaltsangabe in Form und Sprache überarbeiten			

© 2014 Cornelsen Schulverlage GmbH, Berlin. Alle Rechte vorbehalten.

KV 29

Kapitel 7: Schriftlich kommunizieren

Vorbemerkung zum Kapitel

Relevanz für Alltag, Schule und Beruf

Gebrauchstexte – im Namen steckt schon der Hinweis auf die Relevanz für Alltag, Beruf und Schule. Jeden Tag begegnen wir Texten, die für unser Handeln unmittelbar Bedeutung haben. Dazu gehören Fachtexte aus den Bereichen Recht, Technik und Wirtschaft ebenso wie Geschäftsbriefe oder E-Mails, Protokolle oder Berichte. Häufig fällt das Verstehen dieser Textsorten den Schülerinnen und Schülern schwer. Im privaten Bereich steht oft der Wechsel in eine eigene Wohnung an, der mit formgerechten Anschreiben und der Auseinandersetzung mit formalisierten Texten einhergeht.

Aufbau des Kapitels/Lernzuwachs

Dem Führen des Berichtsheftes sind die zwei Textsorten Personen- und Vorgangsbeschreibung vorgeschaltet. Beim Berichtsheft wird vor allem die sprachliche Umsetzung geübt mit einem Schwerpunkt auf der Bildung des Partizips II. Eingegangen wird auch auf den Unfallbericht und das Verfassen eines Protokolls. Form und Sprache bei Firmen-Geschäftsbriefen sowie „offiziellen" E-Mails stehen im Mittelpunkt des nächsten Unterkapitels. Die Arbeitstechniken für das Lesen von Fachtexten können als Wiederholung immer wieder eingesetzt werden. Die sprachlichen Übungen sind für die meisten der aufgeführten Textsorten nutzbar, denn grundsätzlich verlangen alle hier bearbeiteten Texte die Standardsprache, Sachlichkeit und ggf. Fachwortschatz.

Methodik, Didaktik, Differenzierung

Beschreiben – berichten – protokollieren – Briefe verfassen: Die behandelten Textformen werden im Verlauf des Kapitels immer komplexer. Trotzdem können die Unterkapitel modular unterrichtet und je nach Unterrichtssituation und Lerngruppe eingesetzt werden.
Die Differenzierung findet für das Berichten genauso wie für die geschäftliche Korrespondenz vorwiegend über die sprachlichen Formulierungen statt. So geben die einfacheren Aufgaben zahlreiche Formulierungshilfen oder eine kleinschrittigere Erarbeitungsphase vor, etwa eine enge Führung durch die W-Fragen beim Unfallbericht. Bei den Geschäftsbriefen werden hier detailliert die einzelnen Gliederungsteile trainiert. In den schwierigen Aufgaben sind die Schüler/-innen gefordert, Aufbau und Formulierungen weitgehend selbst zu gestalten in Analogie zu den Beispielen, Checklisten und GUT-ZU-WISSEN-Kästen. So sind sie beim Unfallbericht frei, stärker Zeugenaussagen in indirekter Rede aufzunehmen, und Briefe formulieren sie vollständig.

Kompetenzen

Die Schülerinnen und Schüler
– beschreiben Personen und Vorgänge
– verfassen Protokolle
– schreiben Unfallberichte
– führen ein Berichtsheft
– verfassen Geschäftsbriefe
– formulieren adressatengerecht und halten formale Vorgaben unterschiedlicher Textarten ein

Schriftlich kommunizieren

Aufgabenlösungen und methodisch-didaktische Hinweise

S. 118

1 a)

Elena	
Äußeres	durchschnittlich groß
Sprache	sehr weit entwickelt; braucht viel Zuspruch, um sich zu äußern
Verhalten in der Gruppe	ruhiges, aufgeschlossenes Kind Sie hat keine festen Freundinnen oder Freunde.
Vorlieben	Sie interessiert sich sehr für die Bilderbücher, die in der Leseecke untergebracht sind, und schaut sie sich oft und gerne an. Es macht ihr sichtlich Spaß, wenn man ihr eine Geschichte vorliest.
Adrian	
Äußeres	überdurchschnittliche Größe
Sprache	teilt sich gerne mit
Verhalten in der Gruppe	Manchmal verfällt er in eine „Kasperrolle", um auf sich aufmerksam zu machen; ihm fehlt es, sich mit Gleichaltrigen messen zu können; zwei feste Freundinnen
Vorlieben	an vielen Angeboten interessiertes Kind; sehr gerne im Außenbereich
Kathi	
Äußeres	–
Sprache	diagnostizierte Sprachverzögerung; kann nur bei direkter Aufforderung etwas von sich erzählen oder fragen Seit zwei Monaten ist sie in logopädischer Behandlung, was für ihre sprachliche Entwicklung sehr förderlich ist. So ist sie in der Lage, sich immer öfter deutlich zu äußern. Bei den Erzieherinnen hält sie sich zurück. Mit ihrer Freundin spricht sie viel.
Verhalten in der Gruppe	eher zurückhaltendes Kind; zieht sich fast völlig zurück
Vorlieben	–

b) insbesondere das Wesen eines Kindes
c) evtl. die häusliche Situation, Freizeitgestaltung außerhalb des Kindergartens

S. 119

1 **Lösungsvorschlag**

Zusätzlich zu dem Espressokocher und einer Heizquelle benötigt man Wasser und Espressopulver. Der Espressokocher wird mit einer leichten Drehbewegung auseinandergeschraubt. Man füllt das Unterteil bis zum Ventil mit Leitungswasser. Dann wird der Trichtereinsatz mit einem Portionierlöffel mit Espressopulver gefüllt. Anschließend wird das Pulver glatt gestrichen und leicht angedrückt. Die Pulvermenge richtet sich nach der Anzahl der gewünschten Espressi, sie sollte jedoch höchstens bis zum Eichstrich des Trichtereinsatzes reichen. Im Anschluss wird der Trichtereinsatz in den Wasserbehälter eingesetzt, das Oberteil aufgesetzt und mit einer Drehbewegung

Schriftlich kommunizieren

mit dem Wasserbehälter fest zusammengeschraubt. Jetzt wird der Espressokocher auf eine Heizquelle gestellt und erhitzt. Wenn das Wasser kocht, dringt es durch den Filtertrichter in das Oberteil. Sobald es gefüllt ist, kann man den Espressokocher von der Heizquelle nehmen. Man rührt den Espresso einmal mit einem Löffel um, damit er einen einheitlichen Geschmack bekommt und schenkt dann das Getränk in passende Tassen.

S. 120

1 Die Praktikantin hat an dem Modell geübt, die Haare gewaschen, gekämmt und eingedreht. Der Praktikant hat am PC gearbeitet, evtl. hat er Texte, E-Mails geschrieben und beantwortet, Dokumente gespeichert oder gelöscht.

S. 121

1 a) D – C – A – B
b) Texte: Am Montag, den 25.03.20.., um 15.00 Uhr,
weitere Angaben: zu Beginn, als Erstes, anschließend, danach, während, nachdem, nach, dann, zum Abschluss usw.

2 **Muster**

> Am Dienstag, den 05.11.20.., um 7.00 Uhr habe ich einen Salat vorbereitet. Dazu zupfte ich die Blätter eines Kopfsalats, wusch sie unter fließendem, kaltem Wasser gut ab, entfernte dabei faule Stellen und legte die Blätter zum Abtropfen in ein Sieb. Anschließend nahm ich eine Salatgurke und zwei Karotten aus dem Kühlhaus. Auch das Gemüse wusch ich sorgfältig unter fließendem, kaltem Wasser ab. Auf einem Gemüsebrett schälte ich zunächst die Karotten mit dem Sparschäler und schnitt sie hinterher mit dem Gemüsemesser wie vom Chefkoch gewünscht nach Julienne-Art. Danach füllte ich die Karottenschnitzel in die große Salatschüssel. Die Gurken schnitt ich mit dem Messer in feine Scheiben und füllte sie in die Salatschüssel. Nun füllte ich die Salatblätter auf, bedeckte die Schüssel mit einer Frischhaltefolie und stellte sie in das Kühlhaus.
> Zum Abschluss reinigte ich die verwendeten Arbeitsmittel.

S. 122

1 a) Wer: Berke C. (17-jähriger Praktikant)
Was: Unfall durch Stahlplatte
Wann: 27.3.20../gegen 16.30 h
Wo: Firma „Stahlhart" in Düsseldorf
Wie: Eine 10 kg schwere Stahlplatte fiel dem Praktikanten auf den Fuß.
Warum: Die Stahlplatte rutschte beim Herunternehmen vom Hochregal aus der Hand.
Welche Folgen: Bruch des Mittelfußknochens, vierwöchige Arbeitsunfähigkeit
b) Einleitung: Zeile 1: wann? wo? was?
Hauptteil: Z. 2–5: wer? wie? warum?
Schluss: Z. 5 ff.: welche Folgen?

81

Lösungsvorschlag

Gliederung	Text	W-Fragen
Einleitung	Am 27.03.20.. kam es bei der Firma „Stahlhart" in Düsseldorf zu einem Unfall.	Wann? Was? Wo? (Wer?)
Hauptteil	Der 17-jährige Praktikant Berke C. wollte gegen 16.30 Uhr eine Stahlplatte aus dem Hochregal nehmen, um sie anschließend an der Biegemaschine zu bearbeiten. Die 10 kg schwere Stahlplatte rutschte ihm aus der Hand und fiel ihm auf den rechten Fuß. Obwohl er Sicherheitsschuhe trug, hatte er starke Schmerzen und der Fuß schwoll an.	Wer? Wann (Uhrzeit)? Was? Wo (genauer Ort/Details)? Wie? Warum?
Schluss	Er wurde in die Olgaklinik in Düsseldorf gebracht. Dort wurde eine Röntgenaufnahme angefertigt und festgestellt, dass ein Mittelfußknochen gebrochen war. Der Fuß wurde in Gips gelegt. Der behandelnde Arzt schrieb ihn für vier Wochen krank.	Welche Folgen?

2

a) Wer: Andi Weber, Sven Bauer
Was: Rauferei, Sachbeschädigung
Wann: 17.11.20.., 10.15 Uhr
Wo: Paul-Klee-Schule Stuttgart, Glastür zum Treppenaufgang im 1. Stock, vor dem Klassenzimmer der 10 b
Wie: Beim Raufen sind Sven und Andi in die Glastür gefallen.
Warum: Sven wollte Andi Judogriffe zeigen, wegen der umstehenden Schüler/-innen ist Sven gestolpert.
Welche Folgen: Platzwunde bei Andi Weber, zerbrochene Sicherheitsglastür, Sachschaden 2700 €

b) **Muster**

> Am 17.11.20.. zerbrachen zwei Schüler bei einer Rauferei eine Sicherheitsglastür der Paul-Klee-Schule in Stuttgart. In der Pause, um 10.15 Uhr, wollte der Schüler Sven Bauer seinem Mitschüler Andi Weber Judogriffe zeigen. Wegen der umstehenden Schüler/-innen geriet Sven ins Stolpern und beide stießen gegen die Glastür vom Treppenaufgang im 1. Stock, die Tür zerbrach daraufhin. Andi erlitt eine Platzwunde am Kopf, die genäht werden musste. Die Reparatur der Glastür kostete 2700 €.

a) Umformulierung der beiden Aussagen in indirekte Rede

Lösungsvorschlag

– Der Glaser sagte, er *habe* am 18.11.20.. von Herrn Maier, das *sei* der Direktor der Paul-Klee-Schule in Stuttgart, den Auftrag bekommen, die Glastür vom Treppenaufgang im 1. Stock zu ersetzen. Die Tür *sei* am Tag davor von zwei Schülern zerbrochen worden. Das *hätte* laut der Aussage des Glasers nicht passieren dürfen. Das *sei* Sicherheitsglas *gewesen*, das er wiederverwenden *werde*. Den Auftrag *habe* er innerhalb einer Woche ausgeführt. Mit Anfahrt und Arbeitszeit *seien* das Gesamtkosten von 2700 Euro *gewesen*.

– Lea erzählte ihrer Freundin Anni, was gestern in der Schule passierte. Andi Weber und Sven *hätten* wieder gerauft. Sie *glaube*, die beiden *seien* in Nadja verliebt. Jedenfalls *habe* es auf einmal einen Knall gegeben und die Tür zum Treppenhaus *sei* kaputt gegangen. Beide *hätten*

Schriftlich kommunizieren

zum Direktor *gemusst*. Heute *seien* beide wieder in der Schule. Andi *habe* eine Platzwunde am Kopf und *sei genäht worden*.

– Andi erzählt dem Arzt, er *habe* mit Sven Bauer gerangelt. Sven *habe* ihm ein paar Judogriffe *zeigen wollen*. Weil so viele andere auf dem Flur *gestanden hätten*, *sei* er gestolpert und sie beide *seien* dann in die Glastür gefallen. Sven *sei* nichts passiert.

b) **Muster**

Am 17.11.20.. zerbrachen zwei Schüler bei einer Rauferei eine Sicherheitsglastür der Paul-Klee-Schule in Stuttgart. Andi Weber behauptete, dass sein Mitschüler Sven Bauer ihm in der Pause, um 10.15 Uhr, Judogriffe habe zeigen wollen. Wegen der umstehenden Schüler/-innen sei Andi ins Stolpern geraten. Beide seien daraufhin gegen die Glastür vom Treppenaufgang im 1. Stock gestoßen, es habe nach Aussagen der umherstehenden Mitschüler/-innen einen lauten Knall gegeben. Die Tür zerbrach daraufhin, obwohl es nach dem Urteil des später hinzugezogenen Glasers Sicherheitsglas gewesen sei. Andi erlitt eine Platzwunde am Kopf, die genäht werden musste. Die Reparatur der Glastür kostete 2700 €.

S. 123

3 a) Wer: Stefan
Was: ein tiefer Schnitt in den linken Zeigefinger
Wann: Freitag, der 13., 17.30 Uhr
Wo: Gasthaus Krone, Spülküche
Wie: Stefan spülte einen Löffel, griff in das im Spülwasser liegende Messer
Warum: jemand hatte sein Messer im Spülwasser liegen lassen
Welche Folgen: tiefer Schnitt in den linken Zeigefinger
b) 17.30 Uhr, Gasthaus Krone/Küche, Auszubildender Stefan spült Messer, greift in das im Spülwasser liegende Messer, schneidet sich in den Finger, starke Blutungen, Nähen durch den Arzt, eine Woche krankgeschrieben.
c) anfangen – fing an; bleiben – blieb; greifen – griff; laufen – lief; liegen – lag; schneiden – schnitt; schreien – schrie
d) Der Monat, das Jahr und der Nachname müssen ergänzt werden.

Lösungsvorschlag

Gliederung	Text	W-Fragen
Einleitung	Am 13.11.20.. kam es im Gasthaus Krone zu einem Arbeitsunfall des Auszubildenden.	Wer? Was? Wo? Wann?
Hauptteil	Der Auszubildende Stefan Schmidt wollte in der Küche gegen 17.30 Uhr einen Löffel spülen. Dabei griff er in ein Messer, das noch im Spülwasser lag. Er zog sich einen tiefen Schnitt am linken Zeigefinger zu, der stark blutete.	Wer? Was? Wo (Ort/Details)? Wann (Uhrzeit)? Warum? Wie?
Schluss	Die Wunde musste vom Arzt genäht werden. Stefan wurde für eine Woche krankgeschrieben.	Welche Folgen?

83

Schriftlich kommunizieren

S. 124

1 a) Ergebnisprotokoll

b) TOP 2 ist viel zu ausführlich. Nach dem ersten Satz kann der Rest entfallen.

S. 125

3 Es bietet sich an, diese Aufgabe in einer Doppelstunde durchzuführen. In der ersten Stunde wird ein gut strukturierbares Thema behandelt, in der zweiten Stunde wird das Protokoll erstellt. Denkbar ist auch eine Kooperation mit dem Fachkundeunterricht, wenn der vor der Deutschstunde stattfindet.

S. 126

1 Der Absender möchte sein Angebot zur Unfallversicherung unterbreiten und die Gelegenheit nutzen, seine Angebotspalette vorzustellen.

S. 127

2

Firma Müller
Fritz Meier (persönlich)
Pappelallee 5
12345 Randstadt

Firma ABC
Postfach 123
54321 Machingen

Prof. Dr. Max Fischer
Frühstraße 4c
44444 Wachauf

Stadtverwaltung Ratingen
Bürgerbüro
Rathausplatz 5
23232 Ratingen

3 – defekter Trainingsanzug
– Adressenänderung
– Informationen

S. 129

5 a) Fehler:
– Das Datum steht an der falschen Stelle.
– Betreffzeile: Die Lieferung ist nicht eindeutig identifiziert.
– Anrede: Es werden nur die Herren angesprochen.
– Der Einleitungssatz fehlt.
– Es wird nicht deutlich, was der Absender vom Empfänger genau erwartet.
– Der Ton des Briefs ist sehr unhöflich.
– Der Anlagevermerk fehlt.

S. 129

5 **b) Lösungsvorschlag**

Max Mustermann   25.03.20..
Beispielstraße 5
71234 Musterhausen

Firma Liefernix
Schnelle Gasse 5
12345 Gutfeld

Reklamation: Ihre Lieferung vom 24.03.20..
Auftragsnummer: 987654321

Sehr geehrte Damen und Herren,

Ihre Lieferung ist am 24.03.20.. angekommen.
Dabei musste ich leider feststellen, dass die Tasche mit der Bestellnummer 12345 fehlt und
bei der zweiten Tasche mit der Bestellnummer 78910 der Träger lose ist.
Aus diesem Grund sende ich Ihnen die defekte Tasche auf Ihre Kosten zurück und erwarte,
dass Sie bis zum 20.04.20.. die beiden bestellten Taschen ohne Mängel liefern.

Ich möchte Sie darauf hinweisen, dass ich bei einem späteren Liefertermin nicht mehr an den
Taschen interessiert bin und von meiner Bestellung zurücktreten werde.

Mit freundlichen Grüßen

Max Mustermann

Anlage
1 Tasche

c) Lösungsvorschlag

a) ... werden wir eine Überprüfung vornehmen.	... werden wir das überprüfen.
b) ... aus den oben genannten Gründen sollten Sie die Waren pünktlich zur Auslieferung bringen.	... deshalb sollten Sie die Waren pünktlich liefern.
c) ... könnten wir den Vorschlag machen.	... schlagen wir vor, dass ...
d) ... am heutigen Tag ...	... heute ...
e) ... damit wir den Vorgang zum Abschluss bringen können.	... damit wir den Vorgang abschließen können.
f) ... ohne weitere Informationen können wir keine Entscheidungen treffen.	... ohne weitere Informationen können wir nicht entscheiden.

Schriftlich kommunizieren

S. 130

1 Es fehlt der Betreff, die Anrede sollte formeller sein („Sehr geehrter Herr Müller"), der Ton der E-Mail ist insgesamt nicht formell genug.

2 **Lösungsvorschlag**

Betreff: Bestellung Lexa, Größe M

Sehr geehrter Herr Müller,

wie telefonisch besprochen, bestelle ich eine Bindung „Lexa" in der Größe M zum Preis von 130 €. Sobald die Ware bei mir eingetroffen ist, werde ich überweisen. Bitte teilen Sie mir dazu Ihre Bankdaten mit.

Die Versandadresse lautet: Max Mustermann
Musterstraße 6
12345 Musterstadt

Herzlichen Dank.

Mit freundlichen Grüßen

Zusätzliche Kopiervorlagen auf der CD-ROM

(Differenzierte) Arbeitsblätter
– 7.1 Einen Gegenstand beschreiben (leistungsdifferenziert) (KV 31)
– 7.2 Aktiv in Passiv umformulieren (KV 32)
– Fazitbogen zum Kapitel 7 (KV 33)

Klassenarbeit/Test:
– Einen Geschäftsbrief erstellen (KV 34)

Das Deutschbuch für Berufsfachschulen — Schriftlich kommunizieren

Name: Datum:

Fazitbogen zum Kapitel 7

CHECKLISTE	Einen Brief schreiben

- ☐ Enthält mein Brief die vollständigen Angaben zu Absender, Empfänger, Datum, Betreff, Anrede, Grußformel und Anlage?
- ☐ Habe ich den Textblock in Einleitung, Hauptteil und Schluss gegliedert?
- ☐ Habe ich in der Einleitung begründet, warum ich den Brief schreibe?
- ☐ Habe ich im Hauptteil das Anliegen des Briefes genau dargestellt?
- ☐ Habe ich im Schluss herausgestellt, was ich von dem Adressaten erwarte?
- ☐ Habe ich den Konjunktiv (*würde …*) und den Nominalstil (*den Vorschlag machen*) weitgehend vermieden?
- ☐ Habe ich die Rechschreibung kontrolliert? Sind die Anredewörter *Sie*, *Ihre* und *Ihnen* großgeschrieben?

Kompetenz	Das kann ich	Das kann ich teilweise	Das kann ich noch nicht
– eine Person beschreiben – einen Vorgang beschreiben – ein Berichtsheft führen – eine Tätigkeit beschreiben – einen Unfallbericht schreiben – ein Protokoll schreiben			
– einen Geschäftsbrief formal gestalten – einen Geschäftsbrief in Einleitung, Hauptteil und Schluss gliedern – einen Geschäftsbrief sprachlich angemessen formulieren – die Kommunikationsabsicht sprachlich angemessen und formal korrekt in einem Brief ausdrücken – eine Reklamation verfassen – eine geschäftliche E-Mail verfassen			

© 2014 Cornelsen Schulverlage GmbH, Berlin. Alle Rechte vorbehalten.

KV 33

Methodisch-didaktische Hinweise

S. 132

Erfassen Sie die Situation und arbeiten Sie das Problem heraus.
Situation:
– Zusatzqualifikationen während und nach der Ausbildung sind gefragt
– unterschiedliche Angebote für verschiedene Ausbildungsberufe
– Vielzahl an Anbietern
– große Angebotspalette
– Informationsdefizit
Problem:
– Wie formuliert man ein Schreiben, um Antworten auf Fragen rund um berufliche Zusatz-
  qualifikationen zu erlangen?

Setzen Sie Ziele und formulieren Sie Handlungsaufträge.
Die Schüler/-innen können ein formal und inhaltlich korrektes Schreiben verfassen.

Planen Sie Ihr Vorgehen und führen Sie es anschließend durch.
Die Informationen aus den vorausgehenden Kapiteln werden für das Vorgehen genutzt, z. B.
– Auslandsaufenthalt und Zusatzqualifikationen (S. 108 f./S. 115 f.)
– Form und Sprache von Geschäftsbriefen
– richtig schreiben
– Feedback geben und annehmen (S. 21)
– eigenen Texten den letzten Schliff geben

Werten Sie Ihre Ergebnisse aus und präsentieren Sie diese.
Handlungsprodukt:
Briefe an unterschiedliche Anbieter zu Qualifikationsangeboten während oder nach der Ausbildung
für verschiedene Berufssparten

Kapitel 8: Diagramme und Schaubilder verstehen und nutzen

Vorbemerkung zum Kapitel

Relevanz für Alltag, Schule und Beruf

Sachtexte und diskontinuierliche Texte wie Diagramme und Schaubilder spielen im Alltag und Beruf eine wichtige Rolle. Durch die Umsetzung in Schaubilder werden bestimmte Informationen oft erst anschaulich, vergleichbar und damit verständlicher. Die Schaubildanalyse stellt eine Schlüsselkompetenz dar, die in vielen Bereichen vorausgesetzt wird.

Bei der grafischen Darstellung kann es sein, dass das ein oder andere Detail besonders hervorgehoben, anderes wiederum vernachlässigt wird. Hier gilt es, die Schüler/-innen zu sensibilisieren, damit sie in der Lage sind, die mit der Darstellung verbundene Intention zu hinterfragen.

Das hier gewählte Thema „Ausbildung" tangiert die Schüler/-innen in besonderem Maße und lädt sie dazu ein, sich mit den angebotenen Diagrammen und Schaubildern auseinanderzusetzen. Im Kontext Schule bietet diese Aufgabenart und der gewählte Themenbereich viele Möglichkeiten, fächerübergreifend zu arbeiten.

Aufbau des Kapitels/Lernzuwachs

Dieses Kapitel thematisiert das Lesen, Verstehen und Nutzen von Diagrammen und Schaubildern sowie das Schreiben der entsprechenden Analysen. Zunächst wird die Aufmerksamkeit auf die Funktion nicht linearer Texte im Vergleich zu einem linearen Text gelenkt. Die Schüler/-innen lernen daraufhin verschiedene Diagrammarten kennen und untersuchen, inwieweit die Wahl der Darstellungsform mit dem Inhalt korrespondiert. Welche Manipulationsmöglichkeiten durch die Art der Darstellung bestehen, sehen sie an einigen Beispielen, bei denen die Skalierung der Achsen wesentlich die Lesart prägt. Letztendlich gilt es, die Erkenntnisse schriftlich festzuhalten und eine Analyse zu verfassen. Mit einer Checkliste können die Schüler/-innen ihre Arbeiten oder die ihres Lernpartners/ihrer Lernpartnerin überarbeiten. In einem Portfolio halten die Schülerinnen und Schüler ihre Schaubilder und Analysen fest.

Methodik, Didaktik, Differenzierung

Bewusst wurden Diagramme und Schaubilder ausgewählt, die sich mit dem Themenkomplex Ausbildung auseinandersetzen. Dies bietet die Möglichkeit, auch anders als chronologisch mit dem Kapitel zu arbeiten, indem z. B. die einzelnen Grafiken in Gruppenarbeit bearbeitet werden.

Methodisch geht das Kapitel bei der Analyse der unterschiedlichen Diagrammarten stets ähnlich vor, damit sich die Schüler/-innen eine Vorgehensweise einprägen und üben. In den übrigen Unterkapiteln finden sich mit der „Sortieraufgabe" und mit „Think-Pair-Share" Methoden, die Abwechslung in den Unterricht bringen und bei anderen Gelegenheiten wieder eingesetzt werden können.

Die Differenzierung gibt beim einfacheren Niveau Hilfestellung, um letztendlich allen Schülerinnen und Schülern die Möglichkeit zu bieten, die Aussagen der grafischen Darstellung zu erfassen und zu verschriftlichen.

Kompetenzen

Die Schülerinnen und Schüler
- erkennen die Funktion von diskontinuierlichen Texten
- geben deren Inhalt wieder und erläutern zentrale Aussagen
- erkennen den Bezug zwischen der Wahl der Darstellungsform sowie dem Inhalt
- hinterfragen kritisch grafische Darstellungen
- schreiben Schaubildanalysen
- gestalten Diagramme

Diagramme und Schaubilder verstehen und nutzen

Aufgabenlösungen und methodisch-didaktische Hinweise

S. 135

1 a) Auszubildende (11 777)
Befragt werden Auszubildende aus allen Ausbildungsjahren und aus unterschiedlich großen Betrieben (www.dgb.de).
b) Der Deutsche Gewerkschaftsbund (DGB)
Der DGB Ausbildungsreport erscheint seit 2005 und zeigt Ergebnisse von Befragungen Auszubildender in den 25 am häufigsten gewählten Ausbildungsberufen über die Ausbildungssituation in Deutschland.
c) Es geht um die berufliche Perspektive von Auszubildenden. Dabei werden folgende Aspekte thematisiert:
– Wunsch nach einer Tätigkeit im Ausbildungsberuf
– Übernahme im Ausbildungsbetrieb
– Chancen der Übernahme in bestimmten Berufszweigen
– Zusammenhang zwischen Ausbildungszufriedenheit und Aussicht auf Übernahme
– unsichere berufliche Situation von jungen Menschen beim Eintritt ins Berufsleben
d) Der Grund liegt in der wirtschaftlichen Situation in den jeweiligen Bereichen.

2 a) Mehr als die Hälfte der Auszubildenden weiß nicht, ob sie nach der Ausbildung übernommen wird (64,4 %). Die Zahl derjenigen, die übernommen werden (26,8 %), überschreitet bei weitem die Zahl derjenigen, die keine Chance auf Übernahme haben (8,7 %).
b) Visualisierung eines wichtigen Aspektes des Ausbildungsreports

3 a) Verdeutlichung, schnelle Information, wichtiger Aspekt wird durch das Diagramm herausgehoben und im Text erläutert

4 – Organigramm, Säulen-, Kreis-, Linien-, Kurvendiagramm sowie Schaubild vgl. Schülerbuch, Gut-zu-Wissen-Kasten, S. 140
– Globus-Infografik: dpa-infografik GmbH, Tochterunternehmen der Deutschen Presse-Agentur (dpa), gegründet 1946 als Globus-Kartendienst GmbH, veröffentlicht Grafiken aus vielen Bereichen, zu finden unter: www.picture-alliance.com/globus.html

S. 136

1 a) Das erste Kreisdiagramm zeigt,
– welchen schulischen Abschluss die männlichen Auszubildenden haben.
– dass 3,6 % der männlichen Auszubildenden keinen Hauptschulabschluss haben.
– dass die meisten Auszubildenden einen Realschul- oder vergleichbaren Abschluss haben. Danach folgt die Zahl derjenigen mit Hauptschulabschluss. Fast 20 % niedriger ist die dritte Gruppe, die über eine Hochschul-/Fachhochschulreife verfügt. Die ersten beiden Gruppen machen mehr als drei Viertel der Auszubildenden aus.
– dass wenige Auszubildende ohne Hauptschulabschluss einen Ausbildungsvertrag abschließen.
– dass die Zahl derjenigen, die einen Abschluss im Ausland erworben haben, verschwindend gering ist. Sie liegt unter einem Prozent.

90

Das zweite Kreisdiagramm zeigt,
- welchen schulischen Abschluss die weiblichen Auszubildenden haben.
- dass die meisten Auszubildenden einen Realschul- oder vergleichbaren Abschluss haben. Danach folgt die Zahl derjenigen mit Hochschul-/Fachhochschulreife. Die Gruppe derjenigen, die über einen Hauptschulabschluss verfügt, liegt mit 0,7 % dicht dahinter. Die ersten beiden Gruppen machen fast drei Viertel der Auszubildenden aus.
- dass wenige Auszubildende ohne Hauptschulabschluss einen Ausbildungsvertrag abschließen.
- dass die Zahl derjenigen, die einen Abschluss im Ausland erworben haben, verschwindend gering ist. Sie liegt unter einem Prozent.

1 a) Mehr Frauen als Männer mit Hochschul-/Fachhochschulreife sowie Realschul- oder vergleichbarem Abschluss schließen einen Ausbildungsvertrag ab.
Mehr männliche als weibliche Auszubildende haben einen Hauptschulabschluss.
Es gibt weniger Frauen als Männer ohne Hauptschulabschluss, die einen Ausbildungsvertrag abschließen.
b) Die weiblichen Auszubildenden haben im Durchschnitt höhere Abschlüsse als die männlichen. Der Anteil der Frauen, die einen mittleren oder höheren Bildungsabschluss haben, ist um fast 13 Prozent höher als der der Männer.
Unter www.datenportal.bmbf.de werden die Zahlen aktualisiert. Ein Vergleich kann interessant sein.

S. 137

1 a) In welchen Berufsbereichen konnten Ausbildungsplätze nicht besetzt werden? Wie viel Prozent der Betriebe im Bereich der Industrie- und Handelskammern konnten ihre Ausbildungsplätze nicht besetzen? Warum blieben Lehrstellen unbesetzt?
b) ja/Aussage nicht möglich/ja

b) **Lösungsvorschlag**
Vor allem im Gastgewerbe werden viele Ausbildungsplätze nicht besetzt. Der Durchschnittswert der nicht besetzten Ausbildungsplätze in den angeführten Berufsbereichen beträgt ca. 23 %. Der Bereich Verkehr liegt genau bei diesem Wert; Bau und Gewerbe liegen darüber, die anderen angeführten Bereiche darunter. Industrie, Banken und Versicherungen stehen an der Spitze dieser Gruppe. Die wenigsten Probleme haben die Dienstleistungsbereiche, die nicht explizit aufgeführt werden.
Die befragten Betriebe konnten mehrere Gründe für die Nichtbesetzung der Ausbildungsplätze angeben. Viele Betriebe bilden nicht aus, da etliche Bewerber nicht geeignet sind. Fast gleich häufig werden die Aspekte „Ausbildungsplatz wurde nicht angetreten", „Vertrag wurde nach Ausbildungsbeginn aufgelöst" sowie „keine Bewerbungen" genannt.

2 a) Lila eingefärbte Balkendiagramme (größenmäßig von oben nach unten fallend) vor einem leuchtend gelben Fleck auf einer graue Mauer; gesprayter, bunter Schriftzug „Azubis gesucht" rechts unten
b) Eine Darstellung der Thematik in Kreisdiagrammen wäre nicht so übersichtlich, denn man müsste für jeden Balken ein gesondertes Kreisdiagramm anlegen. In den Balkendiagrammen kommen die Größenverhältnisse deutlich zum Ausdruck und die Vergleichbarkeit ist gewährleistet.
a) Gesprayter Schriftzug und farbenfrohe Gestaltung sprechen Jugendliche an; die gemauerte Wand suggeriert Aufbau.
b) Folgende Aspekte sind von Belang: Darstellung von Größenverhältnissen im Vergleich sowie Übersichtlichkeit.

Diagramme und Schaubilder verstehen und nutzen

S.138

1
a) zeitlicher Rahmen, Arten der beruflichen Qualifikation
b) akademischer Abschluss, abgeschlossene Berufsausbildung
c) Die Zahl derjenigen mit abgeschlossener Berufsausbildung sinkt fast in dem Umfang, wie die Zahl derjenigen mit akademischem Abschluss steigt (6,5 % bzw. 6,4 %).
d) Am Fuß der Säulendiagramme sind die niedrigeren Abschlüsse zu finden. Je höher der Abschluss, desto weiter oben ist er zu finden. Diese Anordnung beinhaltet eine Wertung der Abschlüsse.
b) sowie e) Die Zahl der Erwerbspersonen mit akademischem Abschluss wird steigen und die derjenigen mit einer abgeschlossenen Berufsausbildung sinken. Die Zahl derjenigen, die eine Fachschule o. Ä. besucht haben bzw. keine Berufsausbildung abgeschlossen haben, bleibt relativ konstant.

2
Das Säulendiagramm ist auf Büchern/Wissen aufgebaut. Damit wird ein Bezug zur Qualifikation hergestellt. Die Farben sind ansprechend bunt und kommen sowohl bei der Umrandung der Bücher als auch in den Balken vor. Die farbliche Gestaltung unterstützt die gute Lesbarkeit des Diagramms.

3
– Die Anzahl der Personen mit akademischem Abschluss ist künftig größer als heute.
– Der Fachkräftemangel ist in den nächsten Jahren so hoch wie heute.
– Wer heute keine abgeschlossene Berufsausbildung hat, ist schlechter dran als je zuvor.
– Persönliche Qualifikation ist genauso gefragt wie fachliche.

4
Im Deutschen gibt es drei Steigerungsformen: Positiv – Komparativ – Superlativ. Der Komparativ wird mit dem Vergleichswort „als" benutzt, der Positiv mit „wie".
In der Umgangssprache wird beim Komparativ häufig „wie" statt „als" benutzt.

5
a) **Lösungsvorschlag**

Zunahme	Abnahme	gleichbleibende Werte
(an)steigen, (an)wachsen, sich erhöhen, heraufsetzen, sich steigern, zulegen, zunehmen, verdoppeln, verdrei-/vier-/... fachen ...	abnehmen, fallen, sich reduzieren, schrumpfen, sinken, sich verringern, vermindern ...	(an)dauern, anhalten, gleich/ konstant bleiben ...

b) Danach, in der Folge, im Folgenden, als Nächstes, im weiteren Verlauf, am Ende findet sich ...

S.139

1
a) Kurven-/Liniendiagramm, Säulendiagramm
b) zwei Hände, die geschüttelt werden; eine gehört zu einem Anzugträger
c) Aufgreifen des Themas: Auszubildender und Ausbilder schließen einen Vertrag.

2
a)
– Im Zeitraum 2001–2011 sinkt die Zahl der neu abgeschlossenen Ausbildungsverträge von 614 000 auf 570 000. Von 2001 bis 2003 fällt sie, danach steigt sie leicht an, um 2005 auf den tiefsten Punkt zu sinken. Es erfolgt ein Anstieg der Zahlen bis 2007, woraufhin in den nächsten drei Jahren wieder ein Rückgang stattfindet, im letzten Jahr der Darstellung (2011) ist ein leichter Anstieg festzustellen.

92

— Höhepunkte: 2007 (626 000), 2008, 2001 – Tiefpunkte: 2005 (550 000), 2003, 2010
— ca. 580 000

b) In dem untersuchten Zeitraum geht die Zahl der neu abgeschlossenen Ausbildungsverträge zurück. Insgesamt ist zu sehen, dass es von Jahr zu Jahr recht deutliche Schwankungen geben kann. Im letzten untersuchten Jahr ist die Zahl wieder um 10 000 angestiegen.

a) Das vorliegende Diagramm ist ein Kurven-/Liniendiagramm, das die Anzahl der neu abgeschlossenen Ausbildungsverträge zeigt. Dies gilt pro Jahr für den Zeitraum vom 1.10. des Vorjahres bis zum 30.9. Insgesamt gesehen ist die Zahl der Verträge von 2001 bis 2011 von 614 000 auf 570 000 gesunken. Die Verlaufskurve zeigt nach unten, ihre Höhepunkte sind in den Jahren 2007 (mit 626 000) und 2008 sowie im ersten Jahr der Darstellung festzustellen. Die Tiefpunkte liegen in den Jahren 2005, 2003 sowie 2010. Pro Jahr werden durchschnittlich 580 000 neue Verträge zwischen Ausbildern und Auszubildenden abgeschlossen.

3 **b)** Die Darstellung des Verlaufs steht im Vordergrund.

4 2011 werden die meisten Ausbildungsverträge in der Industrie und im Handel abgeschlossen. Die Ausbildungsverträge im Handwerk stehen an zweiter Stelle. Ihre Anzahl ist mehr als doppelt so hoch wie die der übrigen noch angeführten Ausbildungsbereiche. Die Verträge in der Landwirtschaft sowie im öffentlichen Dienst bewegen sich in ähnlichen Dimensionen. Weit abgeschlagen sind die Bereiche Hauswirtschaft und Seeschifffahrt mit 3350 bzw. 250 neuen Ausbildungsverträgen.

Hinweis:
Man kann dieses Schaubild auch zu dem Balkendiagramm von S. 137 in Bezug setzen.

5 Falsch ist: In 2019 werde ich meine Abschlussprüfung ablegen.

6 Die Zahl der freien Ausbildungsplätze in diesem Bereich ist **von** 560 **auf** 720 gestiegen. Sie ist **um** 160 angewachsen. Das bedeutet einen Anstieg **um** fast 30 Prozent. Die Zahlen basieren **auf** einer Umfrage **bei** den Betrieben.

S.140

1 Es gibt drei Abteilungen, an deren Spitze je ein Leiter steht.
Diese Abteilungen haben jeweils drei Unterabteilungen mit je einem zuständigen Leiter.
b) Organisatorische Zusammenhänge sollen übersichtlich und in ihrer hierarchischen Anordnung dargestellt werden.

S.141

1 **a)** Die Unterschiede in der Mitarbeiterzahl in den verschiedenen Jahren kommen in dem zweiten Säulendiagramm deutlicher zum Ausdruck.
b) Die Einteilung auf der senkrechten Achse erfolgt in 500er- bzw. in 50er-Schritten.
a und c) Aufgrund der differenzierteren Einteilung der senkrechten Achse im zweiten Diagramm suggeriert die zweite Grafik, dass sich die Anzahl der Mitarbeiter stärker verändert hat als bei der ersten Achse.

Diagramme und Schaubilder verstehen und nutzen

2 Die drei Firmen haben 2015 den gleichen Umsatz erzielt.
Durch die unterschiedlichen Maßstäbe könnte der Eindruck erweckt werden, dass die Firma Cornell den höchsten Umsatz bzw. die höchste Steigerung des Umsatzes hat.
Durch die unterschiedlichen Maßstäbe scheint sich auch der Verlauf zu unterscheiden.

S. 143

2 Weiterführende Informationen zum Thema „Bafög" (auch „Meister-Bafög") finden sich im Chancenheft der Bundesregierung unter:
www.bundesregierung.de/Content/DE/Publikation/Bestellservice/2013-04-12-chancenheft.html

3

a) Quelle/Herausgeber	b) Thema	c) Schlussfolgerung
Die Zahlen legten … vor; das Schaubild ist … entnommen	Das Schaubild gibt Auskunft über …; als weiteres Beispiel wird angeführt …; die vielen Symbole verdeutlichen …	Letztendlich geht aus dem Schaubild hervor, dass …; zusammenfassend lässt sich sagen, …

4

a) Quelle/Herausgeber	b) Thema	c) Schlussfolgerung
Das vorliegende Schaubild stammt von …; die Zahlen basieren auf …	Es veranschaulicht …; des Weiteren wird unterschieden …; … trifft Aussagen dazu; mittels … wird deutlich, dass …; es fällt auf, dass …; im …Teil des Schaubildes wird thematisiert, …; ein … Diagramm verdeutlicht, dass …; dem Schaubild ist zu entnehmen, …	Insgesamt gesehen lässt das Schaubild die Schlussfolgerung zu, dass …; aus dem Schaubild geht hervor, dass …

5 **Muster**

Die Diagramme links beziehen sich auf die geförderten Schüler/-innen, die rechts auf die Studenten/Studentinnen. Waagerecht gesehen geht es jeweils um die Anzahl der im Durchschnitt pro Monat geförderten Personen. Die Zahlenangaben sind in 1000 angegeben – von 2000 bis 2010 in Fünf-Jahres-Schritten sowie für das Jahr 2011.

Die Zahlen der Schüler/-innen bewegen sich zwischen 127 000 und 197 000, die der Studenten/Studentinnen im gleichen Zeitraum zwischen 232 000 und 419 000. Die Zahl der Studenten/Studentinnen steigt kontinuierlich, während die der Schüler/-innen zunächst steigt, sich zwischen 2005 und 2010 nicht verändert und danach zurückgeht.

Der nächste inhaltliche Schwerpunkt ist der Förderbetrag, der in den gleichen Zeitabschnitten angegeben wird wie die Zahl der Geförderten. Hier ist ersichtlich, dass die Studenten/Studentinnen mit einem deutlich höheren Betrag unterstützt werden als die Schüler/-innen. Bei beiden Gruppen sind jedoch die Beträge von 2000 bis 2011 gestiegen: für die Schüler/-innen von 241 Euro auf 385 Euro und für die Studenten/Studentinnen von 326 Euro auf 452 Euro, d. h., die Fördersumme für die Schüler/-innen ist um 144 Euro und die für die Studenten/Studentinnen um 126 Euro gestiegen.

Insgesamt gesehen lässt das Schaubild die Schlussfolgerung zu, dass die Zahl der BAföG-Empfänger/-innen sowie die Höhe der Fördersumme deutlich gestiegen sind.

Die optische und inhaltliche Darstellung ist gelungen, vor allem die Farbgebung überzeugt. Auch der Notizblock passt gut zum Thema.

Es wäre interessant zu wissen, wie die Entwicklung in den Jahren vor 2001 gewesen ist, da 2001 das neue Bundesausbildungsgesetz in Kraft getreten ist, das die Bedarfssätze deutlich angehoben hat. Weitere Fragen wären, wie viel Prozent der BAföG-Empfänger/-innen den maximalen Förderbetrag erhalten.

S. 144

1 Muster zum Schaubild auf S. 137 „Wenn Lehrstellen unbesetzt bleiben"

„Wenn Lehrstellen unbesetzt bleiben" lautet der Titel eines Schaubildes, das Globus-Infografik am 12.7.2012 veröffentlicht hat. Die Angaben basieren auf Werten des Deutschen Industrie- und Handelskammertages und beziehen sich auf das Jahr 2011.

Vor einer gemauerten Wand leuchten lila eingefärbte Balkendiagramme zu zwei Themenbereichen. Auf der linken Seite des Schaubildes enthalten die Diagramme prozentuale Angaben zu den Betrieben, die einen Teil ihrer Ausbildungsplätze nicht besetzen konnten. Im rechten Teil werden Gründe dafür genannt. Hier sind Mehrfachnennungen möglich. Ein gesprayter Schriftzug „Azubis gesucht" fällt farbenfroh ins Auge, ebenso ein leuchtend gelber Fleck, der auf die Mauer gesprayt scheint und den direkten Hintergrund darstellt.

Die Balkendiagramme beginnen mit den höchsten Zahlen und sind geordnet. Der Durchschnittswert der nicht besetzten Ausbildungsplätze in den angeführten Berufsbereichen beträgt ca. 23 %. Es ist deutlich erkennbar, dass vor allem im Gastgewerbe viele Ausbildungsplätze nicht besetzt werden (52 %). Der Bereich Verkehr liegt genau beim Durchschnittswert bei 23 %, Bau und Gastgewerbe liegen darüber. Die anderen angeführten Bereiche liegen darunter, wobei Industrie mit 20 %, Banken und Versicherungen mit 19 % an der Spitze dieser Gruppe stehen. Die wenigsten Probleme haben die Dienstleistungsbereiche (14 %), die nicht explizit aufgeführt werden.

Die befragten Betriebe konnten mehrere Gründe für die Nichtbesetzung der Ausbildungsplätze angeben. Viele Betriebe bilden nicht aus, da etliche Bewerber/-innen
nicht geeignet sind. Dies gaben sie für 68 % der Fälle an. Fast gleich häufig werden
die Aspekte „Ausbildungsplatz wurde nicht angetreten", „Vertrag wurde nach Beginn
aufgelöst" sowie „keine Bewerbungen" mit ca. 20 % genannt.

Die Darstellung ist sehr ansprechend und wirkt fast wie eine Werbung für Jugendliche, doch noch eine Ausbildung anzutreten. Es wäre interessant zu wissen, wie viele
Betriebe befragt wurden. Schade ist auch, dass man nichts über die Berufsbereiche
erfährt, die nicht den Industrie- und Handelskammern zuzuordnen sind. Dass viele
Plätze aufgrund des demografischen Wandels nicht besetzt werden können, wird
nicht deutlich.

Zusätzliche Kopiervorlagen auf der CD-ROM

Arbeitsblätter
– 8.1 Ein Schaubild analysieren (KV 35)
– Fazitbogen zum Kapitel 8 (KV 36)

Klassenarbeit/Test
– Eine Schaubildanalyse verfassen (KV 37)
– Korrekturraster zur Klassenarbeit (KV 37)

Name: Datum:

Fazitbogen zum Kapitel 8

CHECKLISTE	Eine Schaubildanalyse überarbeiten

Inhalt
- ☐ Habe ich Titel (gegebenenfalls Untertitel), Herausgeber und Quelle sowie Erscheinungsjahr angegeben?
- ☐ Habe ich das Thema und die Aussage(n) des Schaubildes herausgearbeitet?
- ☐ Habe ich die Diagrammart genannt?
- ☐ Habe ich die Art des Zahlenmaterials erkannt und benannt?
- ☐ Habe ich das Zusammenspiel von Grafik, Text und Bild dargestellt?

Aufbau
- ☐ Habe ich die einzelnen Bestandteile sinnvoll zusammengefügt?
- ☐ Habe ich den Text gegliedert?
- ☐ Habe ich sinnvoll zum Hauptteil des Textes hingeführt und den Text mit einem Schlussteil abgerundet?
- ☐ Habe ich meine Arbeit sprachlich überarbeitet?

Kompetenz	Das kann ich	Das kann ich teilweise	Das kann ich noch nicht
– die Funktion von nicht-linearen Texten (z. B. Diagrammen) erkennen und mit linearen Texten vergleichen			
– verschiedene Diagramme kennen und analysieren – Diagrammarten vergleichen – die Gestaltung eines Schaubildes analysieren – die Quelle kritisch prüfen – den Bezug zwischen der Wahl der Darstellungsform sowie dem Inhalt erkennen – Diagramme erstellen			
– Manipulationen, z. B. durch Skalierung, erkennen und eine kritische Lesehaltung entwickeln			
– den Aufbau einer Schaubildanalyse kennen – eine Schaubildanalyse verfassen – die Analyse anhand einer Checkliste überprüfen und ggf. korrigieren			

Kapitel 9: Was in der Presse steht – Textsorten kennenlernen

Vorbemerkung zum Kapitel

Relevanz für Alltag, Schule und Beruf

Medien kompetent zu nutzen ist ein Ziel des Deutschunterrichts. In Zeiten des „Zeitungssterbens" bleibt die Zeitung ein wichtiges Medium für guten Journalismus. Als „vierte Gewalt" ist Journalismus essenziell und steht und fällt mit denen, die recherchieren und schreiben: den Journalisten.
Die Botschaft eines Presseartikels muss verstanden, hinterfragt und mit der anderer Artikel bzw. Medien verglichen werden. Mit Bildern kann beeinflusst werden, ein Ereignis kann auf verschiedene Art und Weise dargestellt werden. Texte zu verstehen ist eine wichtige Kompetenz, die als Basis für viele andere Arbeitsschritte oder Prozesse dient. Um den Inhalt eines Textes besser zu verstehen oder ihn auch besser zu vermitteln, kann man ihn grafisch veranschaulichen.

Aufbau des Kapitels/Lernzuwachs

In einem ersten Teil des Kapitels wird verdeutlicht, dass sich das Leseverhalten verändert hat und einem intensiven Wandel ausgesetzt ist. Rund um das Thema „Presse" begegnen den Schülerinnen und Schülern hier Kommentare und Leserbriefe sowie Nachrichten und Reportagen, die sich zum einen mit dem Zeitungssterben und gutem Journalismus auseinandersetzen und zum anderen die Gefahren verdeutlichen, die manche Journalisten mit ihrem Schreiben auf sich nehmen.
9.3 beschäftigt sich mit der Wirkung von Bildern und den unterschiedlichen Darstellungsweisen eines Ereignissens.
Dem letzten Teil liegen aktuelle, gesellschaftskritische tatsachen- oder meinungsbetonte Sachtexte zugrunde, die an die (globale) Verantwortung jedes Einzelnen appellieren: sei es bei Textilien aus Billiglohnländern oder der Entscheidung für Fair-Trade-Produkte, für einen verantwortungsvollen Umgang mit Lebensmitteln (Müll/Tafel) und nicht zuletzt bei dem illegalen Handel mit Tieren oder Tierprodukten. Diese Texte werden analysiert und durch unterschiedliche Visualisierungstechniken grafisch aufbereitet. So lernen die Schüler/-innen die Varianten Mindmap, Diagramme oder Strukturbild passend zu den Textinhalten auszuwählen.

Methodik, Didaktik, Differenzierung

Der Charme des Kapitels liegt darin, dass die Texte aus der Presse sich zunächst mit der Presse selbst beschäftigen.
Die Visualisierung von informierenden Texten ist keine einfache Aufgabe, bietet den Schülerinnen und Schülern aber die Möglichkeit, deutlich zu machen, dass sie einen Text verstanden haben, auch wenn sie nicht so wortgewandt sind. Auf diesem gedanklichen Durchdringen baut die Visualisierung auf. Hier gilt es auch zu überlegen, welche Visualisierungsform passt und wie diese dann gestaltet wird. Dazu bietet das Kapitel einige Beispiele an. Die Differenzierung gibt beim einfacheren Niveau Hilfestellung, um letztendlich eigenständig Textinhalte visualisieren zu können.

Kompetenzen

Die Schülerinnen und Schüler
– unterscheiden informierende und kommentierende Textsorten
– erkennen sprachliche Besonderheiten von journalistischen Textsorten
– visualisieren Inhalte von Sachtexten
– setzen sich argumentativ mit Sachverhalten auseinander
– schulen ihre Analyse- und Reflexionsfähigkeit

Aufgabenlösungen und methodisch-didaktische Hinweise

S. 146

1
2 Das Thema „Umfragen vorbereiten und durchführen" kann hier solide eingeführt werden. Bei genauerer Thematisierung der Umfrage müssten die Aspekte des GUT-ZU-WISSEN-Kastens besprochen werden. Im Deutschunterricht sollte ein Schwerpunkt auf die Formulierung der Fragen gelegt werden. Mögliche Hilfen zur Überprüfung der Fragen: Welche Fragearten werden genutzt und mit welchem Ziel? Inwiefern beeinflussen sie die Befragten? Sind sie für jeden Teilnehmer verständlich? Eröffnen sie Interpretationsspielräume? Könnten sie treffsicherer formuliert werden? Wird mit ihnen das Ziel der Befragung erreicht?

3 a) In der Ausgabe des „Spiegels" 52/2012 werden die Verkaufszahlen deutscher Publikumszeitschriften im Zeitraum 1975 bis 2012 dargestellt. Nach einem Hoch bis 2000 (92 Millionen, im Vergleich dazu waren es 1975 nur 64 Millionen) sinkt die Zahl im 3.Quartal 2012 um 19,3 Millionen. Die Zahl der Zeitschriftentitel hat sich dagegen fast vervierfacht.
b) Bei den Zeitschriften sinken die Verkaufszahlen trotz wachsender Vielfalt, die sich in einer großen Anzahl von Titeln zeigt. Durch die sinkenden Verkäufe sterben allerdings auch einige Zeitschriften.

4 a) Rückgang des Zeitungsmarktes
b) vgl. 3 b.
c) **Text 1:**
Medienkrise wird zu negativ gesehen.
Text 2:
Leser haben Einfluss auf die Qualität von Nachrichten.

S. 148

5 **Text 1:** Die Zeiten seien vorbei, in denen der Zeitungsmarkt boomte. Dennoch könne nicht von einem Zeitungssterben per se gesprochen werden.
Der Deutsche Journalisten-Verband sowie der Bundesverband Deutscher Zeitungsverleger wehre sich gegen die negative Darstellung der Situation der Zeitungsbranche.
Eine bessere Zusammenarbeit zwischen Print- und Onlinemedien wird gefordert.
Text 2: Der Kommentator nimmt das Scheitern zweier renommierter **überregionaler Zeitungen** zum Anlass, um zu verdeutlichen, welche negativen Folgen dies auf das **Informationsangebot** hat.
Viele wichtige Informationen – insbesondere **Scoops** – würden von traditionellen Redaktionen und nicht von **Bloggern** geschrieben werden. Leser bzw. Nichtleser sollten sich dies bewusst machen und wie bei anderen Konsumgütern reflektieren, woher das Projekt stamme. **Guter Journalismus** koste Geld.
Die Zeitungsbranche habe wie andere Branchen auch mit einem **Strukturwandel** zu kämpfen.
Vielen **Onlinemedien** fehle das Geld, so gut und relevant wie **Printmedien** zu sein. Medien sollten sich ohne Selbstmitleid den Herausforderungen des Strukturwandels stellen.

6 a) „Sterben" renommierter Zeitungen, Absicherung von Marktanteilen
b) Rückgang der Leserzahlen, Konkurrenz der Print- mit Onlinemedien, unterschiedliche Kostenfaktoren
c) Von den traditionellen Redaktionen stammen wesentliche Nachrichten, sie haben Skandale aufgedeckt (vgl. Z. 51 f.).

Was in der Presse steht – Textsorten kennenlernen

7 a) **Text 1:** Z. 20 f.
Text 2: Z. 51 f.
b) Die Bedeutung von Medien als 4. Gewalt im System der Gewaltenteilung

8 Meinungsäußerung des Autors/subjektive Äußerung: „[…] lässt es mich nicht kalt" (Z. 4), „Ich finde diese Einstellung erschreckend naiv […]" (Z. 16 f.)
rhetorische Fragen (Z. 41 f.)
Appelle: Menschen sollten sich „Gedanken über den Entstehungsprozess von Nachrichten machen". (Z. 49 ff.)
Vorwegnahme von möglichen Gegenargumenten (Z. 35 f.)

S. 150

1 Diktaturen fürchten die Presse mehr als gewaltsamen Widerstand. Hintergrundberichte und freie Meinungsäußerungen, die sich gegen ihre Regierungsarbeit richten, könnten ihnen gefährlicher werden als bewaffnete Konflikte.

2 Verfolgung, psychischer Druck, körperliche Angriffe, Repressalien gegen die eigene Person und gegen Familienmitglieder, psychische Folgen eines überlebten Attentats (vgl. Ahmed Omar Hashi/ Text 2), Tod
Die Globus-Infografik 5794 thematisiert „Journalisten in Gefahr" von 1992–2013 in den gefährlichsten Ländern.

3 a) Die Zahlen und Fakten von Text 1 sind einprägsamer, Text 2 ist lebendiger, da er über die Fakten hinaus ein persönliches Schicksal behandelt.
b) **Text 1:** Nachricht
Text 2: Reportage

4 AFP: Agence France-Presse, älteste internationale Nachrichtenagentur (seit 1835), heute drittgrößte Nachrichtenagentur mit Mitarbeiterinnen und Mitarbeitern in ca. 150 Ländern

4 Nachrichten- und Presseagenturen sind Unternehmen, die Nachrichten über aktuelle Ereignisse an die Medien liefern. Es gibt ca. 180 weltweit. Bekannt ist z. B. dpa (Deutsche Presse-Agentur), deren Gesellschafter Verleger, Verlags- und Rundfunkanstalten sind.

S. 152

1 **Gruppe 1**
a) Einen guten Überblick bietet wikipedia.de unter dem Stichwort „Verschwörungstheorien zur Mondlandung".
b) Einfluss des Fotos als Beweis/Gegenbeweis für die Mondlandung
Diskussionspunkte: z. B. sternenlose Bilder, wehende Flagge, Fußspuren der Astronauten, Schatten, die in unterschiedliche Richtungen weisen
Gruppen 2 und 3
a) 9.11.1989: Hier stellt sich die Frage, ob die angesprochenen Schüler/-innen überhaupt Bilder damit verknüpfen – wenn, dann tanzende und singende Menschen auf der Berliner Mauer, euphorische Menschen, Trabis auf dem Weg nach Westen
11.9.2001: einstürzende Türme des World-Trade-Centers, Angriff auf das Pentagon, Rauchwolken, Schutt und Asche, Menschen, die aus dem WTC springen, Menschen, die Bilder ihrer vermissten Familienangehörigen zeigen, Feuerwehrleute im Einsatz, Osama bin Laden, Terroristen

100

Was in der Presse steht – Textsorten kennenlernen

Sommer 2006: Die Fußball-Weltmeisterschaft fand vom 9. Juni bis zum 9. Juli 2006 in Deutschland statt. Die deutsche Mannschaft belegte den dritten Platz.

b) erstes Ereignis: Freude, Euphorie
Schlagzeilen: z. B. Die Mauer fällt, Das Wunder von Berlin, Ein Volk!
zweites Ereignis: Trauer, Entsetzen, Fassungslosigkeit, Angst
Schlagzeilen: z. B. Terror, Terroranschlag verändert die Welt, Islamistisches Terrornetz, Anschlag auf die freie Welt, Al Kaida
drittes Ereignis: Freude, Begeisterung, public viewing
Schlagzeilen: Deutschland – ein Sommermärchen

S. 153, 154

1 a)
- Artikel mit Bildern wirkt auf die Schüler/-innen in der Regel ansprechender
- Aufmerksamkeit und Interesse werden geweckt, die Sinne und Emotionen angesprochen
- BILD: mehr Bild- als Textelemente, Bilder stehen im Vordergrund; FOCUS: ein Bild, mehr Text; Rhein-Neckar-Zeitung: nur Textelemente
- BILD: Farben verstärken die Wirkung der Bilder, lassen diese authentischer wirken, Farbe der Überschrift fällt aus dem Rahmen, zieht Lesende an
- Überschrift ist größer als der Text, bei BILD: überproportional, nimmt so viel Platz ein wie der Text
- Fettdruck: die drei ersten Zeilen, Namen der interviewten Personen, Aussage des Polizeisprechers
- Kursivdruck: „Wie kann die Polizei die Urlauber schützen?"
- Unterstreichungen: „Inzwischen geht die Angst um […]", Interview der Schülerin Isabell

b)
- BILD: Angst, Panik/Focus: sachlich, neutral, informierend/Rhein-Neckar-Zeitung: Verharmlosung, Verniedlichung; Polizei bittet lediglich um Mithilfe
- Gemeinsamkeiten:
  Python nachts im Neckar gesichtet; Polizei im Einsatz; Würgeschlange, nähere Bezeichnung Tigerpython (BILD und Rhein-Neckar-Zeitung); Augenzeuge: Andreas Kaltenstadler (BILD und Rhein-Neckar-Zeitung)
- Unterschiede:
  Größe der Python: 5 m (BILD) oder 3 m (Focus, Rhein-Neckar-Zeitung); Ortsangaben: Neckarsteinach/Hirschhorn/Neckarhäuserhof (BILD) oder Neckargemünd/Neckarhäuserhof (Rhein-Neckar-Zeitung); Schlange am Tag an Land (BILD), am Tag am Ufer oder im ufernahen Wasser (Rhein-Neckar-Zeitung); Menschen haben Angst (BILD), keine Gefahr für die Menschen (Rhein-Neckar-Zeitung)

c)
- erweckt den Anschein von Glaubwürdigkeit, wirkt dramatischer
- Zweifel, ob die Geschichte tatsächlich stimmt
- Glaubwürdigkeit wird gesteigert, der Anschein sachlicher Aussagen wird geweckt, Leser/-innen werden durch Schlangenexperten beruhigt, es soll keine Panik verbreitet werden.

2 a) Interesse wird geweckt, Hauptaussagen des Artikels sind verBILDlicht und werden verstärkt, Inhalt ist leichter zu verstehen, Authentizität
b) BILD: Angst, Schrecken/Focus: Zweifel streuen, ob die Geschichte tatsächlich stimmt/Rhein-Neckar-Zeitung: Neugier/Gelassenheit
c) BILD: sensationshungrige Leser/-innen/Focus: Leser, die Unterhaltung suchen, aber nicht jede Meldung ernst nehmen
Rhein-Neckar-Zeitung: sachliche, objektive Leser/-innen

S. 156

1 a) **Lösungsvorschlag**
Z. 1–22: Human Rights Watch veröffentlicht Studie über gefährliche Kinderarbeit in Bangladesch; massive Umweltverschmutzungen
Z. 23–34: Lederverarbeitung als großer Industriezweig (Abnehmer auf der ganzen Welt) in Bangladesch mit so schlechten Bedingungen, dass es oft zu Toten kommt
Z. 37–45: schlechte Bedingungen in vielen Billiglohnländern
Z. 46–72: Südwind-Institut bemüht sich um Sozialstandards, die aber auch nach Unterzeichnung der Unternehmen meist unterlaufen werden – die Lage ist noch immer prekär.

2 Die dargestellte Mindmap deckt den ersten Abschnitt ab.
„Gerbereien in Bangladesch" wird zum Hauptast einer Mindmap, die noch die folgenden weiteren Äste enthält:

Muster

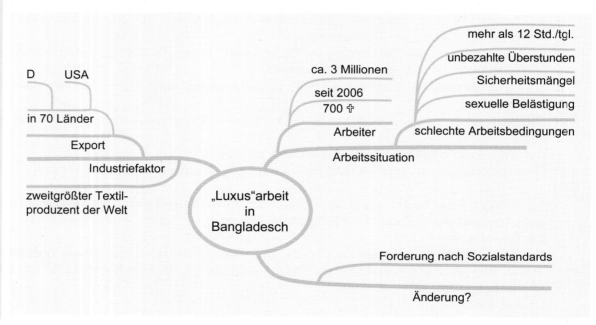

S. 158

3 Der Artikel wurde am 14.3.2012 in der Rhein-Neckar-Zeitung veröffentlicht. Er wurde von Christoph Slangen verfasst, der sich auf eine Studie der Universität Stuttgart beruft, die vom Ministerium für Verbraucherschutz in Auftrag gegeben wurde.

4 Es fehlen Angaben dazu, welche Lebensmittelmenge jeder Bundesbürger pro Jahr wegwirft und welchen Wert diese hat.
a) Es wäre auch eine Visualisierung durch Balken- oder Kreisdiagramme möglich.

5 Als Gründe werden angegeben: verdorbene Lebensmittel bzw. überschrittenes Haltbarkeitsdatum (84 %), zu viel eingekauft (28 %), zu große Packungen (19 %), schmeckt nicht (16 %).

5 mögliche Sachverhalte: Gründe für das Wegwerfen (vgl. oben); prozentualer Anteil an Bundesbürgern, die Lebensmittel wegwerfen, nach Einkommen; Entsorgung von Lebensmitteln durch Bundesbürger nach Bildungsabschluss.

S. 160

7 a) linkes Strukturbild: Die Kooperation zwischen Produzenten und Verbrauchern sowie der Prozess, der durch Fair Trade in Gang gesetzt wird, werden betont.
rechtes Strukturbild: Bauern und Plantagenarbeiter stehen im Fokus, Zuordnung der Begriffe nicht immer schlüssig.
b) Die eingefügten Bildelemente dienen der Verdeutlichung.

7 Das linke Strukturbild umfasst wesentlich mehr relevante inhaltliche Elemente als das rechte und stellt Zusammenhänge deutlicher dar.

S. 161

8 Muster

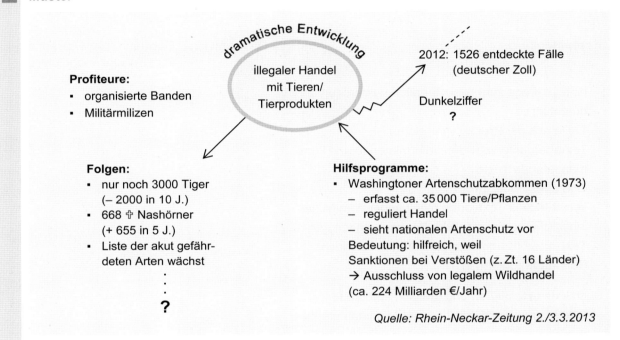

S. 162

1 Zielaufgabe
Vgl. dazu die Kommentare im Netz zu diesen Texten.

Zusätzliche Kopiervorlagen auf der CD-ROM

(Differenzierte) Arbeitsblätter
- 9.1 Inhalte visualisieren (leistungsdifferenziert) (KV 38)
- Fazitbogen zum Kapitel 9 (KV 39)

Klassenarbeit/Test
- Einen Kommentar verfassen (KV 40)

Name: Datum:

Fazitbogen zum Kapitel 9

CHECKLISTE	Leserbrief

- ☐ Habe ich, falls nötig, die passende Anrede gewählt?
- ☐ Habe ich das Thema benannt, wozu ich Stellung nehmen will?
- ☐ Habe ich einen Bezug zur Problematik hergestellt, auf die ich mich beziehe, und zum Thema hingeführt?
- ☐ Habe ich meinen Standpunkt klar formuliert?
- ☐ Habe ich meinen Standpunkt mit Argumenten gestützt?
- ☐ Habe ich zusammenfassend einen Ausblick gegeben oder Forderungen gestellt (appellativ)?

Kompetenz	Das kann ich	Das kann ich teilweise	Das kann ich noch nicht
– eine Umfrage zum Leseverhalten vorbereiten und durchführen – Texte aus der Presse analysieren – Textarten unterscheiden: informierende und kommentierende Texte – einen Leserbrief verfassen – verschiedene Textsorten miteinander vergleichen – inhaltliche und sprachliche Besonderheiten der Textsorten (Kommentar, Leserbrief, Nachricht, Reportage) erkennen			
Sachtexte erschließen und grafisch aufbereiten: – Textinformationen mithilfe einer Mindmap strukturieren – Diagramme zu Texten anfertigen – Strukturbilder zu informierenden Texten erstellen			

Kapitel 10: Argumentieren und Stellung nehmen

Vorbemerkung zum Kapitel

Relevanz für Alltag, Schule und Beruf

Erörterungen und Stellungnahmen werden in offiziellen Abschlussprüfungen verlangt und teilweise in Aufnahme- oder Aufstiegsprüfungen gefordert. Auch im Alltag spielen erörternde Schreibformen eine Rolle. Leserbriefe beispielsweise nehmen zu einem aufgeworfenen Problem Stellung. Auch bei der Schlichtung von Konflikten kann argumentierendes Schreiben gefragt sein. Den eigenen Standpunkt überzeugend zu vertreten und sich in andere Positionen hineindenken zu können sind Kompetenzen, die für eine Teilnahme am gesellschaftlichen Diskurs Voraussetzung sind.

Wer seine Meinung schriftlich durch überzeugendes Argumentieren vertreten kann, versteht auch Texte besser, die kritisch zu gesellschaftlichen Themen Stellung beziehen. Diese Fähigkeit kommt auch anderen Fächern wie etwa Sozialkunde zugute.

Aufbau des Kapitels/Lernzuwachs

Das Kapitel beginnt mit dem Aufbau eines guten Arguments. Die Schüler/-innen lernen, welche Argumenttypen es gibt. Sie lernen, einen Erörterungsaufsatz zu gliedern, eine Einleitung zu schreiben, den Hauptteil zu gestalten und den Schluss zu verfassen. Schließlich erarbeiten sie auf der Grundlage einer aktuellen und kontrovers auszulegenden Fragestellung einen vollständigen Aufsatz. Danach macht das Kapitel die Schüler/-innen mit dem Aufbau einer Stellungnahme und mit rhetorischen Strategien bekannt, bevor das Verfassen der Stellungnahme angeleitet wird.

Methodik, Didaktik, Differenzierung

Das Kapitel ist von einer deutlichen Progression geprägt. Eingangs wird das kleinste Element einer Erörterung thematisiert: das Argument. Über die Anordnung von Argumenten, um eigene Thesen belegen zu können, steigert sich der Schwierigkeitsgrad bis hin zum Verfassen einer Erörterung. Nach jedem Abschnitt der Erarbeitung bzw. Vermittlung wird das Wissen mithilfe eines GUT-ZU-WISSEN-Kastens gesichert. Zur schrittweisen Übung von Einleitung, Hauptteil und Schluss des Aufsatzes wird auf zu untersuchende Mustertexte und anderes Wortmaterial zurückgegriffen, das ein induktives Erfassen der Thematik ermöglicht. Schülernahe, lebensweltliche Themen steigern dabei die Motivation der Schüler/-innen, sich mit den argumentierenden Schreibformaten zu beschäftigen. Einige Aufgaben werden binnendifferenziert und mit verschiedenen Hilfestellungen angeboten.

Kompetenzen

Die Schülerinnen und Schüler
– kennen den Aufbau eines Arguments und finden eigene Argumente
– kennen und nutzen unterschiedliche Argumenttypen
– sammeln und ordnen Argumente und stellen sie gegenüber
– nutzen Argumentationsstützen
– können Argumente und Gegenargumente aus einer Textvorlage erarbeiten
– formulieren ihren eigenen Standpunkt
– kennen die Funktion von Einleitung, Hauptteil und Schluss eines Erörterungsaufsatzes
– gliedern einen Erörterungsaufsatz logisch
– verfassen einen Erörterungsaufsatz
– formulieren Argumente sprachlich korrekt
– kennen rhetorische Strategien und wenden sie an
– verfassen eine Stellungnahme

Argumentieren und Stellung nehmen

Aufgabenlösungen und methodisch-didaktische Hinweise

S. 164

1 **Hinweis**: Die Schüler/-innen erstellen aus unterschiedlichen Informationsquellen eine Übersicht. Ein freiwilliges soziales Jahr kann in folgenden Bereichen abgeleistet werden: im sozialen Bereich, in der Kultur, im Sport, in der Politik, in der Denkmalpflege und im ökologischen Bereich.
Der Austausch zu den jeweils recherchierten Informationen zwischen den einzelnen Gruppen erscheint sinnvoll, da gesichert sein wird, dass alle Schüler/-innen über den identischen Informationsstand verfügen.

2 z. B.:
These: *Ein Freiwilliges soziales Jahr in der Pflege dient dem Gemeinwohl.*
Begründung (Argument): *... weil junge Menschen Aufgaben in sozialen Einrichtungen übernehmen, die ansonsten personell unterbesetzt wären und die ihren Aufgaben so nicht gerecht werden könnten.*
These: *Ein freiwilliges soziales oder ökologisches Jahr reduziert bei Schülerinnen und Schülern den Entscheidungsdruck für die zukünftige Lebensplanung.*
Begründung (Argument): *... weil sich die einzelnen Jugendlichen nicht noch während der Schulzeit bezüglich der weiteren beruflichen Situation entscheiden müssen, sondern diese lebenswichtige Frage ein weiteres Jahr abwägen können.*
Argumentationsstütze: *In Deutschland nimmt die Zahl der Auszubildenden, die eine Ausbildung abbrechen, dramatisch zu (Frankfurter Rundschau, 26.07.2014).*

3 – Auf das soziale Jahr wird man durch Seminare vorbereitet und pädagogisch begleitet.
– 58 % der Personen nennen als Motivation für ihren Freiwilligendienst „etwas Sinnvolles tun"! Mit einigem Abstand folgen dann „etwas für das Gemeinwohl tun" (47 %) und „meine finanzielle Situation verbessern" (43 %). „Einblicke in die kulturelle Arbeit gewinnen", „berufliche Orientierung" und „neue Menschen kennenlernen" sind ebenfalls oft Beweggründe.

Ein ökologisches Jahr als „cool und wichtig" zu erachten beinhaltet keine sachlich nachvollziehbare Begründung für oder gegen dieses Projekt, sondern drückt eher die emotionale und sehr individuelle Sichtweise eines Interessierten aus.
Sachlichkeit, Logik und Kausalität sind entscheidende Komponenten einer sinnvollen Argumentation.

S. 165

4 z. B.:
– ... weil Krankenhäuser, Werkstätten für Behinderte, Pflegeeinrichtungen usw. einen Teil ihres Personals aus dem kostengünstigen zivilen Ersatzdienst rekrutieren werden. → ansonsten blieben zahlreiche soziale Einrichtungen unterbesetzt oder die Personalkosten würden explodieren.
– ... weil junge Menschen auf diese Weise zwangsläufig mit Berufsfeldern konfrontiert werden (z. B. Pflege), die sie ansonsten eher meiden. → Alter, Krankheit und Tod werden gerade von jungen Menschen aus ihrem Leben ausgeklammert. Eine frühzeitige Konfrontation mit Tätigkeiten in diesen Berufsfeldern führt zu einer Sensibilisierung auch für diese Themen.
– ... weil auf diese Weise alle jungen Menschen frühzeitig mit praktischer Arbeit und den damit verbundenen Belastungen der Arbeitswelt vertraut gemacht und somit entsprechend sozialisiert werden (z. B. anstelle eines sofortigen Studiums). → angehende Ärzte/Ärztinnen, die in der Regel einen sehr guten Abiturabschluss haben, bekommen einen vollkommen anderen Blick für ihr künftiges Berufsfeld, wenn sie im Rahmen eines sozialen Jahres pflegerische Aufgaben wahrnehmen müssen.

5

Pro-Argumentation	Kontra-Argumentation
– Der zwangsweise durch die Maßnahmen stattfindende Generationenaustausch ist wünschenswert und notwendig. **A-stütze:** – Auf diese Weise kann zudem der Pflegenotstand abgemildert werden. – Das FSJ ist ein Dienst mit Pflichten! – Der/Die Dienstmachende hat die Gelegenheit, sich auszuprobieren und zu reflektieren. **A-stütze:** – Auf diesem Wege erhalten junge Menschen eine gute Chance, ein Gefühl für sich und die Belange anderer Menschen zu entwickeln, Empathie und Teamgeist werden gefördert.	– Auch das Pflicht-FSJ wird wieder Ungerechtigkeiten schaffen, weil viele Jugendliche eines Jahrgangs verschont bleiben werden. **A-stütze:** – Vergleiche zum abgeschafften Zivildienst belegen, dass teilweise nur noch die Hälfte eines Jahrgangs eingezogen wurden, was die geäußerte Befürchtung belegt. – Statt zu einer sozialen Arbeit gezwungen zu werden, ist es besser, dass diejenigen, die sich für diesen Bereich interessieren, eine Ausbildung in diesem Berufsfeld machen. **A-stütze:** – Qualitativ gute Arbeit kann nur geleistet werden, wenn durch eine qualifizierende Ausbildung fundierte Grundkenntnisse in den zu verrichtenden Tätigkeiten vermittelt werden.

S. 166

1 a)

Pro-Argumente zum sozialen Pflichtjahr	Kontra-Argumente zum sozialen Pflichtjahr
Der zivile Ersatzdienst stellte eine sinnvolle Beschäftigung für die Schulabgänger dar. Nach dessen Abschaffung sollte deshalb das soziale Jahr an dessen Stelle treten.	Man kann niemanden zwingen, soziale Arbeiten mit Menschen zu verrichten.
In Deutschland herrscht akuter Pflegekräftemangel, der sich noch verschärfen wird. Ein gesellschaftlicher Notstand wird durch die Einführung eines Pflichtjahres gelindert.	Allein auf ein Konzept zu einem sozialen Pflichtjahr darf niemand setzen. Im Fall der Einrichtung eines verpflichtenden sozialen Jahres muss es Alternativen in anderen Bereichen geben.
Ein gut durchdachtes Konzept in Bezug auf das soziale Pflichtjahr könnte hilfreich wirken.	Statt an die Einführung eines sozialen Pflichtjahres zu denken, sollte die Anzahl professioneller Pflegekräfte deutlich erhöht werden.

b) Der Verfasser unterteilt den Artikel in zwei Blöcke. Er zitiert zunächst mit dem Pflegeexperten Zylajew und dem Johanniterbund zwei Befürworter der Einführung eines sozialen Pflichtjahres. Auf der Basis der Formulierung *„Allerdings gibt es auch kritische Stimmen"* leitet er dann zu kritischen Beiträgen über, die hier von dem Gesundheitsexperten Karl Lauterbach (SPD) vorgetragen werden.

Diese Anordnung verdeutlicht in etwa das Blockprinzip einer dialektischen Erörterung. Allerdings bleibt einschränkend zu bemerken, dass auch der Befürworter Zylajew relativierend bemerkt, man benötige ein durchdachtes Konzept, schließlich könne man niemanden zum Dienst am Mitmenschen zwingen. Dieser Hinweis ist im Sinne des Aufbaus einer dialektisch zu führenden Auseinandersetzung als Kontra-Argument zu werten und müsste nach dem Blockprinzip den kritischen Bemerkungen Lauterbachs zugeordnet werden.

Argumentieren und Stellung nehmen

c) Der Verfasser äußert sich in seiner Einleitung zu diesem Artikel, indem er zwei Thesen aufstellt: „*In Deutschland herrscht akuter Pflegekräftemangel* (I) *– und der Pflegenotstand wird sich noch verschärfen.*" (II)
Aus diesen Thesen ergibt sich die Frage nach dem Nutzen der Einführung eines sozialen Pflichtjahres. Der Verfasser positioniert sich bezüglich dieser Fragestellung nicht, sondern stellt unterschiedliche Auffassungen dar, indem er Experten zitiert.

2 a)

Thesen	Pro-Argumente	Kontra-Argumente
Der zivile Ersatzdienst war eine sinnvolle Einrichtung. Er sollte in einer anderen Form wieder eingeführt werden.	Ein gesellschaftlicher Notstand wird gelindert.	Nicht jeder kann in sozialen Berufen arbeiten, weil diese eine besondere Nähe zu Menschen erfordern.
Die Daten zur demografischen Entwicklung zeigen, dass es in Deutschland zu einem katastrophalen Pflegenotstand kommen wird.	Junge Menschen sollten sich für die Gesellschaft, in der sie leben, einsetzen und etwas für diese leisten.	Es gibt Menschen, die diese Arbeit aus physischen und/oder psychischen Gründen nicht verrichten können.
	Es ist für jeden Einzelnen sehr bereichernd, Menschen zu helfen und erste Erfahrungen im Berufsleben zu sammeln.	Man sollte niemanden dazu verpflichten, ein Jahr eine Tätigkeit zu verrichten, die diese Person für ihre Zukunft niemals eingeplant hatte.
	Soziale Tätigkeiten geben dem Leben einen Sinn.	Der Pflegeberuf wird so niemals aufgewertet werden können und immer unterbezahlt bleiben.
	Ein soziales Pflichtjahr kann der Berufsfindung dienen.	Stellen für gut ausgebildete Pflegekräfte werden nicht besetzt, da ausreichend preiswertes Hilfspersonal vorhanden ist.
	Die eingesparten Lohnkosten könnten für andere wichtige Sozialbereiche eingesetzt werden.	Die Qualität der Pflege sinkt, da sie zunehmend von Hilfskräften ausgeführt werden wird.

b) z. B.:
Ich persönlich denke, dass junge Menschen sich für die Gesellschaft, in der sie leben, einsetzen sollen./Sicherlich sollten junge Menschen sich für die Gesellschaft, in der sie leben, einsetzen, allerdings vertrete ich die Auffassung, dass dazu niemand gezwungen werden darf, sondern dass diese Dinge auf freiwilliger Basis geschehen sollten.

Ich sehe das Problem so: Ein soziales Pflichtjahr kann den Pflegenotstand lindern./Entscheidend ist meiner Meinung nach jedoch, dass dieser quantitative Ausgleich zu einem qualitativen Defizit und somit zu keiner Lösung führen wird.

Ich finde schon, dass es für jedes Individuum sehr bereichernd ist, Menschen zu helfen./Allerdings bleibt zu bedenken, dass es Menschen gibt, die bestimmte Tätigkeiten aus physischen und/oder psychischen Gründen einfach nicht verrichten können. …

Argumentieren und Stellung nehmen

S. 167

1 Ausgangsfrage: Ist ein soziales Pflichtjahr sinnvoll?

2 Hinweis

Der erste Mustertext leitet über eine denkbare Unterrichtssituation zum Thema, schafft mithin einen realen und nachvollziehbaren Bezug für die Schüler/-innen und knüpft an eigene Lebenserfahrungen an. Diese Einleitung verdeutlicht somit, dass die Schüler/-innen bereits über Vorkenntnisse zur fraglichen Thematik verfügen müssen; sie können unterschiedliche Auffassungen bereits verifizieren. Der Ansatz geht aber über die reine Hinführung zum Thema hinaus, weil er nicht zentral auf die Ausgangsfrage ausgerichtet ist.

Mustertext zwei bleibt auf einer allgemeineren Ebene. Hier werden Fakten angesprochen, die zur Ausgangsfrage hinführen, werden doch sowohl Pro- als auch Kontra-Argumente bereits thematisiert („[…] schelle Lösungen gefunden zu haben./Dies kann **aber** auch […]“). Auf diese Weise entsteht ein Spannungsgefüge, das auch beim Leser Gedanken zur möglichen Lösung der Problemstellung provoziert. Mustertext zwei erscheint daher angemessener.

3 Muster

Seit 2001 bekommen Mädchen die Gelegenheit, einmal im Jahr männerdominierte Berufe näher kennenzulernen. Im Rahmen dieses Berufsorientierungsprojektes, das Girl's Day genannt wird, sollen Mädchen an zukunftsweisende Tätigkeiten im technischen, naturwissenschaftlichen und handwerklichen Bereich herangeführt werden. Im Jahr 2011 wurde neben dem Girl's Day auch ein Boy's Day etabliert.

Das Angebot wird zwar generell gut angenommen, doch sind nicht alle glücklich mit der Umsetzung und der Zielrichtung und fragen nach dem praktischen Nutzen dieser Berufsorientierungstage.

Muster

Im Jahr 2013 gab es in Deutschland erstmals mehr Studienanfänger als Auszubildende. Die jungen Menschen, vor allem wohl auch ihre Eltern, scheinen davon auszugehen, dass Akademiker über bessere Karrieremöglichkeiten verfügen und folglich im beruflichen Leben materiell bessergestellt sind und seltener arbeitslos werden. Unterschiedliche Berufsverbände, vor allem die Handwerkskammern, vertreten eine vollkommen andere Position. Neben der Tatsache der sehr hohen Zahl der Studienabbrecher (über 30 %) weisen sie auf die guten Karrierechancen im Handwerk hin.

S. 168

4 a) Des Weiteren ist auch von Bedeutung, dass …
Zudem sollte nicht übersehen werden, dass …
Auf keinen Fall darf vergessen werden, dass …

109

Argumentieren und Stellung nehmen

5 **Muster**

Die Einführung eines sozialen Pflichtjahres würde ein zusätzliches Potenzial an Personal schaffen, was in quantitativer Hinsicht zu einer besseren Betreuungsversorgung führen wird. Da auch Verrichtungen wie das Vorlesen, Spazierengehen und die persönliche Ansprache bei der Betreuung von Pflegebedürftigen von zentraler Bedeutung sind, könnte das zusätzliche Personal für derartige Tätigkeiten herangezogen werden. Denn den ausgebildeten Fachkräften fehlt es dafür häufig an Zeit. Gerade aber alte und kranke Menschen bedürfen einer hohen Zuwendung, sodass dieses aktuelle Defizit durch die Hilfskräfte aus dem sozialen Pflichtjahr aufgefangen werden könnte.

Des Weiteren muss bedacht werden, dass die Menschen in Deutschland immer älter werden und schon aus diesem Grunde die Kapazität des aktuellen Pflegepersonals nicht zur Versorgung ausreichen wird. Der Personalaufwand wird steigen, was folglich auch zu steigenden Personalkosten führen wird. Die Pflege wird immer teurer, darf jedoch auf keinen Fall zum Luxus werden. Der Staat muss hier seiner sozialen Aufgabe gerecht werden.

Ein soziales Pflichtjahr könnte die Personalkosten dämpfen und somit einen Beitrag für eine finanzierbare Versorgung pflegebedürftiger Menschen erbringen.

Nicht zu vernachlässigen ist die Tatsache positiver Einflüsse eines sozialen Pflichtjahres auf die Sozialisation junger Menschen. Die Belastbarkeit wird trainiert, die Teamarbeit geschult und man lernt, sich auf andere, vor allem hilfsbedürftige Menschen einzustellen. Diese Kompetenzen sind in nahezu allen Berufen gefragt, sodass die Absolventen des Pflichtjahres in ihrem weiteren Werdegang davon profitieren können.

Zahlreiche ehemalige Zivildienstleistende schwärmen trotz der vormals sehr hohen Belastungen von dieser Zeit und den Erfahrungen, die sie ins weitere Leben mitnehmen konnten. Nicht wenige entschieden sich gerade wegen des abgeleisteten Zivildienstes für ein Medizinstudium oder für den Pflegeberuf.

S. 169

6 **Mustertext 1**
Der Text führt die eigene Position nochmals aus und nimmt das wichtigste Argument erneut auf. Die Ausführlichkeit, in der das geschieht, ist für einen Schlussteil nicht unbedingt passend. Besser wäre eine prägnantere Zusammenfassung. Der letzte Satz beinhaltet eine Art Appell zur Übernahme sozialer Verantwortung und darf diesbezüglich als gelungen bezeichnet werden.
Mustertext 2
Der Text enthält einen Positionswechsel. Im Hauptteil wurde offensichtlich ausgeführt, welche Gründe für das soziale Pflichtjahr sprechen. Im Schlussteil werden nun neue Argumente dagegen ausgeführt.

7 Der Schluss muss zum Hauptteil passen.
Muster

> Aus den genannten Gründen halte ich die Einführung eines sozialen Pflichtjahres für ausgesprochen sinnvoll. Der Lernzuwachs in der Theorie und Praxis ist sehr hoch – ein Faktor, der für die Persönlichkeitsentwicklung junger Menschen und für das spätere Berufsleben von zentraler Bedeutung sein kann. Außerdem kann das soziale Pflichtjahr der zunehmenden Entwicklung von individuellen Egoismen entgegenwirken, weil soziales Denken und Handeln geschult werden. Auf diese Weise entsteht bei jungen Menschen ein Bewusstsein für den Stellenwert von Pflege in der Gesellschaft und für die Tatsache, dass jeder Mensch pflegebedürftig werden kann.

8 **Hinweis:** Die Schüler/-innen haben zahlreiche Pro- und Kontra-Argumente erarbeitet und verfügen nunmehr über umfangreiches Material für die Anfertigung einer dialektisch zu führenden Auseinandersetzung nach dem Blockprinzip.

Aus Gründen der Kausalität muss die Meinung, die der Verfasser/die Verfasserin letztlich vertreten will, auch argumentativ stärker betont und in den zweiten Teil des Hauptteils gestellt werden.

Mögliche Gliederung des Aufsatzes nach dem Blockprinzip:

Halten Sie die Einführung eines sozialen Pflichtjahres für jugendliche Schulabsolventen für sinnvoll?

I EINLEITUNG
Immer mehr Pflegeeinrichtungen klagen seit dem Wegfall des Zivildienstes über Personalmangel. Manche Experten und Politiker meinen, eine einfache und schnelle Lösung gefunden zu haben: Alle Schulabgänger sollen ein soziales Pflichtjahr absolvieren. Dieses Vorhaben kann aber sehr wohl auch zu Problemen führen.

II HAUPTTEIL
Die Einführung eines sozialen Pflichtjahres hat sicherlich positive Folgen, kann aber auch sehr nachteilige Auswirkungen haben:
1 Statt zu einer sozialen Arbeit gezwungen zu werden, ist es besser, dass diejenigen, die sich für diesen Bereich interessieren, darin eine Ausbildung absolvieren.
2 Das Pflicht-FSJ wird neue Ungerechtigkeiten schaffen, weil – ähnlich wie es beim zivilen Ersatzdienst auch war – einige Jugendliche davon befreit wären.
3 Die Qualität der Pflege sinkt, da die Pflegetätigkeiten zunehmend von Hilfskräften ausgeführt werden.

Jede Medaille hat auch ihre Kehrseite. Selbstverständlich gibt es auch Argumente, welche für die Einführung des sozialen Pflichtjahres sprechen:
1 Der zwangsweise durch die Maßnahmen stattfindende Generationenaustausch ist wünschenswert und notwendig.
2 Das FSJ ist ein Dienst mit Pflichten! Er ermöglicht sich auszuprobieren und die eignen Vorhaben und Fähigkeiten zu reflektieren.
3 Soziale Tätigkeiten geben dem Leben einen Sinn.
4 Die eingesparten Lohnkosten könnten für andere wichtige Sozialbereiche eingesetzt werden.

III SCHLUSS
Aus den genannten Gründen halte ich die Einführung eines sozialen Pflichtjahres für ausgesprochen sinnvoll. Der Lernzuwachs in der Theorie und Praxis ist sehr hoch, ein Faktor, der für

Argumentieren und Stellung nehmen

die Persönlichkeitsentwicklung junger Menschen und für das spätere Berufsleben von zentraler Bedeutung sein kann. Außerdem kann das soziale Pflichtjahr der zunehmenden Entwicklung von individuellen Egoismen entgegenwirken, weil soziales Denken und Handeln geschult werden. Auf diese Weise entsteht bei den jungen Menschen ein Bewusstsein für den Stellenwert von Pflege in der Gesellschaft und für die Tatsache, dass jeder Mensch pflegebedürftig werden kann.

S.170

2 z. B.: Welche Organisationen sind hilfreich?, Wie viel kann man verdienen?, Wie ist man versichert?, Wie lange kann man wo bleiben?

3 a) **Für einen Auslandsaufenthalt spricht:**
(a) Die vielfältigen und neuen Eindrücke bereichern und bilden die eigene Persönlichkeit.
(b) Die Sprachfertigkeit und die Kommunikationsfähigkeiten werden verbessert.
(c) Auslandsaufenthalte verschaffen nach der Rückkehr einen Wettbewerbsvorteil bei der Wahl der Arbeitsplätze.
(d) Zunehmend mehr Personalchefs fordern gute Sprachkenntnisse in der Fremdsprache und erwarten auch zum Teil Auslandsaufenthalte.
(e) Eventuell lässt sich im Ausland auch ein zukünftiger gut dotierter Arbeitsplatz finden.
(f) Die Zeit wird als Wartezeit vor dem Studium oder als berufliches Vorpraktikum anerkannt.
Oberbegriffe: Persönlichkeitsbildung (a); Sprachkenntnisse verbessern (b) (d); berufliche Vorteile (c) (d) (e) (f)

Gegen einen Auslandsaufenthalt spricht:
(a) Eventuell verliert man ein Jahr in der Schule, das unter Umständen nachgeholt werden muss.
(b) Nicht jeder junge Mensch verfügt über die psychische Stabilität, sich bereits in frühen Jahren sehr weit vom Elternhaus zu lösen.
(c) Unter Umständen können die Kosten des Auslandsaufenthaltes nicht finanziert werden.
(d) Es gibt zahlreiche formale Angelegenheiten, die bedacht und zeitaufwendig geregelt werden müssen (Krankenversicherung usw.).
Oberbegriffe: persönliche Belastungen (b); berufliche Nachteile (a); Kosten, formale Fragen (c) (d)

S.171

5 a) Der Verfasser begrüßt es, dass junge Menschen im Ausland arbeiten wollen.
b) **Vorwegnahme eines möglichen Gegenargumentes:**
Jugendliche, die für einige Zeit ins Ausland fliegen, um dort zu arbeiten, retten natürlich nicht die Welt. Natürlich gibt es auch hier schwarze Schafe.
(Schein)lob des Gegners: Das sehen diejenigen vollkommen richtig, die eine Arbeit im Ausland nicht gut finden.
Bescheidene Selbstdarstellung: Auch wenn ich nur wenige Monate im Ausland verbracht habe, kann ich nur Positives berichten.

6 a) Angesichts zunehmender internationaler Geschäftsbeziehungen sind Aufenthalte im Ausland bestimmt sinnvoll, um gute Kenntnisse in den Fremdsprachen zu erwerben. Dennoch muss ich sagen, dass gute Sprachkenntnisse auch in der Schule erworben werden können.

Diejenigen, die dies schon einmal erlebt haben, wissen, wovon sie sprechen. Deshalb möchte ich noch einmal ganz deutlich zum Ausdruck bringen, dass junge Menschen bedenken sollten, dass die Trennung von der Familie und den Freunden eine sehr hohe Belastung darstellen kann.

Es kann doch nicht sein, dass wegen finanzieller Engpässe bestimmte Jugendliche vom Auslandsaufenthalt ausgeschlossen werden. Deshalb behaupte ich, dass für diese Fälle staatliche Förderprogramme geschaffen werden müssen.

7 individuelle Lösung, die Argumente aus Aufgabe 3, S. 170 berücksichtigen sollte

S. 172

1 Zielaufgabe

Die erforderlichen Grundlagen für die Bearbeitung der einzelnen Komponenten der Zielaufgabe im Rahmen des Kompetenzchecks sind dem Gesamtkapitel zu entnehmen. Die Schüler/-innen sind gehalten, sich erneut der einführenden Aufgabe in dieses Kapitel zu widmen und auf dieser Basis die Möglichkeiten der schulischen und beruflichen Möglichkeiten sowie der Durchführung eines freiwilligen sozialen Jahres (BFD, FSJ, FÖJ) oder eines Auslandspraktikums auf einer Wandzeitung festzuhalten.

Auf der Grundlage der nunmehr auch sichtbaren Informationen über die unterschiedlichen Möglichkeiten stellen sich die Schüler/-innen dann den vorgegebenen Thesen, die sie durch Pro- und Kontra-Argumente festigen oder hinterfragen, um auf diesem Wege eigene Standpunkte darzulegen.

Denkbar ist, die Arbeit an diesen Aufgaben in Gruppen durchführen zu lassen. Dabei ist nicht auszuschließen, dass es innerhalb der Arbeitsgruppen zu kontroversen Auffassungen bezüglich der Fragestellung kommt. Der/Die Lehrende kann in diesem Zusammenhang darauf bestehen, dass die Arbeitsgruppe zu einem einheitlichen Ergebnis gelangt. Dieser Prozess würde den zentralen Aspekt der dialektischen Erörterung nochmals in den Fokus rücken, nämlich kontrovers zu diskutieren, aber überzeugend aufzutreten, um die eigene Position durchzusetzen (*Wer hat die besseren Argumente? Wer kann am besten überzeugen? …*).

Allerdings bedarf ein derartiges Vorhaben sicherlich einer engen Betreuung durch die Lehrkraft, damit wahrscheinliche Konflikte zwischen den Mitgliedern der Arbeitsgruppe nicht eskalieren und die Zusammenarbeit behindern.

Die Ergebnisse dieser Arbeitsphase könnten für alle Schüler/-innen der Schule ausgestellt werden.

Zusätzliche Kopiervorlagen auf der CD-ROM

(Differenzierte) Arbeitsblätter
– 10.1 Eine Stellungnahme verfassen (leistungsdifferenziert) (KV 41)
– 10.2 Argumentationsstützen und Argumentationsgewichtung (KV 42)
– 10.3 Eine Erörterung nach dem Blockprinzip vorbereiten (KV 43)
– Fazitbogen zum Kapitel 10 (KV 44)

Klassenarbeit/Test
– Eine Stellungnahme verfassen (KV 45)
– Korrekturraster zur Klassenarbeit (KV 45)
– Eine Erörterung nach dem Block- oder dem Reißverschlussprinzip verfassen (KV 46)
– Korrekturraster zur Klassenarbeit (KV 46)
– Musteraufsatz (KV 46)

Name: Datum:

Fazitbogen zum Kapitel 10

CHECKLISTE	Eine Stellungnahme überarbeiten

☐ Weckt die Einleitung Interesse und leitet zum Thema hin (z. B. durch ein aktuelles Beispiel, eine persönliche Erfahrung, interessante Zahlen)?
☐ Nenne ich den Anlass, warum ich die Stellungnahme verfasse?
☐ Ist die Einleitung kurz und prägnant?

Hauptteil/Argumentation
☐ Habe ich genügend Argumente genannt?
☐ Begründen meine Argumente überzeugend meinen Standpunkt?
☐ Gibt es sinnvolle Abschnitte?
☐ Sind meine Argumente anschaulich belegt (Argumentationsstützen)?
☐ Sind die Argumente sprachlich sinnvoll verknüpft?
☐ Ist die Anordnung meiner Argumente schlüssig und korrekt (steigernd; das stärkste Argument steht am Schluss)?

Schluss
☐ Ist ein Fazit zu erkennen, wird evtl. ein Ausblick auf die Zukunft gegeben?
☐ Werden keine neuen Argumente eingeführt?

Allgemeiner Aufbau
☐ Sind Einleitung, Hauptteil und Schluss deutlich zu unterscheiden?
☐ Gibt es sinnvolle Abschnitte?

Kompetenz	Das kann ich	Das kann ich teilweise	Das kann ich noch nicht
– Aufbau eines Arguments kennen und eigene Argumente formulieren – Argumenttypen kennen und nutzen – einen Leserbrief analysieren – einen eigenen Leserbrief verfassen			
– Argumente finden und korrekt formulieren – Argumente steigernd anordnen – den Aufbau einer Stellungnahme kennen – die Ausgangsfrage verstehen – eine Stellungnahme verfassen – eine Schreibkonferenz durchführen – die Stellungnahme anhand einer Checkliste überprüfen			
– eine Erörterung untersuchen – den Aufbau einer Pro- und Kontra-Argumentation kennen – Pro- und Kontra-Argumente formulieren – einen Erörterungsaufsatz verfassen			

Kapitel 11: Sich zu einem Text positionieren

Vorbemerkung zum Kapitel

Relevanz für Alltag, Schule und Beruf

Viele Texte fordern die Leser/-innen dazu heraus, sich mit ihnen auseinanderzusetzen. Ihre Verfasser/-innen wollen durch die Argumentation, bisweilen unterstützt durch den bewussten Einsatz sprachlicher Mittel, überzeugen. Nicht alles anzunehmen bzw. zu übernehmen, was einem angeboten wird, ist ein wichtiges Bildungsziel, das den kritischen und mündigen Bürger in den Fokus stellt. Offen zu sein für gesellschaftspolitische Themen, etwas zu hinterfragen, seine Meinung zu vertreten, das sind elementare Fähigkeiten der Bürger/-innen in einer gelebten Demokratie. Die Relevanz der Thematik für Alltag, Beruf und Schule ist somit unumstritten. Gerade das Konsumverhalten lädt zu einer Auseinandersetzung ein.

Aufbau des Kapitels/Lernzuwachs

Ein Interview mit Stéphane Hessel, der zur „Kultfigur" der jüngsten Zeit wurde und sich in seinem bekannten Werk „Empört Euch!" für die Rückbesinnung auf die Werte der Résistance ausspricht, steht am Anfang des Kapitels. An einem schülernahen Beispiel leitet das Kapitel zur Zielgruppe der Jugendlichen über. Aktuelle Texte zu dem Themenbereich Konsum bzw. Konsumverhalten laden zur Auseinandersetzung und Positionierung ein.
Dabei gilt es zunächst, diese Texte zu erschließen und wiederzugeben. An einem Muster wird noch einmal verdeutlicht, was dabei zu berücksichtigen ist.
Die inhaltliche und wenn möglich sprachliche Analyse eines Textes bildet die Basis für die eigene Positionierung.
Bei der abschließenden Zielaufgabe recherchieren die Schüler/-innen selbst nach Kommentaren zu dem vorgegebenen Themenschwerpunkt und schreiben dazu eine Stellungnahme.

Methodik, Didaktik, Differenzierung

Nach einem lockeren, spielerischen Einstieg durch das Bilden einer Meinungslinie werden bei der Analyse von Texten zwei Lesemethoden angeboten und konkret angewandt (reziproke sowie 5-Schritt-Lesemethode/ÜFLAZ).
Die reziproke Lesemethode fördert die Kooperation der Schüler/-innen und gibt dem/der Einzelnen auch Raum, unterschiedliche Aufgaben auszuüben. Eine systematische und konstruktive Auseinandersetzung mit Meinungen und Argumenten, die in den Texten dargelegt sind, ist wichtig und bedarf ständigen Übens.
Dieses Kapitel bietet etliche Start- und Formulierungshilfen an, die gerade die schwachen Schüler/-innen bei der Bewältigung der Aufgaben unterstützen.

Kompetenzen

Die Schülerinnen und Schüler
– wenden Lesetechniken und Strategien zielgerichtet an
– analysieren argumentative Text
– nehmen begründet Stellung
– überzeugen in einem selbst verfassten Kommentar andere von ihrer Position

Sich zu einem Text positionieren

Aufgabenlösungen und methodisch-didaktische Hinweise

S. 174

1 a) Aufruf zur Auflehnung gegen Missstände
Hintergrundinformation:
Stéphane Hessel (1917–2013)
Vater: Franz Hessel (deutscher Schriftsteller, jüdische Bankiersfamilie), Mutter: Helen Grund (Journalistin); seit 1937 französischer Staatsbürger
zu Beginn des Zweiten Weltkriegs Offizier der französischen Armee, Festnahme, Flucht nach London, Anschluss an die Résistance, Verhaftung und Deportation nach Buchenwald
6. April 1945: Flucht aus einem Zug nach Bergen-Belsen
1946: Büroleiter des UN-Vize-Generalsekretärs Henri Laugier (UN-Menschenrechtskommission), vermittelte im Auftrag der UNO und des französischen Außenministeriums in Konflikten, 2001 Mitbegründer des „Collegium international".
Unter dem folgenden Link finden sich einige Nachrufe:
http://www.zeithistorische-forschungen.de/Portals/_ZF/documents/pdf/2011-1/Nachrufe_Stephane_Hessel.pdf

S. 175

3 a) Hessel sieht vor allem zwei große Gefahren: die Ungerechtigkeit bei der Verteilung der Güter weltweit sowie die wachsende Kluft zwischen Arm und Reich (Z. 36 ff.). Hinzu kommt eine gleichgültige Haltung vieler Menschen (Z. 4 ff.).
b) Die Gefahr besteht, dass sich die Empörung gegen etwas richtet, das Hessel wichtig ist. Er fühlt sich auch verantwortlich für die Wirkung, die sein Buch hat.

4 a) Max setzte sich dafür ein, dass seine Mitschülerin in Deutschland bleiben darf und nicht abgeschoben wird.
b) Max und seine Klasse schalteten Medien ein (z. B. das Hamburger Abendblatt) oder nutzten diese (erstellten eine Facebook-Seite), verfassten eine Petition (12 000 Unterschriften) und demonstrierten.
b) Dieses Beispiel ist durchaus im Sinne Hessels zu sehen. Max ist über seine Empörung hinaus engagiert und aktiv. Sein Einsatz gründet darauf, dass für ihn Grundwerte der Demokratie verletzt worden sind.

S. 176

2 Es wird z. B. nicht unterschieden, mit wem man etwas teilt. Das kann bei manchen Dingen von Bedeutung sein, da unterschiedlich große Hemmschwellen vorhanden sind. Ebenso fehlt eine Differenzierung zwischen geistigen/gedanklichen Gütern und Dingen des Alltags.

Pro	Kontra
Reduktion/Verteilung der Kosten	oft fehlende Verantwortungsbereitschaft (Anonymität)
sparsamerer Umgang mit Ressourcen	Haftungsfrage bei Schäden
mehr Flexibilität und Mobilität	Teilen ist auch ein Geschäft
sozialer Akt	Sauberkeit und Hygiene bei körpernahen Gegenständen sind evtl. nicht gewährleistet.

S. 178

1 „Die Autorin ist der Meinung, dass Shareconomy den Beteiligten viele Vorteile bietet, wenn sie gut zusammenarbeiten."
Bei den anderen Beispielen werden nur Teilaspekte angeführt.

2 **b)** sei (Z. 3), seien (Z. 5), hätten (Z. 5), seien (Z. 6), erleichtert werde (Z. 8), müssten (Z. 9), lohne (Z. 10), bedeute (Z. 11), müsse (Z. 12), geteilt werde (Z. 12), schließe (Z. 12)

S. 179

3 **a)**
1. Die Autorin sagt, das Internet habe den Austausch erleichtert.
2. Wer die Anstöße aus der Shareconomy nur mutig genug weiterentwickle, der finde womöglich auch Antworten auf ganz grundlegende Fragen der Zukunft.
3. Es lohne sich, darüber nachzudenken.
4. Das werde zwangsläufig zu Konflikten führen und könne nur gelingen, wenn man einander vertraue.

4 **a)** Die Autorin stellt dar, ... (Z. 7).
b) Die Autorin meint/macht deutlich/betont/hebt hervor, dass ...
c) dass

S. 180

1 **b)** Sie wollen auf das Schließen von Geschäften, was zur Verödung von Fußgängerzonen führt und den städtischen Raum weniger belebt, aufmerksam machen.

S. 181

3 **Muster**

> Sven Hahn schreibt in seinem Kommentar „Der Preis ist nicht alles" in der Stuttgarter Zeitung vom 30.01.2014 über die Folgen des Internethandels.
> Zum Anlass nimmt er eine Aktion von Geschäftsleuten in Botnang, die die Schaufenster ihrer Geschäfte verhüllt haben. Er stellt die These auf, dass ein funktionierender Einzelhandel für die Lebensqualität vor Ort wichtig sei. Zwar sei der Preis für Angebote im Internet oft günstiger, aber Geld sei eben nicht alles.

4 Der Verfasser begrüßt die Aktion der Bottnanger Geschäftsleute (Z. 8), stellt die These auf, dass ein funktionierender Einzelhandel von großer Bedeutung sei (Z. 12), und belegt dies mehrfach (Z. 13 ff.).

5 maßgeblicher Anteil am kommunalen Leben:
  – Spendentätigkeit
  – Organisation und Durchführung von Veranstaltungen
  – Angebot an Praktika
  – Relevanz für lokale Dienstleister

5 z. B.: Arbeitsplätze, Ware kann „in natura" betrachtet werden, Beratung, Reparatur, kein lästiges Reklamieren (Ware zurücksenden)

6 a) z. B.: Ware bisweilen günstiger, kein Warten oder Drängeln an der Kasse, bequem von zu Hause aus einkaufen, größere Auswahl, außerhalb der üblichen Geschäftszeiten einkaufen

7 die Kritik der Position der Autorin/ des Autors:	Ich begrüße/befürworte, dass … Ich trete dafür ein, dass … Ich setze mich dafür ein, dass … Ich favorisiere … Aus meiner Sicht …
die Darlegung der eigenen Position:	Dem steht entgegen (gegenüber), dass … Ich kann nicht nachvollziehen, dass … Es ist unhaltbar, zu behaupten, dass …
die Begründung der eigenen Position:	Das wird daran deutlich, dass … Man sollte darüber hinaus im Auge behalten, dass …

S.182

8 **Hinweis:** vgl. dazu auch http://www.buylocal.de

9 **Hinweis:** vgl. dazu auch die Kommentare zu Hahns Artikel
http://www.stuttgarter-zeitung.de/inhalt.kommentar-zum-einzelhandel-in-stuttgart-der-preis-ist-nicht-alles.b3396eb3-b8fa-476b-81db-2e77d95f3784.html

S.183

3 a) Nuhr will damit auf die Vielzahl von Internetpetitionen aufmerksam machen.
b) Die Internetpetitionen werden als undemokratisch angesehen, gar als eine Form von Lynchjustiz.

5 Satzbau: Ellipsen, z. B.: „Schon erstaunlich." (Z. 1), „Nicht mal zum Durchatmen." (Z. 4)
rhetorische Fragen, z. B.: „Was bringen diese oft sinnbefreiten Meinungsäußerungen?" (Z. 13 f.),
„Doch gilt das auch für Shitstorms, also Stürme der Entrüstung, die sich, oft begleitet von wüsten Beschimpfungen, entladen? Handelt es sich dabei in Wahrheit nicht eher um eine moderne Form der Steinigung?" (Z. 20 ff.)
umgangssprachliche Ausdrücke: „wie blöd" (Z. 5)
englische Einschübe/Anglizismen, z. B.: „gemailt, gechattet, getwittert, gepostet, gesurft, gebloggt" (Z. 5 f.), „Mob-Bildung" (Z. 29)
Wiederholungen: z. B.: „irgendjemand irgendeinen Aufruf gegen irgendwas" (Z. 16 f.)
Personifikation: „das hungrige Internet […] gemästet." (Z. 6 f.)

S. 185

1 **Muster**

Der Kommentar „Kultur des Teilens - Die Sinn-Gesellschaft" von Sibylle Haas ist am 22./23.12.2012 in der Süddeutschen Zeitung erschienen. Die Autorin macht deutlich, dass es vielen Menschen wichtiger ist, durch ein Ehrenamt etwas Sinnvolles zu tun, als oberflächlich Spaß zu haben.

Mit unwahrscheinlich wirkenden, aber wahren Beispielen zeigt die Autorin zunächst, auf welch seltsame Ideen manche Menschen kommen, wenn sie anderen eine Freude machen wollen. Dem gegenüber steht aber ein Drittel der Bundesbürger, das sich regelmäßig ehrenamtlich engagiert. Mit dieser Zahl liegt Deutschland im europaweiten Vergleich weit vorne. Mit vielen Beispielen belegt die Autorin dies. Dabei hebt sie besonders die Tafeln hervor, die sie zu den großen sozialen Bewegungen unserer Zeit zählt. Dass immer mehr Betriebe ehrenamtlich tätige Mitarbeiterinnen und Mitarbeiter unterstützen, hält sie für sehr lobenswert. Dies komme einem Gegenwert von 22 Millionen Euro im Jahr gleich. Eine staatliche Unterstützung des Ehrenamtes sei richtig und begrüßenswert. Wissenschaftlich belegt sei, dass ein erfülltes Leben – wozu der Dienst am Nächsten beitrage – die Gesellschaft antreibe und glücklich mache. Zeit mit anderen zu teilen sei in Zeiten, in denen viele von einem Termin zum anderen jagen, ein sehr wertvolles Geschenk, das sich für alle Beteiligten lohne.

In einer Gegenwart, in der der Verkauf von Glücksratgebern steigt, stellt sich die Autorin einem wichtigen Thema: Wonach streben die Menschen? Was macht ein sinnerfülltes Leben aus?

Ihre wichtigste Aussage lautet, dass nicht die schnell vergänglichen Glücksmomente zufrieden machen, sondern Zeit, die man „in Menschlichkeit steckt". Dem kann ich nur zustimmen. Zeit damit zu verbringen, anderen zu helfen, ist äußerst sinnvoll. Das hilft denjenigen, die man unterstützt, und einem selbst.

Einmal sechs Richtige im Lotto haben und dann auf der Sonnenseite des Lebens mitmischen können, dem nervigen Chef die stressige Arbeit hinwerfen – davon haben schon viele geträumt. Aber der amerikanische Ökonom Easterlin hat 1974 durch seine Studien herausgefunden, dass für die Lebenszufriedenheit das absolute Einkommen nicht ausschlaggebend ist. Wenn grundlegende Bedürfnisse gestillt sind, führt mehr Reichtum nicht zu mehr Glück.

Eine glückliche Beziehung, Kinder und Freunde werden häufig als Voraussetzung für ein glückliches Leben genannt. Aber viele Untersuchungen belegen, dass sich Eltern bisweilen wünschen, ihre Kinder wären schon aus dem Haus. Auch die Ehe macht nicht unbedingt glücklich. Viele Ehepaare sind zehn Jahre nach der Eheschließung unglücklicher als zehn Jahre davor, belegen statistische Erhebungen. Und nicht ohne Grund lassen sich viele wieder scheiden.

Ein wichtiger Aspekt für ein glückliches Dasein ist sicherlich die Gesundheit. Denn für denjenigen, der krank ist oder der sich um einen kranken Familienangehörigen sorgt, relativiert sich vieles.

Alls in allem ist für einen gesunden Menschen der Dienst am Nächsten - das heißt die Hilfe für den Mitmenschen – sinnstiftend und sinnerfüllend. Nicht umsonst engagieren sich so viele ehrenamtlich. Ein Bungeesprung kann das nicht aufwiegen.

Zusätzliche Kopiervorlagen auf der CD-ROM

(Differenzierte) Arbeitsblätter
- 11.1 Einen argumentierenden Text untersuchen (leistungsdifferenziert) (KV 47)
- 11.2 Eine Texterörterung vorbereiten (leistungsdifferenziert) (KV 48)
- Fazitbogen zum Kapitel 11 (KV 49)

Klassenarbeit/Test
- Eine Texterörterung verfassen (KV 50)
- Korrekturraster zur Klassenarbeit (KV 50)

Name: Datum:

Fazitbogen zum Kapitel 11

CHECKLISTE	Texterörterung

Einleitung
- ☐ Enthält mein Aufsatz folgende Angaben zum Text: Titel, Textsorte, Autor/-in, Publikationsorgan, Zeitpunkt der Veröffentlichung, Thema?
- ☐ Habe ich einen aktuellen Bezug hergestellt?

Hauptteil

Inhaltsangabe
- ☐ Ist der Inhalt knapp und in eigenen Worten wiedergegeben?
- ☐ Habe ich ihn objektiv und sachlich zusammengefasst?
- ☐ Habe ich im Präsens geschrieben?
- ☐ Habe ich Aussagen der Autorin/des Autors in der indirekten Rede wiedergegeben?

Stellungnahme
- ☐ Mache ich die Position der Autorin/des Autors klar?
- ☐ Bin ich, wenn es der Text ermöglicht, auf seine sprachliche Gestaltung eingegangen?
- ☐ Habe ich meine Position verdeutlicht?
- ☐ Habe ich eigene Thesen angeführt?
- ☐ Habe ich diese mit Beispielen, Belegen oder Erläuterungen gestützt?

Schluss
- ☐ Habe ich den Aufsatz abgerundet, z. B. durch ein Fazit, einen Bezug zur Einleitung?

Kompetenz	Das kann ich	Das kann ich teilweise	Das kann ich noch nicht
– Textinhalte wiedergeben – zentrale Aussagen erläutern			
– sich eine Meinung zu einem aktuellen Thema bilden – Inhalt und Thema eines Textes erarbeiten – einen Text zusammenfassen – indirekte Rede formulieren			
– eine Textanalyse durchführen – sich mit den Thesen auseinandersetzen – die Argumentation eines Textes erarbeiten – die sprachliche Gestaltung eines Textes untersuchen – die eigene Position zu Aussagen eines Textes formulieren – Möglichkeiten der Positionierung kennen und anwenden – schriftlich Stellung nehmen			
– eine Texterörterung verfassen – die Arbeit anhand einer Checkliste überprüfen			

Lernszenario „Sachtexte und nicht lineare Texte verstehen und nutzen"

Methodisch-didaktische Hinweise

S. 187, 188

Erfassen Sie die Situation und arbeiten Sie das Problem heraus.
Situation:
– Folgen des Rohstoffverbrauchs von Handys
– Sammelaktion alte Handys
Problem:
– Wie kann man viele alte Handys mithilfe überzeugender Argumente sammeln?
– Welches Projekt unterstützt man mit dem Erlös?

Setzen Sie Ziele und formulieren Sie Handlungsaufträge.
Die Schülerinnen und Schüler entwickeln ein Handlungsrepertoire zum Sammeln alter Handys und dokumentieren den Stand ihrer Aktion.
Sie formulieren überzeugende Argumente für ihre Sammelaktion alter Handys, die sie in einer E-Mail sowie einem Beitrag für die Homepage zum Ausdruck bringen.

Planen Sie Ihr Vorgehen und führen Sie es anschließend durch.
Die Informationen aus den vorausgehenden Kapiteln werden für das Vorgehen genutzt, z. B.
– Diagramme analysieren,
– Argumente formulieren,
– eine Stellungnahme verfassen,
– für seine Meinung eintreten,
– E-Mails schreiben (S. 130).

Werten Sie Ihre Ergebnisse aus und präsentieren Sie diese.
Handlungsprodukt:
informative und überzeugende E-Mail zur Sammelaktion sowie Beiträge für die Homepage

Empfehlenswerte Materialien:
– „An unseren Händen klebt Blut" – ein Artikel über das im Kongo vorkommende Coltan und wie es über verbrecherische Organisationen auf den Weltmarkt gelangt, veröffentlicht auf www.pm-magazin.de:
   http://www.pm-magazin.de/a/unseren-handys-klebt-blut (27.8.2014)
– „Das ist in Ihrem Handy drin" – ein Kreisdiagramm zur prozentualen Verteilung der Rohstoffe in einem Handy (Nokia-Studie / Deutsche Umwelthilfe), u. a. zu finden auf:
   http://www.handysfuerdieumwelt.de/warum-abgeben/
– Weitere Hintergrundinformationen sind zu finden auf: http://www.handy-clever-entsorgen.de/hintergrundinformation/index.htm

Kapitel 12: Literarische Texte verstehen

Vorbemerkung zum Kapitel

Relevanz für Alltag, Schule und Beruf

Die Auseinandersetzung mit literarischen Texten leitet die Schüler/-innen dazu an, sich in andere Personen hineinzuversetzen, alternative Gedankenwelten zu entwickeln und eigene Gedanken auszudrücken. Dabei steigt das Bewusstsein für die Wirkung, die eine bestimmte sprachliche Gestaltung auf die Leser/-innen hat. Gleichzeitig erweitert sich das Repertoire der eigenen sprachlichen Ausdrucksmöglichkeiten. Gerade lyrische Texte demonstrieren die Bandbreite der sprachlichen Ausdrucksmöglichkeiten, außerdem benötigen sie nur einen kurzen Zeitraum für die Rezeption. Die Schüler/-innen werden in diesem Kapitel ermutigt, sich mithilfe verschiedener Methoden auf literarische Texte einzulassen, z. B. spielerisch mit unterschiedlichen Betonungen oder eher analytisch. Unterschiedliche Deutungsansätze sind dabei durchaus erwünscht, sofern sie sich am Text belegen lassen und nachvollziehbar sind.

Aufbau des Kapitels/Lernzuwachs

Im Zentrum des Kapitels steht das Thema „Reisen", das zu Beginn anhand eines Raps und zweier Gedichte erkundet werden soll. Methodisch widmet sich das Unterkapitel dem sinngestaltenden Vortragen und dem Standbild – hier geht es also um einen handlungsorientierten Zugang zur Literatur.
Anschließend bilden zwei Erzählungen die Grundlage für das Verfassen einer Inhaltsangabe. Die Schüler/-innen werden Schritt für Schritt angeleitet und so methodisch befähigt, Texte in einer Inhaltsangabe zusammenzufassen. Um die genauere Untersuchung von Texten geht es auch im Folgenden. Anhand einer weiteren Erzählung werden die Protagonisten mit dem Ziel analysiert, Figurencharakteristiken zu erstellen. Dazu wird auch der Gesprächsverlauf genauer betrachtet. Es folgen Überlegungen zur Erzählperspekive und Zeitstruktur des Textes.
Bei der Analyse des folgenden Romanausschnitts geht es schwerpunktmäßig um die sprachlichen Mittel. Diese einzelnen Elemente werden zu einer Textinterpretation zusammengeführt und auszugsweise demonstriert. Es schließen sich lyrische Texte an, die sowohl im Hinblick auf ihre sprachlichen Mittel als auch im Hinblick auf die formalen Besonderheiten untersucht werden.

Methodik, Didaktik, Differenzierung

Verschiedene Herangehensweisen an Literatur werden hier vorgestellt und erprobt. Über das handlungsorientierte Vortragen und Darstellen hin zur Inhaltsangabe literarischer Texte führt der Weg zur genauen aspektorientierten Untersuchung der Texte. Die Übertragbarkeit auf andere Texte ist durch eine Checkliste zur Planung und Formulierung sowie eine Zusammenfassung in Merkkästen abgesichert. Um eine Auseinandersetzung der Schüler/-innen mit den Texten zu erreichen, wird immer wieder dazu aufgefordert, das Verstandene mit der eigenen Lebenswirklichkeit und den eigenen Vorstellungen zu vergleichen. Einzel-, Partner- und Gruppenarbeit wechseln einander ab. Auf jeden Fall sollte das Gespräch über die Texte – auch in der Analysephase – nicht zu kurz kommen. Die differenzierten Aufgaben ermöglichen es, mit verstärkter Hilfe bzw. kleinschrittiger das Ziel der Unterkapitel ebenfalls zu erreichen.

Kompetenzen

Die Schülerinnen und Schüler
- verfassen Inhaltsangaben zu literarischen Texten
- beschreiben den Aufbau eines Textes (Ort und Zeit, Konflikt)
- erkennen die Zeitgestaltung
- charakterisieren literarische Figuren
- interpretieren epische und lyrischeTexte

Literarische Texte verstehen

Aufgabenlösungen und methodisch-didaktische Hinweise

S. 190

1 Neben positiven Erwartungen wie Luxus, Bewunderung und ein abwechslungsreiches Leben sollten auch negative Aspekte beachtet werden, z. B. mangelndes Privatleben, öffentliche Kontrolle
des Verhaltens, Rollenzwang und Ruhelosigkeit.
Hinweis: Um alle Schüler/-innen, auch die zurückhaltenden, bei der freien Meinungsäußerung zu
beteiligen, könnte ein Sprechstein, der die Runde macht, eingesetzt werden. Als zusätzlichen An-
reiz können Fotos von Stars aus diversen Zeitschriften gezeigt werden.

2 a) Der Eindruck von Schnelllebigkeit und Hektik kommt auf, z. B.:
– Z. 2 und 5, Aufzählungen ohne Konjunktionen/Asyndeta
– „muss ich gleich wieder weg" (Z. 8)
– „weiß nicht mal, in welcher Stadt ich bin" (Z. 11)
– Elektronische Utensilien sind von großer Wichtigkeit.
Er ist teilweise unzufrieden mit seinem Leben als Star:
– „verdammt" (Z. 14)
– „gottverdammter Star" (Z. 7)
Auf der anderen Seite ist der Rapper „dankbar" (Z. 19) für sein Leben, so wie es ist, was er damit
begründet, dass er die Liebe seines Publikums hat.
Hinweis: Alternativ zu 2 b könnten diese Belastungen im Unterrichtsgespräch genauer herausgearbeitet werden. Mögliche Ergebnisse: Ruhelosigkeit, Orientierungslosigkeit, das Reisen hat den
Reiz des Neuen verloren.
b) **Mögliche Vorteile:** Ruhm kann viele Türen öffnen.
Beliebtheit kann zu Ehre und Geld führen.
Mögliche Nachteile: Fans sind keine echten Freunde, Schnelllebigkeit führt zu Oberflächlichkeit
in den Beziehungen, kein Gefühl der echten Zufriedenheit stellt sich ein etc.
b) Mögliche Deutung: Der Moment (= die Reise) zählt, nicht die entfernte Zukunft (= das Ziel).
Das Wichtigste ist das Unterwegssein mit seinen Abwechslungen, dem Genuss des Augenblicks,
dem Wahrnehmen der momentanen Situation. Die Schüler/-innen sollten begründen, warum sie
dem zustimmen oder diese Haltung ablehnen.

3 möglich ist folgende Kennzeichnung:
Und es geht wieder mal los: ↓ | Ich brauch mein Handy, | das Netzteil, | den Laptop ↓
Besonders überzeugend ist ein Vortrag, wenn Inhalt, Betonung und Gestik zusammenpassen.

S. 191

4 a) In den Standbildern zu „Zwei Heimgekehrte" sollte das Engagement bzw. das Desinteresse der
beiden Wanderer sichtbar werden, z. B.:

– offene Augen
– Körperspannung
– Lächeln
– erhobene/angehobene Arme

– gelangweilter Blick
– heruntergezogene Mundwinkel
– lasche Körperhaltung
– abgewandt, verschlossen

Wichtig ist, dass die Schüler/-innen den Zwiespalt des lyrischen Ichs erkennen: Zwar will es weder
zum Ziel noch zu seinem Ausgangspunkt zurück, jedoch kann es auch nicht dort zufrieden sein,
wo es sich gerade befindet, und drängt auf ein Weiter – ohne sich eine befriedigende Ankunft zu
erhoffen. Hier wird ein Lebensgefühl angesprochen, das keine Ruhe findet.

b) „Zwei Heimgekehrte" hat ein gleichförmiges Metrum und lässt sich daher einheitlich rhythmisch lesen, sogar „leiern". „Der Radwechsel" ist wie ein Prosatext ohne Reim und Rhythmus. Das Lyrische besteht in der Verdichtung (Verkürzung) des Textes. Hier ist es wichtig, sinnbetont zu lesen. „Die Reise ist das Ziel" wird – wie bei einem Rap üblich – zwar rhythmisch gesprochen, dies geschieht aber nicht unbedingt dem Metrum des Textes gemäß. Es unterstützt zwar die Betonung, doch wird z.T. der Text in einen einheitlichen Rhythmus hineingezwängt.

5 **Hinweis:** Hilfreich kann es sein, die Schüler/-innen jeweils fünf Nomen, fünf Verben und fünf Adjektive sammeln zu lassen. Als Anregung eignen sich auch Fotografien, die das Thema darstellen.

S. 193

1 a) **Hinweis:** Die Schüler/-innen setzen die Arbeit gemäß des Beispiels fort. Das Ergebnis wird durch die Arbeit mit unterschiedlichen Farben die Fülle von Antworten auf die W-Fragen hervorheben, gleichzeitig aber auch zeigen, dass diese gebündelt werden können und so der Kern des beschriebenen Ereignisses inhaltlich nachvollzogen werden kann.

b)

		Bedeutung für die Inhaltsangabe
Figuren **Wer?**	Lokomotivführer	Er sieht die „warnende" Person und bremst.
	gestikulierende Gestalt	Sie steht auf den Gleisen und warnt den Zugführer. Die Gestalt verhindert ein Unglück, bleibt aber verschwunden.
Ort **Wo?** Zeit **Wann?**	England (London) um die Jahrhundertwende (zu Beginn des 20. Jahrhunderts)	Um die Jahrhundertwende fährt ein englischer Zug in Richtung London.
Ereignisse **Was?** **Warum?**	Warnung	Im weiteren Streckenverlauf ist eine Brücke eingestürzt. Dunkelheit und dichter Nebel verhindern eine klare Sicht. Der Zug wäre im Falle der Weiterfahrt abgestürzt.
	Nachtfalter am Scheinwerfer	Er wird im Londoner Bahnhof entdeckt. Es wird erkannt, dass dessen Befreiungsversuche in der Dunkelheit große Schatten auf eine Nebelwand werfen und auf diesem Wege Assoziationen an eine gestikulierende Gestalt auslösen können. Folglich verhindert der Nachtfalter die mögliche Katastrophe.

c) **Hinweis:** Den Schüler/-innen wird die in Aufgabe 1 b) ausgewiesene Konzentration auf die zentralen W-Fragen wahrscheinlich nicht in der gewünschten reduzierten Form gelingen. Die Aufgabe 1 c) bietet deshalb die Möglichkeit, sich über die Frage der inhaltlichen Reduktion auseinanderzusetzen. Auf diesem Wege sollen die Schüler/-innen ein Gefühl für die Zuordnung wirklich bedeutsamer Inhalte zu den W-Fragen entwickeln und erkennen, dass eine Fokussierung auf die zentralen Inhalte nicht nur die Inhaltsangabe von der Nacherzählung unterscheidet, sondern trotz der inhaltlichen Weglassungen ein Textverständnis ermöglicht.

Literarische Texte verstehen

Angesichts der erwähnten besonderen Anforderungen sollte die Lehrkraft den Prozess intensiv begleiten und die Ergebnisse im Plenum besprechen. Es empfiehlt sich, aus der Ergebnisbesprechung gemeinsam eine Tabelle zu entwickeln.

d) Das Thema der Kurzgeschichte ist die außergewöhnliche und beispiellose Rettungstat.

S. 194

2 a) Die W-Fragen (Wer, Wann, Wo, Was, Warum) werden beantwortet; das Thema wird genannt.
b) Die Inhaltsangabe ist gegliedert in Einleitung, Hauptteil und Schluss. Der Schluss („Der sterbende Nachtfalter verhindert durch seine […]") nimmt nochmals Bezug auf das Thema der Kurzgeschichte. Eine eigene Wertung liegt nicht vor.
c) Die Inhaltsangabe ist im Präsens verfasst. Die Sprache ist sachlich, eigene Wertungen sind nicht zu erkennen. Die gewählte Sprachvarietät ist situationsgerecht. Die sachliche Darstellung wird durch den Verzicht auf spannungssteigernde Begriffe („plötzlich, auf einmal" …) unterstrichen. Wörtliche Rede ist nicht vorhanden.
Die Vorgaben zur sprachlichen Form werden folglich beachtet.

S. 196

3 bis **5** **Hinweis:** Die Schüler/-innen wenden in diesen Aufgaben an, was sie bisher im Kapitel 12.3 erarbeitet und geübt haben. Dazu können sie sich an der Checkliste unten auf Seite 196 orientieren.

S. 200

1 **Renate vor 15 Jahren:**
– wünscht sich Partner, der beruflich erfolgreich ist
– Verkäuferin für Herrenoberhemden
– kann verletzend sein
Renate am Tag des Treffens:
– Verkäuferin für Herrenoberhemden und Wäsche
– lässt Zug wegen Erich davonfahren
– weiß, dass die Trennung 15 Jahre zurückliegt
– kommentiert seine ungeduldige Frageweise
– sagt, sie sei Single, lügt im Hinblick auf die berufliche Position und den angeblichen Hollandurlaub
– Erichs Aussehen gefällt ihr
– sie fürchtet, von ihm abgelehnt zu werden, da er Karriere macht
– hat Krähenfüßchen, steht ihr
– behält Lügengeschichte bis zum Schluss bei, steigt deshalb auch in einen Wagen erster Klasse
– ärgert sich über ihr – wie sie im Nachhinein findet – kindisches Verhalten
Erich vor 15 Jahren:
– Schlosser
– verdient wenig
– ansteckend fröhlich
Erich am Tag des Treffens:
– übernimmt die Initiative und führt Renate am Arm in ein Café
– eröffnet das Gespräch
– fragt direkt, zeigt deutlich, wie beeindruckt er ist

- lügt ebenfalls, was seine berufliche Situation angeht
- Single, traut sich nicht, Renate eine Wiederaufnahme der Beziehung anzubieten, gibt aber zu, dass er bisher keine Frau gefunden hat
- schmückt seine angebliche berufliche Situation aus
- raucht
- wirkt jungenhaft, hat um seinen Mund zwei steile Falten, die ihm stehen

2 a) **Muster**

Erich

Er ist ungefähr Mitte dreißig, Raucher und besitzt seit seiner Jugend eine jungenhafte, fröhliche Ausstrahlung. Inzwischen hat er zwei steile Falten um seinen Mund, wirkt aber immer noch attraktiv auf Renate. Er hat eine Ausbildung als Schlosser, arbeitet als Kranführer und lebt allein. Bei dem Treffen übernimmt er die Initiative und führt Renate am Arm in ein Café. Er eröffnet das Gespräch, dabei fragt er direkt und temperamentvoll und zeigt deutlich, wie beeindruckt er ist, indem er sich wiederholt und indem er mit der Hand auf den Tisch haut.
Renate war seine große Liebe, das wird auch deutlich, als bei dem zufälligen Zusammentreffen alles um die beiden herum zu versinken scheint. Er findet sie immer noch attraktiv und würde gerne wieder eine Beziehung mit ihr aufnehmen, hat aber Angst vor einer verletzenden Äußerung Renates, da sein geringes Einkommen damals der Auslöser für einen Streit war, der letztendlich zur Trennung führte. Er ist in der Lage, seine angebliche Karriere so auszuschmücken, dass Renate nichts merkt, und erfindet z. B. einen Wagen, der ihn am Hotel abholen wird.

Renate

Sie ist ungefähr Mitte dreißig und hat inzwischen Krähenfüßchen um die Augen, die ihr aber nach Erichs Ansicht gut stehen. Sie arbeitet als Verkäuferin für Herrenoberhemden, Wäsche und Socken und hat seit der Beziehung zu Erich eine etwas besser bezahlte Stelle angenommen. Auf Erichs Frage hin erfindet sie eine beachtliche Karriere. Der Grund dafür scheint zu sein, dass sie selbst sich beruflich kaum weiterentwickelt hat und sich dafür vor Erich schämt, dem sie im Streit mangelnden beruflichen Ehrgeiz vorgeworfen hatte.
Das Treffen mit Erich bedeutet ihr viel und sie lässt ihren Zug wegfahren und sich von ihm in ein Café führen. Sie weiß sofort, dass ihre Trennung 15 Jahre zurückliegt und scheint etwas in ein altes Verhaltensmuster zurückzufallen, wenn sie ihn lachend zurechtweist, er solle nicht so viel gleichzeitig fragen. Es gelingt ihr, ihre Geschichte bis zum Ende des Treffens aufrechtzuerhalten, sie steigt sogar in ein Abteil erster Klasse ein. Nach dem Abschied empfindet sie ihr Verhalten als kindisch und bereut, nicht die Wahrheit gesagt zu haben.

Literarische Texte verstehen

b) Sie haben sich gestritten und getrennt, weil Renate Erich mangelnden beruflichen Ehrgeiz vorgeworfen hatte. Bei dem Treffen schämt sich Renate, weil sie sich in den 15 Jahren kaum beruflich fortentwickelt und auch keinen anderen, beruflich erfolgreichen Mann gefunden hat. Erich hat Angst vor einer verletzenden Bemerkung Renates, wenn sich herausstellt, dass er tatsächlich kaum Karriere gemacht hat.

3 **a)** Erich äußert sich sehr persönlich, spricht über seine Gefühle. Renate ergänzt Fakten. Er wiederholt die Zahl zweimal und demonstriert so sein Erstaunen. Die aufeinanderfolgenden Fragen zeigen Erichs Interesse und vielleicht auch eine gewisse Nervosität.
b) Die Gesprächspartner gehen aufeinander ein, er übernimmt die Gesprächsführung. Insgesamt herrscht eine gute, etwas angespannte Gesprächsatmosphäre. Dazu passt, dass die beiden sich lange nicht mehr gesehen haben.

S. 201

1 **a)** Dieser Unterschied zeigt, wie nah die beiden daran sind, zusammenzukommen. Dieser Wissensvorsprung macht die Geschichte für die Leser/-innen interessant, gerade weil sie keine Möglichkeit haben, regulierend einzugreifen.
b) Die Geschichte ist aus der personalen Erzählperspektive geschrieben, abwechselnd aus der Sicht von Erich und Renate, wobei sich der Textbeginn keiner der beiden Person eindeutig zuordnen lässt.

2 Deutsche Mark, Bahnsteigsperren, Fachgeschäfte, die „alles für den Herrn" führen, sprachlich: Illustrierte statt Zeitschriften, Bombenstellung

3 **a)** Das Treffen dauert vom Vormittag bis nachmittags, 15.00 Uhr, wenn der Zug nach Aachen abfährt.
b) „Sie aßen […] bei seinem Aufstieg." (Z. 82–85)
„Noch einmal bestellte er zwei Schalen Kognak und sie lachten viel und laut." (Z. 90)
„Kurz vor drei brachte er sie zum Bahnhof." (Z. 96)
c) „Sie erinnerte sich […] und wollten doch nicht." (Z. 43–49)
„Er kann immer noch so herrlich lachen […] Heiterkeit." (Z. 91–92)

4 **Hinweis:** Bei der Lösung der Aufgabe ist es wichtig, Lücken, die der Ausgangstext bietet, auszunutzen, aber nicht einfach über die Vorgaben des Ausgangstextes hinwegzugehen.

S. 202

1 Um ein besseres Textverständnis zu ermöglichen – ohne den vollständigen Text zu kennen –, sind einige Lösungsvorschläge um Details erweitert, die dem Roman entnommen sind.
a) Die Handlung spielt im Hochsommer, am frühen Morgen, während die Sonne aufgeht. Der Wagen fährt durch eine ländliche Gegend bei Berlin, in der Nähe von Rahnsdorf. In diesem Textauszug sind Maik und Tschick allein.
b) Maik, Tschick, (Maiks Eltern, Tony Soprano und Angela Merkel werden erwähnt).
c) Die Textstelle widerspricht in vielen Aspekten der Leseerwartung:
– sehr niedriges Tempo für eine Überlandfahrt, trotzdem höchster Fahrgenuss
– ungewöhnliche Fahrweise (Fahrer und Beifahrer hängen aus dem Fenster)
– vergleichsweise unspektakuläres Fahrzeug und unbekannte Gegend erzeugen ein Fahrgefühl aus einer anderen Welt

– weit entferntes, ungewöhnliches Ziel, auf das die Insassen offensichtlich schlecht vorbereitet sind

Unter Berücksichtigung des Vorspanns lässt sich ergänzen:
– zwei Achtklässler ohne Erwachsene im Auto unterwegs
– Auto „geliehen"
– Mitschüler, die sich kaum kennen, gehen gemeinsam auf große Fahrt

S. 203

2

Zitat	Bedeutung	Wirkung	Sprachliches Mittel
„[…] es war ein ganz anderes Fahren, eine andere Welt." (Z. 9 f.)	Die Fahrt mit Tschick lässt Maik die Autofahrt und die Atmosphäre des Sonnenaufgangs intensiv und als neue Erfahrung wahrnehmen.	Die Formulierung dient dazu, das Außergewöhnliche der Situation hervorzuheben.	– Emphase: ganz anderes – Klimax: Fahren – Welt – Wiederholung: andere(s)
„[…] Tony Soprano, ein Dinosaurier oder ein Raumschiff vor uns aufgetaucht wäre." (Z. 12)	Maik will deutlich machen, dass ihn auf dieser Fahrt nichts mehr verblüffen kann, auch nicht das Auftauchen einer Fernsehfigur, einer ausgestorbenen Spezies oder der Besuch von Außerirdischen.	Maiks Seelenzustand wird deutlich: Er wirkt glücklich und durch seine übertriebenen Beispiele jung und begeisterungsfähig. Dieser Eindruck wird verstärkt, weil Dinosaurier und Raumschiffe bereits Kinder faszinieren.	– Aufzählung (Reihung/Akkumulation) – Hyperbel
„Aber wie man es bis in die Walachei schaffen sollte, wenn man nicht mal wusste, wo Rahnsdorf ist, deutete sich da als Problem schon mal an." (Z. 16 f.)	Die Fahrt ist schlecht vorbereitet und es ist ziemlich unwahrscheinlich, unter diesen Bedingungen die Walachei zu erreichen.	Statt sich über sich oder Tschick zu ärgern, schildert Maik die Situation mit einer ironischen Distanz. Es wird deutlich, dass er die Probleme der abenteuerlichen Fahrt sieht, aber trotzdem weitermacht.	Ironie

Literarische Texte verstehen

Weitere sprachliche Mittel, die zitiert werden könnten:

Zitat	Bedeutung	Wirkung	Sprachliches Mittel
„[...] die Geräusche Dolby Surround" (Z. 10 f.)	Die verschiedenen Geräusche sind deutlich zu hören und kommen aus allen Richtungen.	Nicht die einzelnen Geräusche scheinen wichtig zu sein, sondern die Intensität, mit der diese Naturgeräusche auf Maik wirken.	(technische) Metapher
„[...] es war das Schönste und Seltsamste, was ich je erlebt habe." (Z. 3 f.)	Maik ist fasziniert und begeistert von dem Erlebten.	Die Verwendung der höchsten Steigerungsform verdeutlicht die extreme Erfahrung.	– Steigerung – Klimax

S. 204

1 a–b)
1. Absatz (Erzählperspektive): „Die Kurzgeschichte [...] so wie das Mädchen sie sieht."
2. Absatz (Charakterisierung der Hauptfigur): „Die 16-Jährige [...] sondern ‚unheimlich allein' (Z. 38)."
3. Absatz (sprachliche Bilder): „Die Beschreibung des Wetters [...] ihr Leben weitergehen kann."

2 Zusätzlich zu den bisher erarbeiteten Inhalten bietet der Text einige sprachliche Besonderheiten:
– Ein wichtiges Gestaltungsmittel sind die inneren Monologe, deren Wirkung an zentraler Stelle durch eine sprachliche Parallele verstärkt wird („Jetzt müsste ich [...]", Z. 69 und 77).
– Die vielen Auslassungszeichen verdeutlichen den etwas zögerlichen Gesprächsverlauf gerade zu Beginn des Gespräches (Z. 16, 18, 20, 30). Erichs Stottern in Zeile 39 deutet auf seine Unsicherheit, wie er in diesem Moment reagieren soll, hin.
– Erich verwendet auch umgangssprachliche Ausdrücke („Bombenstellung", Z. 36, und „durchgedreht", Z. 62).
– Wiederholungen: „Menschen" (Z. 5 und 6), „Donnerwetter" (Z. 31, 32, 33)

S. 205

1 a) Benannt werden Vater, Tante Paula, Onkel Theo und das lyrische Ich, evtl. meint „wir" eine oder zwei weitere Personen, die alle einen Ausflug mit dem Auto machen.
b) In der zweiten Strophe wirkt das lyrische Ich euphorisch, in der vierten Strophe erlebt es die Situation als schön, aber bereits mit ironischer Distanz, in der letzten Strophe folgt dann die Ernüchterung.

2 Es geht ein leichter, warmer Wind, der nach Wiese duftet. Der folgende Vers erzeugt einen Kontrast durch den Hinweis auf Benzingestank, der ebenfalls in der Luft liegt.

3 Er personifiziert ebenfalls die Welt, die glücklich blinzelt, die Landschaft, der „es recht" ist und das Auto, das sich ausruht.

S. 206

5 a) Er vergleicht die Wirkung des blauen Himmels mit der von „Gottes Treue" und die Geräusche am Weg erinnern ihn an die Atmosphäre im „Vaterhaus".

b) Er fühlt sich geborgen in der sommerlichen Landschaft, sie macht ihn glücklich.

S. 207

6

	„Im Auto über Land"	„Guter Rat"
a) Strophen Verse	sechs Strophen, jeweils sechs Verse, keine Ausnahmen	vier Strophen, jeweils vier Verse, keine Ausnahmen
b) Endreimvariante	Schweifreim	Kreuzreim
c) Metrum	Trochäus	Jambus

S. 208

1 a–c) **Hinweis:** Die Gruppen erstellen in Anlehnung an die vorausgegangenen Übungen des Kapitels Kriterienkataloge zu den behandelten Textsorten. Die Jury-Gruppen benötigen eventuell Unterstützung durch die Lehrkraft, damit es bei der Bewertung der eingereichten Schülerarbeiten zu nachvollziehbaren Urteilen kommt.

Denkbar wäre eine Urkunde, die für jede Schülerarbeit individuell von der Jury angefertigt wird, oder eine mündliche Rückmeldung durch die Jurymitglieder, die sich sowohl durch sachliche als auch emotionale Anmerkungen auszeichnen, ergänzt durch Tipps und Empfehlungen.

Zusätzliche Kopiervorlagen auf der CD-ROM

(Differenzierte) Arbeitsblätter
- 12.1 Johann Peter Hebel: Kannitverstan – Charakterisierung (leistungsdifferenziert) (KV 51)
- 12.2 Indirekte Rede zu Hebels „Kannitverstan" (leistungsdifferenziert) (KV 52)
- 12.3 Inhaltsangabe zu James Thurbers „Das kleine Mädchen und der Wolf" (leistungsdifferenziert) (KV 53)
- 12.4 Selbsteinschätzungsbogen zur Inhaltsangabe (KV 54)
- Fazitbogen zum Kapitel 12 (KV 55)

Klassenarbeit/Test
- Eine Inhaltsangabe schreiben (KV 56)
- Korrekturraster zur Klassenarbeit (KV 56)

Name: Datum:

Fazitbogen zum Kapitel 12

CHECKLISTE	Eine Inhaltsangabe schreiben

- ☐ Habe ich in der Einleitung Textsorte, Titel, Autorin/Autor und Erscheinungsjahr (soweit angegeben) genannt?
- ☐ Ist die Kernaussage treffend formuliert?
- ☐ Enthält die Inhaltsangabe Angaben zu Ort, Zeit und Figuren?
- ☐ Sind die Handlungsschritte vollständig? Habe ich mich auf das Wesentliche beschränkt?
- ☐ Habe ich die Zusammenhänge klargemacht, auch durch passende Verknüpfung der Sätze?
- ☐ Bin ich im Schlussteil kurz auf die Aussageabsicht des Textes eingegangen und habe eine eigene Wertung formuliert? Oder:
- ☐ Habe ich die Zusatzfrage, sofern vorhanden, umfassend beantwortet?
- ☐ Habe ich die Inhaltsangabe im Präsens geschrieben?
- ☐ Ist die Sprache sachlich und ohne eigene Wertung?
- ☐ Sind die Sätze klar und verständlich? Werden die Zusammenhänge deutlich?
- ☐ Habe ich direkte Aussagen in indirekter Rede wiedergegeben bzw. Gespräche zusammengefasst?
- ☐ Habe ich auf spannungssteigernde Elemente (z. B. Begriffe wie „plötzlich" oder „auf einmal") verzichtet?

Kompetenz	Das kann ich	Das kann ich teilweise	Das kann ich noch nicht
– Aussagen eines lyrischen Textes verstehen und Stellung nehmen – lyrische Texte sinngestaltend vortragen – einen Text mithilfe eines Standbilds interpretieren			
Eine Inhaltsangabe verfassen: – wesentliche Aussagen markieren – einen Text abschnittweise zusammenfassen – die Aussage eines Textes strukturieren – direkte Rede in indirekte Rede umformulieren – Einleitung, Hauptteil und Schluss schreiben – den Text beurteilen			
– Fragen zu einem Text beantworten und mit Textstellen belegen – eine literarische Figur charakterisieren – Erzählperspektiven und Zeitstruktur eines literarischen Textes erkennen – sprachliche Besonderheiten eines literarischen Textes erkennen – lyrische Texte interpretieren und analysieren			

Kapitel 13: Literarische Texte gestaltend interpretieren

Vorbemerkung zum Kapitel

Relevanz für Alltag, Schule und Beruf

Die Auseinandersetzung mit literarischen Texten erfordert eine präzise Textwahrnehmung und trainiert damit eine Kompetenz, die für das schulische und berufliche Weiterkommen hohe Priorität hat. Gleichzeitig schult die kreative Textgestaltung die sprachliche Ausdrucksfähigkeit. Dadurch wächst die Sensibilität für einen situativ angemessenen Sprachgebrauch.

Inhaltlich erfordert die Bearbeitung kreativer Textaufgaben, sich auf Personen und Situationen einzustellen und damit Handlungskompetenz zu beweisen, die in ähnlicher Form in Beruf und Alltag erforderlich ist.

In Baden-Württemberg sind Aufgaben des kreativen Schreibens prüfungsrelevant.

Aufbau des Kapitels/Lernzuwachs

Um kreativ mit Texten umgehen zu können, ist eine sorgfältige Textrezeption wichtig. Die dazu erforderlichen Kenntnisse werden durch entsprechende Aufgaben erarbeitet und in Erinnerung gerufen. Darauf aufbauend wird der kreative Umgang mit Texten angeleitet. Relevante Aufgabenstellungen des kreativen Schreibens werden in dem Kapitel abgebildet: einen Brief schreiben, einen Tagebucheintrag verfassen sowie eine Geschichte weiterschreiben. Die beiden ersten werden an dem Briefroman von Kathrine Kressmann Taylor thematisiert, die letzte an einer Parabel, die inhaltlich zu dem Briefroman passt.

Methodik, Didaktik, Differenzierung

Die exemplarisch ausgesuchten Briefe aus „Adressat unbekannt" bilden den Inhalt des Romans gut ab und bieten Möglichkeiten, sich kreativ mit ihm auseinanderzusetzen. Man kann natürlich auch den gesamten Briefroman von lediglich 56 Seiten behandeln, der durch seine Anlage auch gut in Abschnitten zu erarbeiten ist.

Die Parabel von Günter Kunert kann unabhängig von dem Briefroman bearbeitet werden. Hier bietet es sich an, die Methode der „Schreibkonferenz" anzuwenden.

Die Differenzierungsaufgaben sind so angelegt, dass sie dem Verstehensprozess der Texte dienlich sind. Man könnte hier weiter differenzieren und Gruppen mit unterschiedlichen Textlängen bedienen. So könnte die Parabel auch in dem Moment enden, als die Hauptfigur die Herrentoilette zuschließt.

Kompetenzen

Die Schülerinnen und Schüler
- stellen historische Bezüge zu einem Text her
- versetzen sich in die Figuren eines Textes hinein
- interpretieren Texte, indem sie kreative Verfahren der Texterschließung anwenden: Tagebucheintrag, Geschichte weiterschreiben, einen Brief aus Sicht einer der Figuren schreiben
- stellen Bezüge von literarischen Texten zu ihrem eigenen Leben her

Literarische Texte gestaltend interpretieren

Aufgabenlösungen und methodisch-didaktische Hinweise

S. 212

1   a) Die Handlung beginnt Ende 1932. Der Briefwechsel findet zwischen Max, der in San Francisco lebt, und Martin statt, der nach München gezogen ist.
b) Der Brief ist kurz vor der Machtergreifung Hitlers (1933), 14 Jahre nach dem Ende des Ersten Weltkriegs, geschrieben.
a) Deutschland wird als demokratisches Land beschrieben, in dem die politische Freiheit wieder erblüht ist (vgl. Z. 6 f.).
c) Martin ist mit Elsa verheiratet. Sie haben Kinder, ein Sohn heißt Heinrich. Max ist mit der Familie befreundet. Seine Schwester Griselle und Max hatten eine Affäre, von der Elsa nichts weiß.

2   a) Martin ist ein tüchtiger Geschäftsmann, der gerade im Umgang mit den jüdischen Kundinnen der Galerie sehr erfolgreich war.
b) Martin hat sich vom mittellosen Künstler zum erfolgreichen Geschäftsmann entwickelt, der jetzt zum „Wohltäter" (Z. 33) der Familie geworden ist.
c) Er ist Miteigentümer der Galerie (Überschrift). Als Single vermisst er die gemeinsamen Stunden mit seinem Freund und dessen Familie. Dort fühlte er sich wohl, geschätzt, verwöhnt und zugehörig. Jetzt ist er einsam, was ihm vor allem an den Sonntagen schmerzlich bewusst wird (Z. 11 ff.). – Er ist Jude (Z. 43). – Die heimliche Beziehung zwischen seiner Schwester und Martin verurteilt er nicht. Er versteht sogar, dass sein verheirateter Freund diese eingegangen ist (Z. 52 ff.).
d) Sie sind mehr als Geschäftspartner. Sie sind sehr gute Freunde und Vertraute.

Ein Zitat aus Max' Brief vom 21.1.1933 kann zur Interpretation hinzugezogen werden:

„Aber es gibt ein anderes Reich, in dem wir etwas Wahres finden können, die behagliche Atmosphäre im Haus eines Freundes, wo wir unsere kleinen Überheblichkeiten ablegen und Warmherzigkeit und Verständnis finden, wo billige Selbstsucht keinen Platz hat und Bücher, Wein und Gespräche dem Leben eine andere Bedeutung geben. Dort ist uns etwas gelungen, an das keine Falschheit heranreicht. Wir sind zu Hause."

---

3   a)

	Synonyme	Antonyme
Courage	Mut, Kühnheit, Tapferkeit, Furchtlosigkeit, Schneid, Beherztheit, Heroismus, Draufgängertum …	Furcht, Angst, Feigheit …
Schönheit	Anmut, Grazie, Charme, Liebreiz …	Hässlichkeit, Abscheulichkeit …
Talent	Fähigkeit, Anlage, Können, Gabe, Vermögen …	Unfähigkeit, Ungeschicklichkeit, Dummheit …

b) couragiert, schön, talentiert
c) Der Name bedeutet grauer, dunkler Kampf.

4   Max drückt mit diesem Brief seinen Trennungsschmerz aus und macht seinem Freund deutlich, dass er ihn versteht (Beziehung zu Griselle/Rückkehr nach Deutschland). Das Geschäftliche ist sekundär.

Literarische Texte gestaltend interpretieren

S. 214

5 b) Bei den Kindern kann man noch Karl und Wolfgang ergänzen, neben Elsa ihre Brüder, die nicht namentlich genannt werden.

S. 215

6 a) Martin wird als amerikanischer Millionär angesehen. Er wohnt mit seiner Familie in einem Schloss (30 Zimmer, Kunstwerke, feines Mobiliar, 4,5 ha großer Park, Ställe, Nebengebäude) und beschäftigt zehn Angestellte. Im Vergleich dazu beschreibt er selbst sein Land als arm und traurig (vgl. Z. 9 f.).
b) Er kann sich mit seinem Geld in Deutschland deutlich mehr leisten als in den USA; z. B. bezahlt er für zwei Angestellte in San Francisco so viel wie für zehn Angestellte in München.

7 Martin bewundert Hindenburg als einen feinsinnigen Liberalen (Z. 29 f.) und denkt darüber nach, ein Amt in der Stadtverwaltung anzunehmen, das ihm angetragen wurde (Z. 30 ff.).

8 In dem Kontext kann man auf das Frauenbild der Nationalsozialisten eingehen, z. B. das *Ehrenkreuz der Deutschen Mutter* oder die Institutionalisierung des Muttertages.

Elsa	Griselle
Hausfrau und Mutter, begeistert sich für Dinge des Haushalts	Künstlerin, berufstätig, steht auf eigenen Beinen

9 **Erwartungshorizont**
– Einladung an Griselle, nach München zu kommen
– Glückwunsch zu ihrem beruflichen Erfolg
– Berücksichtigung der Arbeitsergebnisse der Aufgaben 6 und 7
– persönlicher Stil mit adäquater Anrede

S. 216

1 z. B.: Ab 1933: zunehmende Diskriminierung jüdischer Kaufleute, Beamter, Künstler und Studenten, die zum Holocaust führte
1935: Nürnberger Gesetze
1938: Progromnacht

2 Die Angst um die Schwester, gepaart mit Gerüchten und Berichten über die Situation der Juden in Deutschland, hat Max veranlasst, diesen Brief zu schreiben.
Hinweis: Vor diesem Brief hat Martin Max aufgefordert, wenn überhaupt, nur noch an die Bankadresse zu schreiben und lediglich wegen geschäftlicher Dinge. Die Entfremdung wird auch an der Anrede deutlich.

3 **Erwartungshorizont**
– Gefühl des Ausgeliefertseins, Angst, politische Situation in Deutschland
– Hoffnung, dass Martin helfen kann
– Erwartung an alte Freundschaft
– Erinnerung an Affäre, Martins kürzlich geäußerte Zuneigung zu Griselle

135

Literarische Texte gestaltend interpretieren

S.218

4 Martin teilt Max mit, dass Griselle auf seinem Anwesen von SA-Männern getötet wurde. Sie hatte versucht, bei ihm Unterschlupf zu finden, war dann aber wieder in den Park gelaufen, um Martin und seine Familie durch ihre Verfolger nicht zu gefährden. Er macht Griselle für ihren eigenen Tod verantwortlich und entschuldigt sein Nichteingreifen mit der Geburt seines jüngsten Sohnes Adolf (!), Elsas gesundheitlichem Zustand und der Anwesenheit vieler Menschen in seinem Haus. Aufgrund der politischen Entwicklung, die er begrüßt und die ihn auch in ihren Bann gezogen hat, möchte er definitiv keine Briefe mehr von Max. Die Zensur könnte sie öffnen. Lediglich die Geldeingangsbestätigung ist für ihn akzeptabel.

6 Der Brief wirkt aus mehreren Gründe befremdlich:
Der Name lässt den Rückschluss zu, dass der Verfasser Jude ist. Mandelberg ist ein typischer jüdischer Nachname, zudem suggeriert der Brief verwandtschaftliche Verbindung zu Juden. Eine Unterstützung durch Betriebe aus den USA klingt verdächtig, zudem existiert die „Gesellschaft Junger Deutscher Maler" nicht. Die Maße der Reproduktionen klingen unglaubwürdig. Interessant sind in diesem Kontext auch das Erscheinungsdatum und der Erscheinungsort des Romans (1938/USA).

7 **Erwartungshorizont**
Max: Er könnte seine Trauer um Griselle zum Ausdruck bringen, die Enttäuschung über eine verlorengegangene Freundschaft und seinen Hass/seine Wut auf Martin.
Martin schreibt – wenige Tage nach drei Briefen dieser Art – einen Brief an Max. Hier kommen seine Gefühle und Stimmung sehr deutlich zum Ausdruck. Er appelliert an die alte Freundschaft und bittet Max, mit dem Schreiben dieser Briefe aufzuhören (vgl. S.138 bzw. Kopiervorlage auf der CD-ROM).
Hinweis zum Roman: Max schreibt weiterhin seine Briefe. Die Antwort lässt nicht lange auf sich warten. Der zweite Brief kommt mit dem Stempel „Adressat unbekannt" zurück. So endet auch der Briefroman. Max hatte bereits einen Brief an Griselle mit diesem Aufdruck zurückerhalten. So schließen sich die Handlungskreise.

S.219

1 Eine Person erhält ein amtliches Schreiben, demzufolge sie sich an einem bestimmten Tag (5. November) zu ihrer Hinrichtung in Kabine 18 der Herrentoilette des Zentralbahnhofes einfinden soll. Von ihren Freunden erhält sie keine Hilfe, ein Rechtsanwalt versucht zu beschwichtigen. Die Hauptfigur leidet, weiß nicht mehr ein noch aus und klingelt schließlich beim Nachbarn.

2 a) Es werden keine Angaben zu Zeit und Ort gemacht. Lediglich der 5. November wird als Hinrichtungsdatum angegeben. Von den Umständen betrachtet spielt die Handlung in einer Diktatur. Ein Jemand ist die Hauptfigur, d.h., jeder könnte betroffen sein.
b) Freunde: helfen nicht, distanziertes Schweigen, wollen nicht mit der Hauptfigur in Verbindung gebracht werden, haben Angst, „speisen ab"
Rechtsanwalt: beschwichtigt, bei dem Schreiben könnte ein Druckfehler vorliegen (Hinrichtung/Einrichtung), Floskeln, rät zur Akzeptanz des Staatsapparates („vertrauen")
c) Ein Er-Erzähler erzählt das Geschehen aus der Sicht des „Jemand". Der Erzähler weiß, was in diesem vorgeht. Die Leserin/Der Leser wird in diese Gefühlswelt hineingezogen.
d) Die Parabel ist im Präsens geschrieben, dadurch wirkt die Handlung gegenwärtig, allzeit möglich.

3 Die Hauptfigur lebt sehr wahrscheinlich allein, hat Freunde, die ihr nicht wirklich helfen können oder wollen – mehr erfährt die Leserin/der Leser nicht. Sie wird zum Objekt ohne Identität.

Literarische Texte gestaltend interpretieren

Das amtliche Schreiben „überfällt" die Hauptfigur in ihrer Wohnung und ruft Todesangst hervor. „Jemand" beneidet sogar eine Fliege um ihr unbeschwertes Leben und kann nicht mehr schlafen.

S. 220

4 a) Die beiden Verben unterstreichen die Hilflosigkeit des Protagonisten. Er ist der Situation ausgeliefert, der Brief wurde in die Wohnung gelegt, d. h., die Privatsphäre wurde verletzt, der Inhalt trifft ihn unvorbereitet.
b) In typischer Behördensprache in einem anonymen sachlich-distanzierten Befehlston wird die Hinrichtung als amtliche Maßnahme dargestellt.
c) Es wird keine direkte Rede benutzt.
d) Die Fragen suggerieren Interesse des Rechtsanwalts an seinem „frisch gebackenen Klienten" (Z. 23 f.). Das Wort „vertrauen" wirkt fast beschwörend und in diesem Zusammenhang erschreckend, geradezu absurd, denn immerhin wird die Hauptfigur aufgefordert, dem System zu vertrauen, das sie hinrichten will.

5 Das obere Beispiel ist weniger gelungen, da direkte Rede benutzt wird und „Jemand" einen Namen bekommt. Auch passt der nüchterne Sprachstil des unteren Textes besser zur Textvorlage.
Hinweis: vgl. Arbeitsblatt mit dem vollständigen Text auf der CD-ROM

S. 221

1 **Zielaufgabe**
a) Tagebucheintrag von Jakobs Mutter: Die Mutter hat sich dem sehr dominanten Vater gefügt, leidet unter dem Rauswurf von Jakob – ist sprachlos, hält sich die Hand vor den Mund (Z. 12 f./16). Ihrem Tagebuch könnte sie ihre Gefühle, ihre Trauer über den verlorenen Sohn und die Angst um ihn (er ist 16 Jahre alt) anvertrauen – keine Anrede.
b) Brief Jakobs an die Eltern: Jakob bittet um Verzeihung, bedauert den Diebstahl des Hasen, bittet darum, zurückkehren zu dürfen, macht deutlich, wie sehr er seine Familie vermisst – könnte an gemeinsame positive Erlebnisse erinnern (Sonntagsausflüge) –, schreibt, wie es ihm in dem vergangenen halben Jahr ergangen ist.
äußere Form des Briefes: Anrede und Gruß adäquat zur Zeit des Geschehens, Stil dem Anlass anpassen
c) Siehe Arbeitsblatt mit dem vollständigen Text auf der CD-ROM.

Zusätzliche Kopiervorlagen auf der CD-ROM

(Differenzierte) Arbeitsblätter
– 13.1 Einen Tagebucheintrag verfassen: „Adressat unbekannt" – Brief vom 29.1.1934 an Max (KV 57)
– 13.2 Eine Geschichte weiterschreiben/Peter Bichsel: San Salvador (leistungsdifferenziert) (KV 58)
– 13.3 Günter Kunert: Zentralbahnhof (vollständiger Text) (KV 59)
– 13.4 Kompetenzcheck: Walter Bauer: Die am schnellsten wachsende Stadt der Welt (vollständiger Text) (KV 60)
– 13.5 Michael Freidank: Schneewittschem (Zusatztext) (KV 61)
– Fazitbogen zum Kapitel 13 (KV 62)

Klassenarbeit/Test
– Einen Tagebucheintrag verfassen/Ernest Hemingway: Alter Mann an der Brücke (KV 63)
– Korrekturraster zur Klassenarbeit (KV 63)

Das Deutschbuch für Berufsfachschulen — Literarische Texte gestaltend interpretieren

Name: Datum:

Fazitbogen zum Kapitel 13

CHECKLISTE	Einen Tagebucheintrag verfassen

- ☐ Habe ich mich in die Situation der Figur versetzt, die schreibt?
- ☐ Passt mein Tagebucheintrag zu meiner Figur und zur Textvorlage?
- ☐ Habe ich die Stimmung der Figur, aus deren Sicht ich schreibe, wiedergegeben?
- ☐ Habe ich einen Schreibstil gewählt, der zur Figur und zu ihrer Situation passt?
- ☐ Habe ich den Inhalt interessant und kreativ gestaltet?
- ☐ Habe ich zu Beginn das Datum notiert und auf Anreden wie „Liebes Tagebuch!" verzichtet?
- ☐ Ist meine Arbeit übersichtlich strukturiert? Habe ich sie in Abschnitte gegliedert?
- ☐ Habe ich allzu umgangssprachliche Ausdrücke sowie unvollständige Sätze vermieden?

CHECKLISTE	Einen Brief schreiben

- ☐ Knüpft mein Text an die Textvorlage an?
- ☐ Habe ich mich in die Figur hineinversetzt, aus deren Sicht ich schreibe?
- ☐ Habe ich Gedanken und Gefühle dieser Figur gut wiedergegeben?
- ☐ Habe ich die Beziehung zwischen Schreiber und Empfänger berücksichtigt?
- ☐ Ist der Inhalt meines Briefes schlüssig?
- ☐ Habe ich den Inhalt kreativ und gleichzeitig realistisch gestaltet?
- ☐ Habe ich den Empfänger den Anlass für das Schreiben des Briefes wissen lassen?
- ☐ Habe ich eine Anrede und ein Grußwort formuliert? Passen sie zu der Beziehung der beiden Figuren und in die Zeit des Geschehens?
- ☐ Habe ich – falls vorhanden – das Anredepronomen Sie und seine Formen großgeschrieben?
- ☐ Habe ich auf die äußere Form eines Briefes geachtet?
- ☐ Habe ich allzu umgangssprachliche Ausdrücke sowie unvollständige Sätze vermieden?

Kompetenz	Das kann ich	Das kann ich teilweise	Das kann ich noch nicht
– Textausschnitte formal und inhaltlich analysieren – sprachliche Gestaltung/Sprachstil untersuchen – Erzählformen kennen und für eigene Texte nutzen – ein Figurengespräch schreiben			

– Handlungszusammenhänge erkennen
– einen literarischen Text untersuchen
– sich in eine Figur hineinversetzen
– Figuren charakterisieren
– eine Figurenkonstellation grafisch gestalten
– historische Hintergründe recherchieren und für das Verständnis nutzen
– kreatives Schreiben:
  • einen Brief schrieben
  • einen Tagebucheintrag verfassen
  • eine Geschichte weiterschreiben			

KV 62

Lernszenario „Literarische Texte verstehen und nutzen"

Methodisch-didaktische Hinweise

S. 223

Erfassen Sie die Situation und arbeiten Sie das Problem heraus.
Situation:
– Durchführung eines Projekttages zum Tag des Buches
– Präsentation zum Thema „Leseverhalten in unserer Schule" mit Büchertisch
Problem:
– Wie wird der Fragebogen erstellt?
– Welche Kriterien helfen bei der Buchauswahl für den Büchertisch?
– Wer stellt die Bücher zur Verfügung?
– Welche Informationen werden zu den Büchern vorgestellt?

Setzen Sie Ziele und formulieren Sie Handlungsaufträge.
Abzuleitende Motive für die erfolgreiche Durchführung des Projektes: Lesen kann Spaß machen, Lesen kann Langeweile vertreiben, Erzähltes oder Gehörtes (Hörbücher) kann spannend sein und unterhalten.
Da das Leseverhalten vor allem junger Menschen einen permanent wachsenden negativen Trend erfährt, können weitere **Handlungsziele** für das Ergebnis dieses Unterrichtsvorhabens abgeleitet werden (Statistik im Schülerbuch von S. 228 kann hinzugezogen und mit einer älteren JIM-Studie verglichen werden):
– Bestätigt die Umfrage an dieser Schule diesen Trend?
– Konzentriert sich das nachlassende Leseverhalten auf ein bestimmtes Genre oder ist es umfassend?
– Welche Inhalte bevorzugen vor allem junge Menschen, wenn sie lesen?

Planen Sie Ihr Vorgehen und führen Sie es anschließend durch.
– Fragebogen auf der Grundlage der vorgegebenen Kriterien erstellen; ggf. im Internet nach Gestaltungsvorlagen für den Fragebogen recherchieren
– nach Möglichkeit örtliche Bibliothek kontaktieren und um Unterstützung bei der Buchauswahl und um die Zurverfügungstellung der Medien bitten; Projektteilnehmer könnten Bibliotheksmitarbeiter per Kurzvortrag über ihr Anliegen informieren, z. B. in die Schule einladen
– Die Informationen aus den vorausgegangenen Kapiteln zu den Themen Ergebnispräsentation und Literatur werden genutzt, z. B. für die Vorstellung der Bücher:
  ▪ Darstellung der Handlungssituation
  ▪ die Personenkonstellation erfassen
  ▪ Handlungsfiguren werden charakterisiert
  ▪ Erzählperspektive und Zeitstruktur
  ▪ sprachliche Mittel erfassen
  ▪ Kurzinterpretation erstellen
  ▪ Leseproben vorstellen

Werten Sie Ihre Ergebnisse aus und präsentieren Sie diese.
Handlungsprodukt: Präsentation der Befragungsergebnisse und der Buchauswahl mit kurzer Buchvorstellung
Die Schüler/-innen schaffen einen angemessen Rahmen, in dem sie die Befragungsergebnisse präsentieren und einzelne Produkte vorstellen.

Kapitel 14: Neue und alte Medien nutzen

Vorbemerkung zum Kapitel

Relevanz für Alltag, Schule und Beruf

Junge Leute wachsen heute selbstverständlich mit allen Formen der medialen Welt auf und sind „digital natives", die in der Regel näher an den neuen Entwicklungen sind als Eltern, Lehrer oder Ausbilder. Das macht sie nicht zwingend medienkompetent, denn das vordergründige Mehr an Möglichkeiten beinhaltet die Herausforderung, auswählen zu müssen und sich für das Richtige zu entscheiden. An dieser Herausforderung scheitern viele Schüler/-innen schon bei einfachen Rechercheaufträgen: Welche Information ist verlässlich? Wie gehe ich mit ihr um? Worin besteht meine eigenständige Leistung? In diesem Kapitel geht es darum, den Wandel wahr- und anzunehmen sowie die Schüler/-innen zu befähigen, kompetent mit den medialen Anforderungen in Schule, Alltag und Beruf umzugehen.

Aufbau des Kapitels/Lernzuwachs

Zunächst geht es darum, sich des eigenen Mediengebrauchs bewusst zu werden. Der Schwerpunkt liegt aber auf dem Thema „Information": Wie? Wo? Was? Warum? Und: Bitte immer kritisch bleiben! Dies gilt insbesondere auch für den Bereich der sozialen Netzwerke und den Umgang mit Daten. Damit werden die wichtigsten Themenfelder des Bereichs „Medien" aufgegriffen und so aufbereitet, dass mit klassischen Deutsch-Methoden ein positiv-kritischer, insgesamt zukunftsorientierter Zugang zu einer breiten Mediennutzung angebahnt wird.
Das Kapitel gehört zum Kompetenzbereich „Medien verstehen und nutzen", es steht damit in Zusammenhang mit Kapitel 15 „Referate, Präsentationen und Co".

Methodik, Didaktik, Differenzierung

Es ist nahezu unmöglich, in einem Lehrbuch Medienkunde zu betreiben: Was man heute schreibt, ist morgen schon veraltet und verstaubt; ein aktueller Stand kann nicht abgebildet werden. Gerade hier wird die Berechtigung des Ansatzes, weniger Wissen als „wissen wie" zu vermitteln, besonders deutlich. Es geht also im Wesentlichen darum, Selbstlernkompetenz zu vermitteln, um Medienkompetenz zu fördern. Medienkompetent ist, wer die Fülle der Möglichkeiten, aber auch die immensen Gefahren und Risiken kennt und beachtet, wer Stärken und Schwächen reflektiert. Weder blinder Fortschrittsglaube noch warnender Zeigefinger machen medienkompetent. Eine zukunftsfähige Gesellschaft braucht medienkompetente, also mündige Bürger. Was das mit einem Deutschbuch zu tun hat? Letztlich sind es klassische Deutsch-Werkzeuge, die die Schüler/-innen kompetent machen: Lesen, Schreiben, Analysieren, Diskutieren.

Kompetenzen

Die Schülerinnen und Schüler
– kennen unterschiedliche Medienarten
– reflektieren das eigene Medienverhalten
– können Informationen systematisch beschaffen
– gehen mit Medien kritisch und sachgerecht um
– können mit Daten verantwortungsvoll umgehen

Aufgabenlösungen und methodisch-didaktische Hinweise

S. 226

1 a) Vermutlich werden überwiegend Begriffe aus dem Bereich der Massenmedien genannt werden, also Presse (Zeitungen) und Fernsehen sowie Radio und Internet; der Begriff „Medien" umfasst aber sehr viel mehr (vgl. Aufgabe 2, die auch als Starthilfe genutzt werden kann). Entscheidend ist, herauszuarbeiten, dass die meisten Begriffe z. T. nicht klar definiert oder überschneidend sind und dass dies dem sprunghaften Anstieg der Möglichkeiten und Entwicklungen geschuldet ist.

2 Im Wesentlichen markieren die Begriffe unterschiedliche Schwerpunkte im Bereich „Medien":
- Printmedien: gedruckte Informationsquellen (Zeitschriften, Zeitungen, Bücher, Kataloge, Karten, Kalender, Flugblätter, Poster, Broschüren etc.)
- digitale Medien: Kommunikationsmedien, die auf der Grundlage digitaler Informations- und Kommunikationstechnologien funktionieren (z. B. Internet, CD, DVD). Der Begriff wird auch als Synonym für „neue Medien" verwendet.
- Bildmedien: bieten im Wesentlichen Bildinformationen (Film, Video, DVD, Mikrofilm, Fotografie, Poster, Leinwand).
- Speichermedien: Ein Speichermedium ist allgemein ein Stoff oder ein Objekt (Gerät) zum Speichern, z. B. auch Energiespeicher; hier geht es insbesondere um Datenspeicher oder Datenträger (z. B. Festplatte, USB, CD-Rohling).
- Hörmedien: bieten im Wesentlichen akustische Informationen (Hörfunk, Musiktonträger, Audiofiles, Hörbücher, Podcasting).
- Massenmedien: ermöglichen die öffentliche Kommunikation mit vielen Menschen zur gleichen Zeit (Massenkommunikation, z. B. Zeitungen, Fernsehen, Radio, Internet).
- audiovisuelle Medien: technische Kommunikationsmittel, die die visuellen und/oder auditiven Sinne des Menschen durch Ton und Bild gleichermaßen bedienen. Sie können analog (z. B. ein VHS-Videoband) oder digital (z. B. ein MPEG-codiertes Video) sein.
- Presse: Der Begriff meint vorrangig aktuelle, gedruckte Medien (Zeitungen) und leitet sich von den Ursprüngen der Vervielfältigungstechnik (Druckerpressen) her.
- analoge Medien: arbeiten mit analoger Technik (z. B. „alte" Fernseher mit analogem Empfang, Schallplatte, Musikkassette, Videokassette).
- Multimedia: Der Begriff bezeichnet Inhalte und Werke, die aus der Verbindung mehrerer, meist digitaler Medien bestehen (z. B. Fotografie, Text, Audio, Video, Animation, Grafik).

3 Eine Kopiervorlage der Tabelle befindet sich auf der CD-ROM.
Es ist zu empfehlen, die Aufgabe anhand konkreter Beispiele zu bearbeiten (vgl. Aufgabe 2), die die Schüler/-innen mit in den Unterricht bringen sollten. Dabei werden sich über die Zusammenstellung in der Tabelle hinausgehende Beobachtungen machen lassen; ggf. empfiehlt es sich auch, das Pressekapitel (Kapitel 9) hinzuzuziehen.
Weiterhin kann herausgearbeitet werden, dass es zu allen Printformaten digitale Entsprechungen gibt. Die differenzierte Beschäftigung mit den medialen Erscheinungsformen bereitet die Aufgabe 4, S. 227 vor.

Neue und alte Medien nutzen

Medienart	Welcher Inhalt wird vermittelt?	Wie ist die Gestaltung?
Sachbücher	– Sachinhalte zu verschiedenen Sachthemen	– dem Sachthema angepasst, textlastig, vielfach mit erläuternden Bildern, in Printform gebunden, versch. Formate
unterhaltende Bücher	– Spaß, Spannung, Besinnliches – vielfach fiktiv (Romane)	– oft umfangreich, textlastig, oft ohne Bilder, in Printform gebunden
Regionalzeitungen	– Informationen aller Art, vorrangig aus der betreffenden Region; Bewertungen und Kommentare; regionale Werbung und Anzeigen, erscheinen täglich	– verschiedene Textsorten, vielfach kurze Meldungen und Artikel, viele Bilder, zumeist sachliche Sprache
überregionale Zeitungen	– Informationen aller Art, vorrangig das ganze Land betreffend sowie internationale Themen, politische Analysen, Bewertungen und Kommentare, Korrespondentenberichte, landesweite Werbung und Anzeigen, erscheinen täglich	– verschiedene Textsorten, vielfach umfassende Artikel, zurückhaltende Bebilderung, sachliche Sprache
Wochenzeitungen	– siehe überregionale Zeitungen, erscheinen einmal in der Woche	– siehe überregionale Zeitungen, überwiegend umfangreiche und breit recherchierte Artikel
Boulevardzeitungen	– unterhaltend, stark bebildert, vielfach auf prominente Personen und spektakuläre Ereignisse bezogen, erscheinen täglich	– bunt und auffällig durch viele Bilder und große Lettern, oft unsachliche Sprache
Magazine	– vgl. überregionale Zeitungen und Wochenzeitungen	– in Printform geheftet, sachlich berichtend, Reportagen; hohe, farblich zurückhaltende Bebilderung, großformatige Werbung
Illustrierte	– vgl. Boulevardzeitungen; überwiegend auf gesellschaftliche Themen (Prominente, Feste) bezogen	– in Printform geheftet, vgl. Boulevardzeitungen
Fachzeitschriften	– vgl. Sachbücher	– in Printform geheftet
Broschüren	– gezielte u. gebündelte Informationen (Produkte, Projekte, Institutionen) in übersichtlicher Form	– oft geheftet
Flyer, Flugblätter, Handzettel	– Werbung, kurzfristige Information	– oft Einzelblätter

S. 227

5 Pro-Argumente z. B.: Printmedien sind sehr gut lesbar, keine Abhängigkeit von Internet und internetfähigen Geräten, flexibel zu nutzen, niedrigschwellig
Kontra-Argumente bzw. Pro-Argumente zu digitalen Medien: schneller und aktueller, umweltschonender (Papier, Druck), mehr Möglichkeiten, niedrigschwellige Kontaktmöglichkeit (E-Mail, Blog)

Neue und alte Medien nutzen

6 a)
– Anzeige in Zeitung/Wochenblatt: offizieller Anstrich, breite Zielgruppe
– Aushang/Plakat im Stadtgebiet verteilen: auffällig, Eventcharakter
– Flugblätter verteilen, evtl. mit Lockangebot: direkter, persönlicher Kontakt
– Brief, gezielt Kunden anschreiben: Kontaktpflege, exklusiver Charakter, primäre Zielgruppe

a) bewusst eingesetzte Negativbeispiele schärfen das Bewusstsein für die Bedeutung der Schreibplanung (vgl. Kap III)

S.228

1 a) Hier kann an den Kompetenzerwerb aus Kapitel 8 (Schaubilder und Diagramme) angeknüpft werden.

Muster

Das Balkendiagramm zeigt Ergebnisse der JIM-Studie des Medienpädagogischen Forschungsverbundes Südwest aus dem Jahr 2013 und informiert darüber, wie häufig sich Jugendliche von 12–19 Jahren in ihrer Freizeit mit Medien beschäftigen und welche Medien dies im Einzelnen sind. Die Balken sind zweifarbig gehalten und zeigen, ob das Medium täglich oder mehrmals pro Woche als Freizeitbeschäftigung angegeben wurde. Insgesamt kommen Internet und Handy mit 89 % auf die gleiche Nutzungshäufigkeit, wenn man sich aber die tägliche Nutzung anschaut, spielt das Handy mit Abstand die wichtigste Rolle: 81 % der Jugendlichen nutzen es täglich, 8 % zumindest mehrmals pro Woche. Es folgt die Internetnutzung mit 73 % täglich und 16 % mehrmals pro Woche. Die Fernsehnutzung liegt dicht dahinter: 88 % insgesamt, aufgeteilt in 62 % täglich und 26 % mehrmals pro Woche. Schaut man sich die Werte für die tägliche Nutzung an, dann liegen Fernsehen, MP3- und Radionutzung sehr nahe beieinander: 60 bzw. 62 %. Schon Musik-CDs und Kassetten können mit 54 % insgesamt (39 %/15 %) kaum noch Anschluss an die Spitzengruppe halten. [...] Der große Verlierer ist das Kino, welches nicht einmal 1 % Nutzung aufweisen kann.
Zusammenfassend kann gesagt werden, dass Internet, Handy und Fernsehen die meistgenutzten Medien der Jugendlichen zwischen 12 und 19 Jahren sind.

2 Lösungsvorschlag
Mediennutzungsmotive, es sind zahlreiche Überschneidungen möglich
Kommunikation: Prestige, Aufmerksamkeit, Status gewinnen, mitreden können, sozialer Vergleich (eigene soziale Identität, Position, Rolle), Neugierbefriedigung, Orientierung (z. B. Rollen, Beziehungen, Lebensstile, Normen), Vermeidung sonstiger Kommunikation, Rückzug, Befriedigung des Bedürfnisses nach Sicherheit, Vertrautem und Vorhersehbarem
Freizeit: Beseitigung von Langeweile, Unterhaltung, Spielanregung, Kompensation von Erlebnisdefiziten, Reduzierung von Einsamkeit, Kontaktbedürfnis, Erleben von Harmonie („heile Welt"), Ausgleich des Spannungsniveaus (Stressabbau, Flow-Erlebnis, Nervenkitzel), Stimmungsregulation (Bewältigung von Emotionen wie Angst, Trauer, Ärger), Ablenkung von akuten negativen Erlebnissen oder Problemen, Verdrängen von Problemen, Flucht aus dem Alltag, Bewältigung von

Neue und alte Medien nutzen

subjektiv wichtigen Themen (z. B. imaginäre Umsetzung des Wunsches, sich durchsetzen zu kön-
nen, anerkannt zu sein, Identifikation mit dem Medienhelden)
Schule: Wissenserwerb, Lernen, Leistung, Information
Beruf: Denkanregung, Wissenserwerb, Lernen, Leistung, Information

Hinweis: Es ist nachhaltig und lohnend, die Motive und ihre Zuordnung zu diskutieren.

3 c) z. B.: sich treffen statt Facebook-Kontakt, telefonieren statt chatten, Sport machen statt Fernsehen zu schauen

S. 229

4 a) **Gefahren** digitaler Medien: Suchtpotenzial, Hirnstörungen, Isolation und Kontaktstörungen
Gefährdete: Jugendliche und junge Erwachsene von 14–24 Jahren, vorwiegend männlich
Folgen: sozialer Rückzug und Unsicherheit, suchtähnliche Abhängigkeit, völlige Isolation, Ver-
schlechterung schulischer Leistungen
Vorteile: normale Freizeitbeschäftigung, geistige Herausforderung, Verbesserung des räumlichen
Denkens, besseres Verständnis systemischer Zusammenhänge
b) Die Sprachaufgabe ermöglicht die Wiederholung des Konjunktivs/der indirekten Rede (Z. 23,
27–31, 49), zudem kann die Funktion des wörtlichen Zitats oder die Angabe von seriösen Unter-
suchungsberichten herausgearbeitet werden.

S. 230

1 a–b)
- Zum Eintrag aus: www.amazon.de/RAUCHVERBOT … Gesellschaft-Gastronomie/dp/386279
  1645 → Hier muss ein Werbebeitrag vermutet werden – über Amazon wird ein Buch angeboten,
  dessen Grundposition schon im Titel deutlich wird, sodass keine sachliche Information zu erwarten ist.
- Zum Eintrag aus: www.gastro.de/news/schlagworte/rauchverbot/188 → Hier kann eine kurze
  Meldung aus Sicht des Gastronomiegewerbes vermutet werden, die wahrscheinlich wenig zielführend ist; sie sollte überfliegend gelesen werden.
- Zum Eintrag aus: www.bat.de/group/sites/BAT_7TYF37.nsf/vwPagesWebLive/DO7VHAUT?
  open … → Hier ist ganz deutlich zu erkennen, dass eine Interessengruppe (Lobby) sich zu Wort
  meldet, die sicherlich die wirtschaftlichen Interessen ihrer Mitglieder im Blick hat.
- Zum Eintrag aus: de.wikipedia.org/wiki/Rauchverbot → Der Eintrag lässt erkennen, dass hier
  grundsätzliche Informationen und Definitionen zu dem gestellten Thema zu finden sind, die zumindest eine gute Grundlage für die weitere Recherche und Vertiefung bieten.
- Zum Eintrag aus: www.wn.de›Muenster → Hier geht es um ein regionales Ereignis, das in Bezug auf das gestellte Thema nicht zielführend ist.
- Zum Eintrag aus: www.spiegel.de›Panorama›Gesellschaft → Der Eintrag lässt fundierte und
  breite Informationen erwarten; ob sich etwas zu dem vorgegebenen Thema findet, bleibt noch
  offen – ein überfliegendes Lesen des Spiegel-Beitrags wäre zu empfehlen.

S. 231

2 a) Der Informationsgehalt kann vorläufig in folgender Abstufung angegeben werden (von informa-
tiv bis nicht nutzbar): wikipedia.org; spiegel.de; gastro.de; abendblatt.de; bat.de; wn.de; ama-
zon.de.

144

Neue und alte Medien nutzen

b) Es geht darum, den im GUT-ZU-WISSEN-Kasten S. 231 erläuterten Zusammenhang zu erarbeiten.

Insgesamt zeigen die Einträge, welche Branche von dem Rauchverbot besonders betroffen ist. Für das allgemein gestellte Thema (Vorbereitung Betriebsversammlung) geben die Einträge wenig her, es muss also gezielter und überlegter recherchiert werden.

3 Die Aufgabe wird durch die Aufgaben 1 und 2 vorbereitet, sie ist die logische Konsequenz der Ergebnisse dort.

Zusatzaufgaben zum Thema „Internetrecherche":

– Geben Sie Ihren Schülerinnen und Schülern den Auftrag, sich vertieft mit Suchmaschinen und deren Funktionsweisen zu beschäftigen, und zwar unter: http://www.suchfibel.de/ (Suchmaschinen und ihre Funktionsweisen) und
http://www.lfm-nrw.de/fileadmin/lfm-nrw/Medienkompetenz/ratgeber-suchmaschinen-farbe.pdf (Suchmaschinenregeln mit ausführlicher Erläuterung).

– Lassen Sie die Schüler/-innen ihren „Recherchetyp" ermitteln: Machen Sie den Test unter http://vm193.rz.uos.de/quiz/index.php.

S. 233

1 **b)** Durch gezielte Desinformationen wurde die Nachricht von einem angeblichen Bombenanschlag in Bluewater verbreitet; dies wurde erreicht durch:
– vorgebliche Zeugenanrufe bei deutschen Redaktionen unter Beteiligung von Schauspielern
– Einrichtung zweier gefälschter Homepages: Stadt Bluewater und örtlicher Fernsehsender KVPK-TV mit entsprechenden Meldung von einem Bombenattentat; dabei Nutzung von szenischem Material aus einem Kinofilm
– Verbreitung der Meldung in sozialen Netzwerken
– Fälschung des englischsprachigen Wikipedia-Eintrags
– später: gefälschte Korrektur der Meldung

c) Reaktionen: Eilmeldung durch dpa, Übernahme durch weitere Redaktionen, zeitnahe Meldung der gefälschten Korrektur (s. o.) durch dpa; tatsächliche Korrektur und Widerruf erst vier Stunden nach den Eilmeldungen

d) Folgen: kritische Diskussion, aber auch Lob für die „Inszenierung"; Vorwurf der Verletzung journalistischer Grundregeln; dpa ändert seine Bestimmungen für die Prüfung von Meldungen

2 **a–b)** Der Wikipedia-Eintrag entspricht den Kriterien der Checkliste, insbesondere die Überprüfbarkeit der Quellen ist gewährleistet. Zudem bietet Wikipedia verschiedene Werkzeuge, um den Entstehungsprozess eines Artikels zu verfolgen (bei Online-Nutzung): Register „Versionsgeschichte"
– hier können Änderungen im Detail verfolgt werden; die Bearbeitungsfunktion ist nur bei Anmeldung und Speicherung der IP-Adresse möglich; im Bereich „Diskussion" kann verfolgt werden, wo es evtl. umstrittene Angaben gibt und wer die jeweiligen Positionen vertritt; nicht erreichbare Weblinks (Quellen) können angezeigt werden usw. Weiterhin: letzte Änderung, Aufrufstatistik, Zitierhinweis, Impressum mit genauer Adresse, Datenschutzhinweise, Nutzungsbedingungen, Seiteninformationen mit Angaben des Bearbeiters und der Versionen, Offenlegung der Verlinkungen, Autorenprofil Tipps zum Thema: Auf der Wikipedia-Spielwiese (http://de.wikipedia.org/wiki/Wikipedia: Spielwiese) können die Schüler/-innen experimentieren und eigene Erfahrungen machen. Hier bietet sich eine attraktive Möglichkeit, spielerisch Medienkompetenz anzubahnen. Für die richtige Nutzung von Wikipedia werden kostengünstige Veranstaltungen angeboten: Informationen unter http://wikimedia.de/schulprojekt.

145

Neue und alte Medien nutzen

3 **a–b)** z. B.: verletzende, beleidigende, verurteilende Fehlinformationen über Personen, Personen-gruppen, Unternehmen (z. B. Bakterien im Lebensmittelprodukt usw.); öffentliche Bloßstellung, beruflicher und wirtschaftlicher Schaden, nachhaltiger Rufmord

4 Der Begriff „Hoax" (engl. Schabernack) bezeichnet eine durch Medien verbreitete gezielte Falschmeldung, die meist sehr glaubhaft wirkt und daher häufig eine hohe Verbreitung findet.

S. 234

1
- *Nationalstürmer spielte unterirdisch!* – umgangssprachlich-grobe Ausdrucksweise, inhaltlich aber unproblematisch und im Sport durchaus üblich
- *Minister ist ein gemeiner Lügner!* – eher problematisch, da gegen eine Person ein schwerwie-gender Vorwurf erhoben wird, auch wenn dies eine „Person des öffentlichen Lebens" ist
- *Horrorcrash: Sensationelle Unfallbilder* – sehr problematisch, zielt auf Sensation und Voyeuris-mus, verletzt die guten Sitten und ist möglicherweise nicht jugendfrei aufgrund schockierender Darstellungen
- *Nachbar deckt auf: Mit diesen Männern geht meine Untermieterin ins Bett!* – sehr problema-tisch, üble Nachrede und persönliche Diffamierung einer Privatperson
- *Skandal: Angestellte widerrechtlich abgehört!* – unproblematisch, es besteht ein öffentliches In-teresse an der Aufklärung der Situation
- *Leser klagen an: Diese Religion gehört verboten!* – sehr problematisch, nicht mit dem Grundge-setz vereinbar
- *Schon wieder: Schauspieler trennt sich von dritter Frau!* – unproblematisch, ein Schauspieler muss als eine „Person des öffentlichen Lebens" derartige Berichte über sein Privatleben dulden, wenn sie der Wahrheit entsprechen
- *Ganz klar: Dieses Handy ist unschlagbar!* – unproblematisch, auch wenn es sich nicht um einen ausgewogen recherchierten Artikel handelt, sondern um eine Meinungswiedergabe des Journa-listen; etwas anderes ist es, wenn eine solche Aussage einseitig in öffentlich-rechtlichen Medien fällt, dort müssten weitere Handy-Marken genannt werden

S. 235

2 **b)** Der Pressekodex beruft sich vornehmlich auf die einschlägigen Kapitel des Grundgesetzes der BRD, weiterhin auf die Verantwortung gegenüber der Öffentlichkeit und das Berufsethos des Journalisten.

c) Lösungsvorschlag

Absatz 1, Z. 12–15:	Wahrheit und Menschenwürde sind Pflicht
Absatz 2, Z. 16–26:	Gewährleistung des Wahrheitsgehaltes
Absatz 3, Z. 27–32:	Falschmeldungen sind zu berichtigen
Absatz 4, Z. 33–36:	Unlautere Methoden sind verboten
Absatz 8, Z. 37–41:	Beachtung des Privatlebens
Absatz 9, Z. 42–44:	Nichts Ehrverletzendes
Absatz 10, Z. 45–47:	Verzicht auf Schmähungen
Absatz 11, Z. 48–50:	Verzicht auf gewalttätige Sensation
Absatz 12, Z. 52–55:	Keine Diskriminierung
Absatz 16, Z. 56–60:	Veröffentlichung von Rügen

d) Die Frage kann nicht allein mithilfe des Textes geklärt werden, die Homepage des Presserats sollte hinzugezogen werden: www.presserat.de.

Neue und alte Medien nutzen

Jeder kann sich schriftlich beim Deutschen Presserat beschweren; dieser prüft die Beschwerden und leitet ggf. eine der folgenden Maßnahmen ein: 1. die öffentliche Rüge (mit Abdruckverpflichtung); 2. die nicht öffentliche Rüge (auf Abdruck wird verzichtet, z. B. aus Gründen des Opferschutzes); 3. die Missbilligung; 4. den Hinweis.

3 Folgende Ziffern des Pressekodex werden in den Überschriften in Aufgabe 1, S. 234 berührt:
- Nationalstürmer spielte unterirdisch! – Ziffer 9
- Minister ist ein gemeiner Lügner! – Ziffern 1, 9
- Horrorcrash: Sensationelle Unfallbilder – Ziffer 11
- Nachbar deckt auf: Mit diesen Männern geht meine Untermieterin ins Bett! – Ziffern 4, 8, 9
- Skandal: Angestellte widerrechtlich abgehört! – Ziffern 2, 8
- Leser klagen an: Diese Religion gehört verboten! – Ziffer 12
- Schon wieder: Schauspieler trennt sich von dritter Frau! – Ziffer 8

4 In beiden Fällen geht es um Prominente, deren Persönlichkeitsrecht durch eine falsche Tatsachenbehauptung verletzt worden ist. In der Gegendarstellung nimmt der Geschädigte selbst Stellung und die Redaktion berichtigt ihre Falschmeldung durch Bestätigung der Gegendarstellung; im zweiten Fall berichtigt die Redaktion ausführlich ihre Falschmeldung durch eine Richtigstellung. Zudem werden beide Berichtigungen an den Stellen abgedruckt, die der falschen Veröffentlichung vergleichbar sind: im ersten Fall als kleine Meldung im Heft, im zweiten Fall gut sichtbar auf der Titelseite.
Hinweis: Beispiele für aktuelle Falschmeldungen der Regenbogenpresse finden sich auf http://www.topfvollgold.de/

5 z. B. auf http://medienrecht-blog.com/a-z/berichtigung/, http://www.medienrecht-ratgeber.de/ medienrecht/widerruf-und-richtigstellung/widerruf-und-richtigstellung.html, http://de.wikipedia. org/wiki/Berichtigungsanspruch_%28Medienrecht%29

S. 236

1 Die offensichtlich ungeschützte Einladung könnte dazu führen, dass sich sehr viele Gäste einfinden und die Situation eskaliert; Beispiele dafür finden sich häufig in der Presse und könnten gezielt gesucht werden. Diskutiert werden sollte: Was hat die jeweilige Person evtl. falsch gemacht?

S. 237

3 a)
- Text „Die Rolle der Medien": Die sozialen Netzwerke haben die arabische Revolution sehr stark unterstützt, indem Informationen und Nachrichten schnell untereinander und in der Weltöffentlichkeit verbreitet werden konnten.
- Text „Geld-Sorgen": In sozialen Netzwerken können einerseits auf breiter Basis Gefühle und Betroffenheit kanalisiert werden, andererseits kann die Betroffenheitskultur auf pietätlose und verletzende Weise für kommerzielle Interessen und Machtansprüche missbraucht werden.
- Text „Kein Grund zum Feiern": Über soziale Netzwerke können durch unbewusstes, aber auch gezieltes Handeln auch im privaten Bereich unkontrollierbare Massen organisiert werden, die vielfach ein zerstörerisches Potenzial entwickeln.

4 Neben persönlichen Erfahrungen und Recherche-Ergebnissen kann hier auf die Seite http://hoax-info.tubit.tu-berlin.de/hoax/ verwiesen werden.

147

Neue und alte Medien nutzen

S. 238

1 a) Hinderlich sind Daten, die auf sehr private oder gar verfängliche Situationen verweisen (ausschweifende Party, Alkohol, problematisches Sprachverhalten usw.). Nützlich sind z. B. Angaben, die auf Qualifikationen, Interessen und engagiertes Verhalten verweisen; vorbildliches Sozial- und Sprachverhalten ist ebenfalls positiv.

2 Es geht darum, welche Daten, Materialien, Informationen usw., die im Netz problemlos zu finden sind, man in welcher Form nutzen kann (auf dem Rechner oder auf anderen Datenträgern speichern, an andere weitergeben, auf eigenen oder fremden Seiten veröffentlichen) und welche rechtlichen Regeln es dazu gibt.

3 a) Es ist zu empfehlen, zunächst das vorhandene Wissen zu ermitteln, dazu kann man sehr ergiebig das Placemat-Verfahren einsetzen. Anschließend kann gezielt nach den aktuell geltenden Regeln recherchiert werden, z. B. auf der angegebenen Internet-Seite (Tipp-Kasten). Es gibt zu diesem Thema sehr viel kostenfreies Material bei den jeweiligen Landesmedienanstalten. Für die Schüler/-innen sind besonders die Themen „Musik" und „Film" von persönlichem Interesse.

S. 239

1 (1) Medienkritik: der kritische Umgang mit Medien und Medieninhalten
(2) Medienkunde: Das Wissen über Medien und Mediensysteme
(3) Mediennutzung: Medien nutzen und anwenden können
(4) Mediengestaltung: die Fähigkeit, Medien zu gestalten, innovativ zu verändern, zu entwickeln oder kreativ ästhetisch einzusetzen

Zusätzliche Kopiervorlagen auf der CD-ROM

(Differenzierte) Arbeitsblätter
– 14.1 Medien und Datensammlung (leistungsdifferenziert) (KV 64)
– 14.2 Kontrolle in den Medien (leistungsdifferenziert) (KV 65)
– 14.3 Medienarten – ihre Inhalte und Gestaltung (KV 66)
– Fazitbogen zum Kapitel 14 (KV 67)

Klassenarbeit/Test
– Neue und alte Medien nutzen (KV 68)
– Korrekturraster zur Klassenarbeit (KV 68)

Das Deutschbuch für Berufsfachschulen — Neue und alte Medien nutzen

Name: Datum:

Fazitbogen zum Kapitel 14

CHECKLISTE	Medien kompetent einsetzen

- ☐ Kenne ich die Möglichkeiten und Grenzen verschiedener Medien?
- ☐ Nutze ich gezielt verschiedene Medienarten, sowohl Print als auch digital?
- ☐ Recherchiere ich überlegt nach bewusst ausgewählten Gesichtspunkten?
- ☐ Prüfe ich bei der Internetrecherche kritisch die angezeigten Suchergebnisse?
- ☐ Erkenne ich die Informationsqualität eines Textes anhand verschiedener Kriterien?
- ☐ Nutze ich mehr als eine Informationsquelle?
- ☐ Gebe ich die Herkunft meiner Informationen gewissenhaft an?
- ☐ Gehe ich sorgsam mit meinen persönlichen Informationen um?
- ☐ Achte ich die Datenrechte anderer?

Kompetenz	Das kann ich	Das kann ich teilweise	Das kann ich noch nicht
– unterschiedliche Medienarten und -begriffe kennen – Vor- und Nachteile von Medienarten abwägen – das eigene Medienverhalten reflektieren			
– sich Wege zur Informationsbeschaffung systematisch erschließen – im Internet strukturiert recherchieren – die Qualität von Informationen beurteilen – Quellen prüfen – Manipulationsmöglichkeiten erkennen und mithilfe geeigneter Werkzeuge herausarbeiten – Aufgaben und Grenzen der Presse reflektieren – die gesellschaftliche und wirtschaftliche Bedeutung von Daten/Informationen kennen			
– Möglichkeiten und Grenzen des privaten Umgangs mit Daten kennen und kritisch beurteilen – Informationen aus Schaubild und Texten nutzen			
– den eigenen Kompetenzlevel bezüglich neuer und alter Medien kennen und einschätzen – das Wissen über Mediennutzung und vor allem Internetrecherchen anwenden			

© 2014 Cornelsen Schulverlag GmbH, Berlin. Alle Rechte vorbehalten.

KV 67

Kapitel 15: Vortragen, referieren und präsentieren

Vorbemerkung zum Kapitel

Relevanz für Alltag, Schule und Beruf

Die Fähigkeit, im kleinen oder größeren Kreis Inhalte anschaulich vorzutragen, spielt eine immer wichtigere Rolle. Ein Grund dafür ist die zunehmende Arbeitsorganisation im Team, bei der z. B. regelmäßig die einzelnen Arbeitsergebnisse vorgestellt werden müssen. Einige Einstellungstests enthalten Aufgabenstellungen, bei denen es um Präsentationen geht.

Aufbau des Kapitels/Lernzuwachs

Zu Beginn einer gelungenen Präsentation sollten Überlegungen über die Zielgruppe und zur sinnvollen Strukturierung des Vortrags stehen. Erst dann ist es sinnvoll, sich Gedanken darüber zu machen, wie man das Publikum von Anfang an fesseln kann und worauf man achten muss, damit der Vortrag gut zu verstehen ist und die Körpersprache zur Vortragssituation passt. Es hilft, Lampenfieber als Bestandteil einer solchen Situation zu akzeptieren und bewusst damit umzugehen. Neben dem mündlichen Vortrag kommt dem gezielten und souveränen Einsatz von Medien eine wichtige Bedeutung zu. Hier geht es darum, ganz praktische Überlegungen über die jeweiligen Einsatzmöglichkeiten anzustellen und gleichzeitig Regeln für die gelungene technische Umsetzung einer Visualisierung zu erarbeiten. Dabei ist der Einsatz von Präsentationsprogrammen weit verbreitet. Diese bergen aber auch immer die Gefahr, eine passive Zuhörerhaltung zu erzeugen. Deshalb kommt den übrigen Medien sowohl in der beruflichen Praxis als auch im Unterricht nach wie vor Bedeutung zu.

Methodik, Didaktik, Differenzierung

Die schnellsten Lernerfolge lassen sich bei diesem Thema dadurch erzielen, dass die Schüler/-innen von ihren eigenen Vorlieben und Erfahrungen ausgehend einen Vortrag gestalten. Kriterium muss dabei immer sein, sachlich einwandfreie Informationen in ansprechender Form – abgestimmt auf die Zielgruppe und jeweilige Situation – zu präsentieren. Falls die räumlichen und medialen Voraussetzungen es ermöglichen, lässt sich die Akzeptanz für Verhaltensänderungen durch Videoaufnahmen deutlich erhöhen. Gerade Schüler/-innen, die vor Publikum sehr zurückhaltend agieren, sind nach dem Anschauen ihres Vortrags eher bereit, ihr Verhalten umzustellen, da ihnen vorher nicht bewusst war, wie diese Art des Vortrags auf andere wirkt. In den Differenzierungsaufgaben gibt es die Möglichkeit, günstige Verhaltensweisen selbst auszuprobieren oder Regeln dazu aufzustellen. Der Schwierigkeitsgrad der Aufgabe erhöht sich, je weniger die Situation bekannt ist, die gemeistert werden soll. Dies wird z. B. anhand der Stegreifrede deutlich, durch die Redehemmungen reduziert werden sollen: Je nach Anforderungsgrad geht es nur darum, einzelne Begriffe irgendwie zu verbinden, was häufig zu witzigen Redeverläufen und damit zu einer gelösten Vortragssituation führt, oder diese Begriffe so plausibel zu kombinieren, dass die Zuhörer zwischen vorgegebenen Begriffen und Ergänzungen des Vortragenden nicht mehr unterscheiden können.

Kompetenzen

Die Schülerinnen und Schüler
- gehen auf die Bedürfnisse des Publikums ein
- strukturieren Redeskripte klar
- treffen eindeutige Vortrags-Absprachen
- setzen Medien situativ angemessen ein
- gestalten Plakate und Folien
- sprechen deutlich und moduliert
- verteilen Aufgaben in der Gruppe fair

150

Vortragen, referieren und präsentieren

Aufgabenlösungen und methodisch-didaktische Hinweise

S. 242

1 Um die Gesprächsunterschiede deutlich herauszuarbeiten, ist es sinnvoll, davon auszugehen, dass der Schulleiter eher anspruchsvoll und streng war.

a) Tendenziell wird das Gespräch mit der Tante persönlicher ausfallen:
- Anrede mit „du"
- stark persönlich gefärbte Darstellung zu den Themen „Lehrer", „Mitschüler", „Fächer"
- Evtl. wird über negative Erfahrungen relativ offen berichtet.
- Sachorientierte Informationen (z. B. zu sonstigen an der Schule vertretenen Fachbereichen, Anzahl der Mitschüler, Lage der Schule) werden nur eine geringe Rolle spielen.
- Häufig wird das Gespräch mit der Tante etwas ausführlicher ausfallen.

Das Gespräch mit dem Schulleiter dürfte distanzierter verlaufen:
- Anrede mit „Sie"
- eher ausgewogene Darstellung zu den Themen „Lehrer", „Mitschüler", „Fächer"
- Vermutlich werden erste gute Berufsschulleistungen hervorgehoben.
- Sachorientierte Informationen (s. o.) dürften eine größere Rolle spielen.
- Vermutlich wird es sich um ein eher kurzes Gespräch handeln.

c) Bis auf die unterschiedliche Anrede ließen sich die Gespräche i. d. R. austauschen, allerdings passt der jeweilige Gesprächsinhalt dann nicht mehr richtig, das Gespräch verläuft „komisch" (nicht adressatenorientiert).

2

	Mögliche Ziele	Aspekt, der für die Zuhörer interessant sein könnte
a)	dem Großvater Verbundenheit und Zuneigung demonstrieren	an Eigenarten des Großvaters erinnern und daran, wie sie auf Sie als Kind gewirkt haben
b)	Lehrer soll erkennen, dass Sie die bessere Note verdienen	besondere Leistungen, die Sie während des Unterrichts oder zu Hause erbracht haben
c)	den Verein sympathisch und unterstützenswert darstellen	konkrete Projekte vorstellen, für die Sie sich Unterstützung wünschen
d)	Wissen und Engagement demonstrieren	Aspekte des Themas hervorheben, die Sie persönlich angesprochen haben (und die deshalb vielleicht auch für andere Schüler/-innen interessant sind)

S. 243

1 Auf den ersten Blick:
- unpassend: gesprochene Sprache in geschriebener Form
- unbeholfene Ausdrucksweise
- Umgangs- und Jugendsprache

Bei näherem Hinsehen:
- klare Struktur
- konkrete Inhalte
- geht auf die Zuhörer ein
- versucht die Zuhörer von seinem Thema zu überzeugen

Vortragen, referieren und präsentieren

2 a) Wenn Adnan vor einer Klasse referiert hat, in der seine Sprechweise üblich ist, hat er vermutlich sein Ziel erreicht: Die Struktur ist klar und die einzelnen Punkte werden anschaulich vorgetragen. Durch das Hinzufügen der persönlichen Meinung spricht er die Schüler/-innen direkt an und weckt deren Interesse für das Thema.

b) Das hängt davon ab, ob die Schüler/-innen auf eine bewusst unkonventionelle Weise angesprochen werden sollten oder ob ein Vortrag in Standardsprache geplant war, der inhaltlich die Interessen der Zuhörer/-innen aufgreift. Auf jeden Fall wirkt Adnans Vortrag wenig professionell: Durch die einfache, durch Jugend- und Umgangssprache geprägte Ausdrucksweise wirkt Adnan selbst unbeholfen, möglicherweise wird er nicht von allen verstanden.

c) Anrede mit Sie, sprachlich überarbeiten: Vortrag in Standardsprache

c) Die Berufsschule ist ganz anders, als es hier bei Ihnen war. Alle in der Klasse machen die gleiche Ausbildung und wir geben uns gegenseitig Tipps. Wir erzählen uns, wie es in unseren Betrieben zugeht und wie unsere Chefs sich verhalten. Im Fachunterricht üben wir gezielt Dinge, die wir später im Betrieb brauchen. Wir lernen, wie die einzelnen Tätigkeiten zusammenhängen und welche Regeln gelten. Außerdem bereitet uns die Berufsschule gezielt auf die Prüfung vor.

S. 244

1 a) Am Ende seines Vortrags aktiviert er sein Publikum, selbst tätig zu werden und Fragen zu stellen. Allerdings ist die Formulierung „Noch Fragen?" (passend zum übrigen Vortrag) sprachlich zu lässig, um zurückhaltende Fragesteller zu aktivieren. Dafür würde sich der Satz: „Welche Fragen kann ich euch noch beantworten?" besser eignen.

b)

Vorteile	Nachteile
Als Vortragender erkennt man den aktuellen Wissensstand des Publikums und kann z. B. Missverständnisse frühzeitig ausräumen.	Manche Fragen erledigen sich kurze Zeit später. Lässt man Fragen zu, wird der Vortrag schnell unübersichtlich, wenn Inhalte, die zu einem späteren Zeitpunkt genannt werden sollten, vorgezogen werden.
Fragen aktivieren das Publikum und fördern eine aktive Zuhörerhaltung während des Vortrags.	Manche Fragen interessieren nur den Fragenden.
Man kann durch den souveränen Umgang mit Zwischenfragen seine Kompetenz als Vortragender unter Beweis stellen.	Fragen beziehen sich häufig auf Details, die man nur kennt, wenn man im Thema einen großen Wissensvorsprung gegenüber den Zuhörern hat. Gegebenenfalls wirkt man inkompetent, obwohl der Vortrag inhaltlich korrekt und solide vorbereitet ist.
Man kann gezielt die Informationen ergänzen, die für das Publikum wichtig sind. Das Publikum bestimmt die Informationstiefe des Vortrags mit.	Zwischenfragen bringen eine präzise Zeitplanung durcheinander.

2   152

Vortragen, referieren und präsentieren

S. 245

1 Häufig sind die Karten zu dicht und zu unstrukturiert beschrieben.

Muster

		Karte 1
Begrüßung	<u>Namen</u> nennen	
Thema	<u>Berufsschule</u>	
	Was geht ab, wenn du in	
	der Berufsschule bist?	
Hinführung	Ich hatte <u>genug</u> Schule,	
	Was brauche ich später?	

		Karte 2
Hauptteil:	<u>Was bringt mir Berufsschule?</u>	
	– <u>Kontakt</u> zu Auszubildenden in	
	anderen Betrieben	
	– <u>Fachunterricht</u> geht in die Tiefe	
	– Vorbereitung auf die <u>Prüfung</u>	

		Karte 3
Schluss	Berufsschule ist <u>anders</u> und	
	<u>wichtig</u> für die duale Ausbildung.	
Fragen?		

3 **b)** Diese Form des Feedbacks verschafft dem Feedbacknehmer eine stärkere Kontrolle über den Feedbackprozess und ist damit besonders für unsichere Feedbacknehmer und bei schwierigen Gruppenzusammensetzungen geeignet. Manchmal hilft diese Methode auch, die Feedbackgewohnheiten innerhalb einer Lerngruppe zu durchbrechen und Beiträge von bisher eher unbeteiligten Schüler/-innen zu erhalten.

Vortragen, referieren und präsentieren

4 a) z. B.: Zittern der Knie/Hände/Stimme, körperliches Unwohlsein, Atemschwierigkeiten, Herzrasen, Schwitzen, innerliche Unruhe, feuchte Hände, trockener Mund, Blackout
b) z. B.: Lampenfieber als Voraussetzung für gute Leistungen akzeptieren, sich sehr gut vorbereiten, Treppensteigen und/oder Atemübungen (um ruhiger zu werden), Zeitreserven einplanen und technische Voraussetzungen kontrollieren, vorab Smalltalk mit dem Publikum, auf freundliche und unterstützende Personen im Publikum konzentrieren

S. 246

1 a) Durch die langen, verschachtelten Sätze wirkt der Vortrag verwirrend und einschläfernd. Das Publikum wird ihm nur schwer folgen können.
c) Sprich in kurzen Sätzen. Drück dich klar aus. Sprich lebhaft und interessant über dein Thema.

2 a) Pausen machen; auf eine passende Intonation achten, z. B. indem zentrale Begriffe betont gesprochen werden; angemessene Vortragsgeschwindigkeit
b) Um die Wirkung besonders deutlich zu machen, hilft es, die Regeln abwechselnd bewusst zu missachten oder in der Ausführung zu übertreiben.

3 a) Fach- und Fremdwörter eignen sich besonders. Achtung: Gerade wenn man nervös ist und die Vortragssituation als unangenehm und peinlich empfindet, neigt man dazu, leise und schnell zu sprechen sowie Endungen zu verschlucken.
b) z. B.: Fischers Fritze fischt frische Fische, frische Fische fischt Fischers Fritze.
Blaukraut bleibt Blaukraut und Brautkleid bleibt Brautkleid.
In Ulm, um Ulm und um Ulm herum.
Sechzig tschechische Chemiker checken rechnerisch technische Schemata.
Im Internet finden sich viele weitere Zungenbrecher. Ein Extrembeispiel ist die Aufzeichnung einer alten Wetten-Dass-Wette von 2006 auf YouTube (www.youtube.com/watch?v=Abc6mt-iicc).

4

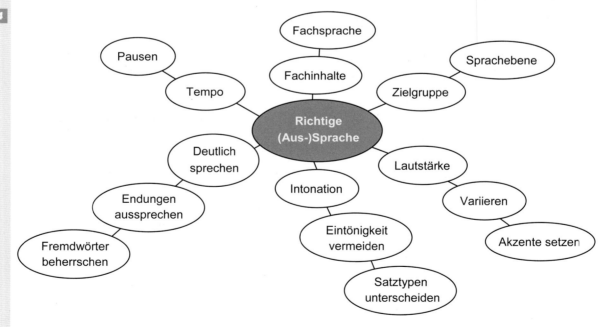

Hinweis: Um das Problem des Stotterns und die damit verbundene Redeangst geht es in dem Oscar prämierten Film „The King's Speech": Georg VI. wird in Großbritannien zum König gekrönt. Um öffentlich sprechen zu können, nimmt er die Hilfe eines unkonventionellen Sprechtherapeuten in Anspruch (Laufzeit: 113 Minuten).

S.247

1 Die zweite Frau von links sieht das Publikum offen an, sie hat eine zugewandte Körperhaltung und eine offene Armhaltung.
Die Körperhaltung des Mannes links ist bis auf den unter den rechten Arm geklemmten linken Arm auch in Ordnung. Er sollte jedoch nicht noch breitbeiniger Aufstellung nehmen. Die beiden Frauen rechts wirken inkompetent, aufgrund der Arm- bzw. Beinhaltung. Die nicht vorhandene Körperspannung verstärkt die unsichere Wirkung.

2 – aufrecht stehen
– Arme locker neben dem Körper lassen, evtl. anwinkeln
– Moderationskarten oder Presenter (für PowerPoint) oder einen Stift in der Hand halten (auch, um eine möglichst natürliche Haltung einzunehmen)
– dem Publikum frontal gegenüberstehen, sodass sich zu allen Zuhörern/Zuhörerinnen Blickkontakt herstellen lässt
– knapp schulterbreit mit lockeren Knien stehen
– Kopf gerade halten
– freundliche Mimik

3 Die Stichwörter können von der Lehrperson vorbereitet, aber auch von der Lerngruppe in Kleingruppen zusammengestellt und dann weitergegeben werden. Ein vergleichsweise einfaches Beispiel wären die folgenden Stichwörter, die nacheinander aufgedeckt werden, d. h., die Reihenfolge ist vorgegeben:
Koffer – Dackel – grün – Aufzug – Bus – klingeln – hoch – Baum – Kaffee – sehen.
Je ausgefallener die gewählten Nomen (z. B. Rakete, Kamel), Verben (z. B. steppen, geigen) und Adjektive, desto absurder und häufig auch amüsanter ist die Stegreifrede.

a) Die Gruppengröße sollte bei dieser Übung ca. sechs Personen betragen. Die relativ kleine Zuhörergruppe dient dazu, die Vortragssituation zu entschärfen.

b)

Stützt den gemeinsamen Auftritt	Macht den gemeinsamen Auftritt komplizierter
Vortragende kennen sich gut – Vortragende arbeiten gern/gut zusammen – Vortragende haben evtl. Übung aus früheren gemeinsamen Einsätzen	Vortragende kennen sich noch nicht – Vortragende haben distanziertes Verhältnis zueinander – erster gemeinsamer Vortrag

b) Hier kommt es darauf an, sich stilistisch an die ersten Begriffe anzupassen und z. B. durch eigene absurde Ergänzungen die eigentlichen Stichwörter zu „tarnen".

Vortragen, referieren und präsentieren

S. 248

1 Die meisten Menschen merken sich visuelle Reize besonders gut. Außerdem kann man ein Bild im Gegensatz zu einem Redebeitrag im eigenen Tempo aufnehmen und persönliche Schwerpunkte setzen. Besonders wichtig sind Bilder als optische „Aufhänger" für Informationen und um einen Überblick über zusammenhängende Informationen zu erhalten.

2 Der Einsatz von Präsentationsprogrammen wird auf der nächsten Lehrbuchseite thematisiert, in dieser Aufgabenstellung geht es vor allem um die übrigen Visualisierungsmedien, deshalb erfolgt der Hinweis auf Präsentationsprogramme wie PowerPoint in Klammern.

Situation	Geeignetes Medium
ein Referat vor der Klasse halten	Plakate oder Overheadfolien (Präsentationsprogramm)
Ergebnisse einer Gruppenarbeit präsentieren	Plakate, evtl. Flip-Chart-Bögen, Overheadfolien
Zahlenmaterial darstellen	Overheadfolien, die am Computer entworfen werden (Präsentationsprogramm)
eine Klassenfahrt am Elternabend präsentieren	spontaner Tafelanschrieb der wesentlichen Daten während des mündlichen Vortrags, Overheadfolie mit einer Kopie des Informationsschreibens (Präsentationsprogramm zur Vorstellung der Klassenfahrt, Datei des Informationsschreibens öffnen und projizieren)
Ergebnisse eines Brainstormings in der Klasse festhalten	Metaplankarten, die von einzelnen Schülerinnen und Schülern ausgefüllt werden können, oder Protokoll der geäußerten Ideen an der Tafel

3

	Overhead-folie	Moderations-karte	Flip-Chart	Plakat	Tafel
Handhabung während der Präsentation	einfacher Einsatz; kontrollieren, ob die Folie so aufliegt, dass sie komplett zu sehen ist	etwas anspruchsvoller, da gleichzeitig der Kartenstapel gehalten und eine Karte befestigt wird	erfordert Übung beim Beschreiben	Plakate bereits vor der Präsentation aufhängen, evtl. Pinnwand wegdrehen oder Plakat abdecken, bis es gebraucht wird	kein Blickkontakt zum Publikum, erfordert Übung beim Beschreiben

	Overhead-folie	Moderations-karte	Flip-Chart	Plakat	Tafel
Zeitlicher Aufwand vor und während der Präsentation	Folien sollten zumindest teilweise vorbereitet werden, können ergänzt werden	normalerweise werden die Karten vorab beschriftet, entweder vom Vortragenden oder auch von den Zuhörern	wird häufig während der Präsentation beschriftet, es können auch vorbereitete Bögen eingesetzt werden	muss vorbereitet, kann aber noch ergänzt werden	Tafelbild sollte vorher konzipiert und evtl. auch schon einmal ausprobiert werden, Beschriftung während des Vortrags relativ zeitaufwändig
Korrekturmöglichkeiten	theoretisch möglich, aber etwas umständlich, sichtbare Korrekturen jederzeit möglich	Reihenfolge kann verändert werden, einzelne Karten lassen sich leicht austauschen	Korrekturen bleiben sichtbar	in der Vorbereitungsphase lassen sich Korrekturen durchführen, indem die fehlerhaften Passagen mit Plakatpapier überklebt werden	einfache Korrekturmöglichkeit
(Technische) Voraussetzungen	Overheadprojektor, Projektionsfläche	Pinnwand oder Magnetwand	Flip-Chart-Ständer	keine	Tafel, Kreide (bzw. Whiteboard und Stifte)
Räumlichkeiten	ggf. Abdunkelung notwendig	für Klassenräume i. d. R. gerade noch geeignet, besser geeignet für kleinere Räume	für Klassenräume i. d. R. gerade noch geeignet, besser geeignet für kleinere Räume	für Klassenräume i. d. R. gerade noch geeignet, besser geeignet für kleinere Räume	Klassen- oder Schulungsräume
Kosten	für Folien (und Stifte)	für Metaplankarten und Plakatstifte	Flip-Chart-Bögen (relativ teuer) und Plakatstifte	für Karton, Stifte, kopierte Abbildungen	i. d. R. keine Zusatzkosten
Besonderheiten	Vorsicht vor rutschenden Folienstapeln, Kopien leicht möglich	trotz der kleinen Karten auf eine angemessene Schriftgröße achten	Schrift muss gut leserlich sein	Schrift muss gut leserlich sein, gut strukturieren, nicht überfrachten	Ergebnissicherung z. B. durch Smartphone-Fotos

Vortragen, referieren und präsentieren

S. 249

1 Die Folie wirkt unübersichtlich und überladen.

2

Eingehaltene Regel	Nicht berücksichtigt
Überschrift vorhanden	mehr als sieben Inhaltspunkte
Schriftgröße lesbar	ganze Sätze statt Halbsätze und Stichwörter, Absätze zu klein
Großbuchstaben für Überschrift und teilweise zur Hervorhebung einzelner Wörter	auch kurze Ausdrücke in Großbuchstaben, Hervorhebungen in diesen Absätzen wirken willkürlich
nicht mehr als drei Farben eingesetzt	Farben nicht inhaltsunterstützend eingesetzt
Rechtschreibung und Grammatik i. O.	Anordnung und Gestaltung sind unübersichtlich

3 **Lösungsvorschlag**

für Struktur und Inhalt, individuelle Gestaltung (z. B. Abbildung) im Rahmen der Kriterien möglich:

Führerschein – so früh wie möglich machen?

Vorteile	Nachteile
– kann für Jobs und Berufsausbildung wichtig sein – unabhängig von Mitfahrgelegenheit – keine Angst vor betrunkenen Fahrern	– kostet viel Geld für Fahrschule und Benzin – bringt wenig ohne eigenes Auto – Parkplatzsuche in der Stadt schwierig

Was ist mir wichtiger?

S. 250

1
- ermöglicht einen professionell wirkenden Auftritt auch für private Nutzer
- Änderungen und Aktualisierungen sind jederzeit möglich
- dient dem Vortragenden gleichzeitig als Skript (d. h. als Stichwortgeber)
- einfacher Transport durch Stick, sofern am Präsentationsort Laptop und Beamer zur Verfügung stehen

2 a) Mögliche Produkte sind Alltagsprodukte wie ein neues Getränk, eine Süßigkeit oder ein neuer Duft. Natürlich besteht bei dieser Aufgabenstellung auch die Möglichkeit, berufsbezogene Produktideen umsetzen zu lassen.

c)
- Präsentation im Vortragsraum ausprobieren: Passt das mitgebrachte zum vorhandenen Equipment?
- Das Integrieren von Film- bzw. Videosequenzen ist besonders pannenanfällig!
- Präsentation so planen, dass der Vortrag notfalls auch ohne die eingeplante Sequenz verständlich bleibt
- evtl. Folien verkleinert ausdrucken als Notfallskript für einen technischen Totalausfall

e) Sinnvoll ist es, unmittelbar nach der Präsentation die Kleingruppe selbst zu fragen, wie zufrieden sie mit dem Verlauf ist. Dabei werden in vielen Fällen deutliche Mängel (z. B. zu kurz, fehlende Absprachen) angesprochen. So bleibt das Feedback auf Aspekte beschränkt, die die Gruppe selbst nicht realisiert hat, und bietet den Vortragenden echten Erkenntnisgewinn.

158

3 b)

	Präsentationsprogramme
Handhabung während der Präsentation	einfach, sofern es keine technischen Probleme gibt Falls kein Presenter benutzt wird, sind u. U. Absprachen mit der Person am Rechner notwendig.
Zeitlicher Aufwand vor und während der Präsentation	relativ hoher Zeitaufwand vor der Präsentation (allerdings stark abhängig von der Gestaltung der Folien; für Geübte kann eine schlichte Version die schnellste Möglichkeit darstellen, eine Präsentation zu erstellen) kein Zeitverlust während der Präsentation (ausgenommen technische Problem)
Korrekturmöglichkeiten	sehr gut, auch kurzfristig möglich
(Technische) Voraussetzungen	aufwändig: Laptop mit entsprechendem Programm, Beamer, Projektionsfläche
Räumlichkeiten	auch für größere Räume geeignet, je nach Beleuchtungsverhältnissen (z. B. bei Sonneneinstrahlung) Verdunkelung sinnvoll
Kosten	falls die technische Ausstattung vorhanden ist, gering
Besonderheiten	zu glatte Präsentationen befördern eine Konsumhaltung der Zuhörer/-innen statt zum Mitdenken anzuregen (wird oft schon durch die Sitzhaltung der Zuhörer/-innen deutlich)

Zusätzliche Kopiervorlagen auf der CD-ROM

(Differenzierte) Arbeitsblätter
- 15.1 Der gute Redner (leistungsdifferenziert) (KV 69)
- 15.2 Inhalte visualisieren – Medien nutzen (leistungsdifferenziert) (KV 70)
- Fazitbogen zum Kapitel 15 (KV 71)

Klassenarbeit/Test
- Präsentation (leistungsdifferenziert) (KV 72)
- Korrekturraster zur Klassenarbeit (KV 72)

Name: Datum:

Fazitbogen zum Kapitel 15

CHECKLISTE	Richtig referieren

- ☐ Habe ich das Vortragsziel geklärt?
- ☐ Bin ich mir über die Erwartungen des Publikums im Klaren (Vorkenntnisse, Alter, Zusammensetzung usw.?)
- ☐ Habe ich einen für das Publikum nachvollziehbaren, logischen inhaltlichen Aufbau gewählt?
- ☐ Ist in meinem Redeskript (Karteikarten) der rote Faden für mich gut erkennbar (grafische Gestaltung)?
- ☐ Habe ich eine passende Einleitung, eine motivierende Hinführung und einen einprägsamen Schluss gewählt?
- ☐ Habe ich Techniken zum Umgang mit meinem Lampenfieber bedacht?
- ☐ Habe ich die organisatorischen Voraussetzungen berücksichtigt (Raum, Technik, Publikumsgröße)?
- ☐ Begleiten die ausgewählten Medien die Präsentation angemessen?
- ☐ Habe ich die Präsentation mehrmals laut gesprochen und die Zeit gestoppt?
- ☐ Habe ich den Medieneinsatz und die passende Körpersprache geübt?

Kompetenz	Das kann ich	Das kann ich teilweise	Das kann ich noch nicht
– adressaten- und zielorientiert kommunizieren – eigene Vortragserfahrungen reflektieren und nutzen			
Vortragsvorbereitung – Informationen zielgruppengerecht aufbereiten – den Vortrag strukturieren – Redeskripte erstellen – einen Leitfaden anfertigen – Hinführungen (Ohröffner) entwickeln – Techniken gegen Lampenfieber kennen und nutzen **Während des Vortrags** – die Aufmerksamkeit des Publikums gewinnen – deutlich und moduliert sprechen – angemessene Sprache wählen – Körpersprache bewusst gestalten – stabile Position einnehmen – Blickkontakt herstellen			
– Eigenschaften von Medien kennen – situativ angemessene Medien auswählen – Visualisierungsregeln für Texte kennen und anwenden – Präsentationen mit Präsentationsprogrammen gestalten – Medien während des Vortrags souverän einsetzen – den Einsatz von Präsentationsprogrammen kritisch bewerten			

Lernszenario „Medien"

Methodisch-didaktische Hinweise

S. 252

Erfassen Sie die Situation und arbeiten Sie das Problem heraus.
- sachliche Unkenntnis
- Erfordernis einer zielgerichteten Recherche
- Klärung von Basisbegriffen
- Umgang mit Daten und Rechten anderer
- strukturierte und zielgruppengerechte Präsentation
- Wahl geeigneter Präsentationsmedien
- Umgang mit Ängsten
- Zeit- und Arbeitsplan

Setzen Sie Ziele und formulieren Sie Handlungsaufträge.
Die Schüler/-innen können mit Medien umgehen und eine zielgruppengerechte Präsentation erstellen.

Planen Sie Ihr Vorgehen und führen Sie es anschließend durch.
Die Informationen aus den beiden vorausgehenden Kapiteln werden genutzt, z. B.
- gezielte Mediennutzung
- im Internet recherchieren und Informationen kritisch auswerten
- Umgang mit Daten anderer
- Präsentation – Ziel und Zielgruppe
- Planung und Strukturierung der Präsentation
- Auftritt vor anderen
- Einsatz geeigneter Präsentationsmedien

Werten Sie Ihre Ergebnisse aus und präsentieren Sie diese.
Handlungsprodukt:
10-minütiger Kurzfilm + mediengestützte Präsentation

Empfehlenswerte Materialien:
Hinweise zur praktisch-technischen Vorgehensweise zu finden auf:
http://www.planet-schule.de/dokmal/fuenf_schritte_ein_film/ [7.8.2014]

Kapitel 16: In einer Diskussion clever argumentieren

Vorbemerkung zum Kapitel

Relevanz für Alltag, Schule und Beruf

Täglich begeben wir uns in Diskussionen, das fängt bei der Auseinandersetzung um die Mithilfe im Haushalt an, geht über die Entscheidung, am Arbeitsplatz z. B. Dinge richtig in Ordnungssysteme einzusortieren, und reicht bis hin zu der Frage nach einer gerechten Benotung in der Schule. Grundlegend in allen Bereichen ist es, unabhängig von der Gewichtung des Themas, die eigene Position zu formulieren und zu belegen, das eigene Ziel vor Augen zu haben und andere davon mit sachlogischen Argumenten zu überzeugen. Diskutieren als eine kommunikative Kompetenz gewinnt gerade im Beruf an Bedeutung, je häufiger und intensiver im Team gearbeitet wird. Hier sind durchaus auch länger andauernde Auseinandersetzungen zu führen.

Aufbau des Kapitels/Lernzuwachs

Ausgangspunkt des Kapitels ist es, Diskussionsanlässe im Alltag, in Beruf und in der Schule als solche zu erkennen und von anderen Kommunikationsformen zu unterscheiden. An einfachen Situationen wird der Aufbau eines sachlogischen Arguments mit verschiedenen Argumentationsstützen untersucht. Die Schüler/-innen unterscheiden hier zwischen sachlichen und unsachlichen Argumenten. Ein weiterer Schwerpunkt ist es, mögliche Strategien zu untersuchen, wie man Gegenpositionen einnimmt. Hier wird angestrebt, die komplexe Kommunikationsform Diskussion mit ihren Regeln und Methoden zu durchdringen und selbst eine Diskussion durchzuführen. Die Schüler/-innen müssen dafür die Leitung, die Befürwortung und die Gegenposition zu einem Thema vorbereiten, sachlich argumentieren und sich adäquat in der Kommunikationssituation verhalten. Abschließend beschäftigen sie sich mit der Protokollierung und Auswertung der Diskussion.

Methodik, Didaktik, Differenzierung

Im Kapitel werden zunächst einfache Situationen untersucht, die vielen Schülerinnen und Schülern bekannt sein dürften und die über eine kurze Auseinandersetzung zu lösen sind. Sie dienen als Vorbereitung auf eine Diskussion, die mehr Vorbereitung und Auseinandersetzung mit einem Sachthema verlangt. In Zusammenhang mit der Themenwahl beschäftigen sich die Schüler/-innen mit den Methoden „Blitzlicht" und „Themenabfrage". Über eine Kartenabfrage ermitteln sie die Diskussionsziele.
Die Differenzierung geht darauf ein, unterschiedlich komplexe Argumente und Gegenreaktionen zu bilden. Der Schwierigkeitsgrad ergibt sich aus der umfassenderen Beurteilung der Kommunikationssituation. Die weitere Differenzierung erfolgt dann über den Einsatz der Fishbowl-Methode, die dem Einzelnen den Rückzug aus der Diskussionssituation ermöglicht. Die Podiumsdiskussion ist insofern schwieriger, als die Experten durchgehend ihren Standpunkt vertreten und logisch argumentieren und reagieren müssen. Wesentlicher Teil ist die Nachbereitung der Diskussion mithilfe des Beobachtungsbogens, sodass geprüft werden kann, inwiefern die Teilnehmenden angemessenes Diskussionsverhalten an den Tag gelegt haben.

Kompetenzen

Die Schülerinnen und Schüler
- kennen den Aufbau eines Arguments, wenden Argumentationsstützen an und können Argumente formulieren
- kommunizieren zielorientiert
- können die Gegenposition in Diskussionen einnehmen
- halten Diskussionsregeln ein und entlarven unsachliche Argumente
- bereiten eine Diskussion vor und führen sie durch

Aufgabenlösungen und methodisch-didaktische Hinweise

S. 254

1 a) Swenja argumentiert und begründet, indem sie die Anforderungen, die sie als ausreichend verstanden hat, aufzählt und ihre Erfüllung beschreibt. Allerdings nennt sie keine Aspekte, die ihrer Ausbildung fachlich angemessen wären, denn es geht um die sogenannten Sekundärtugenden Pünktlichkeit, Zuverlässigkeit, Fleiß oder Pflichtbewusstsein, deshalb bleiben Frau Lange gute Gegenargumente.

b) Meinung äußern („Ich finde meine Note ungerecht"), begründen/aufzeigen („Sie haben am Anfang […] Ich habe mich […]"), belegen/nachweisen/ggf. unter Druck setzen („Sie haben mich gelobt"), Meinungsäußerung/Appell („Ich finde, eine Zwei habe ich verdient.")

2 Foto links: vermutlich berufliche oder schulische Situation, einer arbeitet sitzend am PC, der andere steht daneben und zeigt auf den Bildschirm: feststellen, begründen, aufzeigen, beweisen, belegen, beraten, argumentieren, informieren, anleiten, unterweisen, diskutieren, belehren, nachweisen, unterstützen, kommentieren, eine Meinung äußern

Foto Mitte: private Situation, vermutlich zwischen Mutter und Tochter, zugewandte Körperhaltung der Mutter, leicht verschlossene Körperhaltung der Tochter: beeinflussen, ablehnen, drängen, beraten, Meinungen austauschen, zurückweisen, umstimmen

Foto rechts: Mann steht mit offener Körperhaltung, Frau mit dem Rücken zum Mann und verschränkten Armen (verschlossene Körperhaltung): überreden, beeinflussen, drängen, streiten, zurückweisen, umstimmen, verleiten, ablehnen, diskutieren, überzeugen, appellieren, eine Meinung äußern, argumentieren, Stellung nehmen, unter Druck setzen

2 **Lösungsvorschlag**
Informieren: Ein Kartenabreißer informiert die Besucher/-innen, wie man am schnellsten den Platz findet. – Eine Meinung äußern: In der Lerngruppe soll entschieden werden, ob der Ausflug in einen Kletterpark oder in die nächstgelegene größere Stadt gehen soll. Eine Schülerin äußert, dass sie lieber in den Kletterpark fahren würde. – Anleiten: In der Werkstatt leitet die Gesellin den Auszubildenden bei der Einstellung der Maschinen an.

3 argumentative Kommunikationsformen: überreden, beeinflussen, streiten, zurückweisen, umstimmen, begründen, beweisen, belegen, ablehnen, argumentieren, nachweisen, diskutieren, überzeugen, Meinungen austauschen, eine Meinung äußern, Stellung nehmen

S. 255

1 Merkmale einer Diskussion: kontroverse Meinungen, die Gesprächsteilnehmer/-innen wollen das Gegenüber von ihrer Meinung überzeugen/streben eine Problemlösung an, sachliche Gesprächsatmosphäre, Begründungen nennen, Konzentration auf ein Thema, gegensätzliche Meinungen aushalten, reglementierte Kommunikation

Bei einem Gespräch kann es sich z. B. lediglich um den Austausch von Informationen oder Meinungen handeln, ohne Argumente.

2 Ungeeignet für eine Diskussion sind die Themen „Wo schmeckt es besser, bei McDonald's oder bei Burger King?" und „Wirkt sich schlechtes Wetter negativ auf die eigene Laune aus?", denn hier geht es um eine subjektive Einschätzung, die nicht mit Fakten zu belegen ist. Das Thema „Kann man seine Individualität nur durch schräges Aussehen zum Ausdruck bringen?" ist als Suggestivfrage formuliert und daher keine geeignete Ausgangsfrage für eine Diskussion. Bei den übrigen

In einer Diskussion clever argumentieren

Themen ist eine Kontroverse möglich, denn es können unterschiedliche Haltungen entwickelt und sachliche Argumente gefunden werden, es gibt weiteres Informationsmaterial.

S. 256

1 Aussage Ausbildungsleiter B

Behauptung (These)	Sie arbeiten deswegen so lange in einer Abteilung,
Argument (Begründung)	weil Sie dort die Grundlagen Ihrer Ausbildung lernen.
Argumentationsstütze	Es ist sehr wichtig, dass Sie die elementaren Prozesse gut und sicher beherrschen, um komplexe Situationen, mit denen Sie zukünftig konfrontiert werden, meistern zu können.

Allein die Begründung könnte Henning noch nicht überzeugen, weil sie sehr allgemein gehalten ist. Dagegen hilft ihm die Argumentationsstütze, die Entscheidung in einen Zusammenhang mit seiner Ausbildungssituation zu bringen.
Die Aussage des Ausbildungsleiters A enthält keine sachliche Begründung, sondern nur den (nicht nachweisbaren) Verweis darauf, dass die Ausbilder generell sinnvoll handeln würden.

2 Lösungsvorschlag
- Man sollte zum Vorstellungsgespräch gepflegte und bequeme Kleidung anziehen, in der man sich wohlfühlt. Denn der äußere Eindruck lässt auch auf die Persönlichkeit schließen. Fühlt man sich in der Kleidung wohl, erlangt man Sicherheit und kann sich besser auf die Gesprächsinhalte konzentrieren.
- Bei der Erstellung einer Facharbeit ist es ratsam, sich nicht ausschließlich anhand des Internets zu informieren, sondern auch Fachbücher als Quellen zu nutzen. Denn im Internet finden sich häufig nicht die detaillierten Fachaufsätze der Experten und Expertinnen, sondern oft nur allgemein gehaltene Informationen ohne Quellenangaben. Ein abgesicherter Beleg für die Informationen einer Facharbeit ist unerlässlich und sichert ihre Qualität.
- Die Preise für Alkohol sollten in Deutschland deutlich angehoben werden. Denn Alkoholmissbrauch führt zu erheblichen gesundheitlichen Schäden. Auch sind Jugendliche und junge Erwachsene indirekt so besser vor Missbrauch geschützt, weil sie oft nicht so viel Geld besitzen.

S. 257

3 a) Anna
Meinung: Diesen Sommer sollten wir nach Griechenland in Urlaub fliegen.
Argument: Ich mag die Menschen dort. Sie sind so herzlich und freundlich
Argumente: Und das Klima …! Herrlich! Du musst nach … Sonne tanken. Wir haben hier in … Sonne.
Argumentationsstütze: Neulich habe ich in der Zeitung über … Wohlbefinden.
Argument: Im Übrigen sind die Flug- und Hotelpreise … nie.

Philipp
Meinung: Du weißt doch ganz genau, dass ich in die USA will. – Meine Wünsche sind dir egal.
Argument: Das war schon immer so.
Argumentationsstütze: –
Anna beginnt das Gespräch, als ob ihr der Gedanke, Urlaub in Griechenland zu planen, gerade erst gekommen sei. Sie führt unterschiedliche Gründe sehr ausführlich auf (auch Selbstoffenba-

rung). Überraschend schnell steigt sie in die Planung ein, indem sie an den Freund appelliert, Hotels und Flüge auf einer Internetseite zu suchen.

Philipp dagegen reagiert nur auf die Beziehungs- und Appellseite der Aussage, er geht nicht auf die sachlichen Argumente ein, sondern formuliert Vorwürfe, Ich-Botschaften und stellt den gemeinsamen Urlaub grundsätzlich infrage.

b) anschaulich/allgemein bekanntes Wissen: Klima-Argument, Sonne tanken

Zahlen, Statistik/wissenschaftliche Ergebnisse: Studie über Vitamin-D-Mangel

Fakten: Flug- und Hotelpreise

c) mögliche weitere Argumente: Aktiv- und Erholungsurlaub möglich, kulturell attraktiv, Inselurlaub mit Meer usw.

4 Es kann sich auch anbieten, jeweils ein Gegenargument zu Annas Thesen zu finden. Mögliche Argumente für einen Urlaub in den USA:

Die Menschen sind offen und freundlich, man kommt schnell in Kontakt (allgemein bekanntes Wissen). Man kann sich entscheiden zwischen Aktivurlaub, Kulturreise oder Erholung (Faktenwissen). Kalifornien bietet Sonne, Wellen, Strand und Spaß (anschaulich). USA bieten geografisch sehr unterschiedliche Landschaften (Fakten) usw.

S. 258

1 Lösungsvorschlag

Killerphrasen der Ausbildungsleiterin:

– „Als ich damals mit meiner Ausbildung angefangen habe, musste ich das auch machen und es hat mir nicht geschadet."

– „Sie sind ja erst vier Monate hier, da können wir Sie noch nicht richtig einsetzen, Sie wissen ja noch nichts."

– „Das Berufsleben hat auch seine unangenehmen Seiten, das müssen Sie noch lernen, Sie haben bisher nur die Schule kennengelernt."

1 Killerphrasen vgl. 1 ▪; Erwiderungen auf Killerphrasen:

– „Das Berufsbildungsgesetz sieht vor, dass wir Auszubildende nur Arbeiten zugewiesen bekommen, die mit der Ausbildung zu unserem Beruf unmittelbar zusammenhängen." (Antwort auf Sachebene)

– „In welchen Bereich könnte ich mich denn jetzt einarbeiten, damit Sie mich besser einsetzen können?" (nachfragen)

– „Wollen Sie mir mein Alter zum Vorwurf machen?" (Absicht thematisieren)

2 Die erste These wird begründet mit einem Hinweis auf einen Experten, der aber ein Fachwissen in einem anderen Bereich aufweist. Er ist für die Nahrungsmittelzubereitung zuständig und nicht für die Bedingungen der Produktion oder der Herkunft von Fleisch. Ebenso werden keine weiteren Fakten genannt. Bei der zweiten These wird die subjektive Meinung als Begründung herangezogen, als Argumentationsstütze dient der Hinweis darauf, dass es viele Menschen sind, die an ein Leben nach dem Tod glauben. Das ist allerdings kein Beweis. Bei der dritten Aussage handelt es sich um eine Killerphrase, weil das Gegenüber verunsichert werden soll. Als Argumentationsstütze wird das Alter und die Betriebszugehörigkeit herangezogen, die beide keinen unmittelbaren Zusammenhang zu dem Sachverhalt ausweisen.

In einer Diskussion clever argumentieren

3 Es kann sich auch anbieten, eine Beobachterin oder einen Beobachter einzusetzen, die oder der über einen längeren Zeitraum auf unsachliche Argumentationen und Killerphrasen in der Lerngruppe achtet und diese notiert. In der Auswertung kann auf die Auswirkungen auf die Kommunikationsatmosphäre eingegangen werden.

S. 259

1 **Erste Aussage** (Möglichkeit 1 in GUT ZU WISSEN):
Schritt 1: „Es stimmt nicht, dass Computerspiele nur die Gewaltbereitschaft fördern." (Anzweifeln des Gegenarguments)
Schritt 2: „Es gibt auch solche, die strategisches Denken, Konzentrations- und Reaktionsvermögen verbessern. [Argument] So haben die psychologischen Untersuchungen der Universität Würzburg gezeigt, dass man die Intelligenz durch geeignete Computerspiele steigern kann. [Argumentationsstütze]" (Gegenbehauptung)
Zweite Aussage (Möglichkeit 2 in GUT ZU WISSEN):
Schritt 1: „Dass Jugendliche mithilfe von Computerspielen Frust abbauen, ist kein Argument für Ihre These, Computerspiele seien gefährlich." (Anzweifeln der Begründung)
Schritt 2: „Der Frustabbau an sich ist noch nichts Gefährliches." (Aufzeigen des logischen Fehlers)
Schritt 3: „Im Gegenteil. Und es spricht eher für Computerspiele, wenn sie den Jugendlichen dabei helfen." (Umdeutung des Arguments)

2 **Lösungsvorschlag**
Möglichkeit 1: Das sehe ich ganz anders: Beide Medien wird es auf Dauer geben (Gegenthese), denn Bücher dienen ja auch der Entspannung (Argument). Viele nutzen das Internet für die Recherche und die Arbeit, aber ziehen in der Freizeit das haptische Erlebnis eines gedruckten Buches vor (Argumentationsstütze).
Möglichkeit 2: Der Vorteil der Schnelligkeit des Internets ist zugleich sein Nachteil, weil die Qualität der Informationen sehr unterschiedlich ist und genau geprüft werden muss (Aufzeigen des logischen Fehlers). Es kann passieren, dass man nur einen oberflächlichen Einstieg in das Thema erhält und letztlich nicht durch Experten abgesicherte Informationen findet (neues Gegenargument).
Möglichkeit 3: Auf lange Sicht haben Sie recht, aber zu wissen, wie man in einem Buch recherchiert, ist eine Kulturtechnik, die Wissen erhält (Behauptung). Noch sind viele Fachbücher in gedruckter Form zugänglich und auch ältere Titel finden sich häufig nur auf Papier (Argument). Es kann auch vorkommen, dass man mehrere Seiten aus verschiedenen Titeln nebeneinander vergleichen möchte, was auf einem Bildschirm nicht gut möglich ist (Argumentationsstütze).

3 **Lösungsvorschlag**
Möglichkeit 1: Ich bin ganz anderer Meinung …/Damit bin ich nicht einverstanden…/Ich bezweifle, dass …/Dem kann ich nicht zustimmen, denn …/Im Gegensatz dazu vertrete ich die These, dass …/Dazu stehe ich ganz anders, denn …/Dem möchte ich gerne widersprechen: …/Ich meine, das stimmt so nicht: …
Möglichkeit 2: Anders als Sie dargelegt haben, beweist die Tatsache, dass …/Das ist aber doch ein Argument für die These, dass …/Das Argument scheint mir nicht zu der These zu passen, dass …/Ich sehe einen Widerspruch in Ihrer Argumentation, denn …/Es stimmt zwar, dass …, aber gerade deshalb sollte doch …/An dieser Stelle möchte ich einhaken, denn hier greift ein anderes Argument: …
Möglichkeit 3: In der Sache haben Sie recht, aber es verhält sich doch so, dass …/Grundsätzlich ist das richtig, aber Sie haben einen entscheidenden Punkt dabei vergessen: …/Da gebe ich Ihnen recht, es geht jedoch darum, dass …/Was Sie vortragen, mag zwar richtig sein, aber …/Zwar nehme ich Ihren Einwand ernst, aber …/Das ist zunächst unbestritten, aber wenn man genauer untersucht, dass …

S. 260

2 Lösungsvorschlag

---

10 Diskussionsregeln

1. Lassen Sie den anderen ausreden.
2. Hören Sie dem Gegenüber aufmerksam zu.
3. Nehmen Sie eine zugewandte Körperhaltung ein und schauen Sie die Diskussionspartner an.
4. Wählen Sie eine angemessene und höfliche Sprache (Standardsprache).
5. Setzen Sie niemanden herab.

6. Argumentieren Sie sachlich und logisch (These, Argument, Stütze).
7. Nehmen Sie Bezug auf die Äußerungen des Gegenübers.
8. Halten Sie die Redezeit ein.
9. Bleiben Sie beim Thema.
10. Akzeptieren Sie, dass es eine andere Meinung geben kann.

---

3 Lösungsvorschlag

Regelverstoß/Auswirkung	Lösung
1. Derjenige, dessen Aussage unterbrochen wird, wird sich als Person missachtet fühlen und zurückziehen.	Entschuldigung, Bitte um erneute Darlegung
2. Werden z. B. Nebengespräche geführt, fühlt sich das Gegenüber als Person missachtet.	Entschuldigung, ggf. Erklärung für das Nebengespräch, Bitte um erneute Darlegung
3. Bei Abwendung und Wegsehen fühlt sich der Sprecher nicht geachtet und verunsichert.	Einnehmen der passenden Körperhaltung mit Kommentierung: „So, jetzt höre ich zu."
4. Etwa bei Dialektsprache kann es zu Missverständnissen kommen.	Entschuldigung und Wechsel der Stil- bzw. Sprachebene
5. Persönliche Angriffe beenden meist die Diskussion.	Klärung der persönlichen Probleme (Beziehungsebene), dann erneute sachliche Diskussion
6. Unsachliche Argumente (Killerphrasen) verhindern sachliche Kommunikation.	Bitte um Rückkehr zu einer sachlichen Diskussion
7. Es findet keine Diskussion statt, sondern jeder verharrt auf seinem Standpunkt.	Zusammenfassung der Aussage des Gegenübers (Verständnisklärung) vor der Darlegung der eigenen Meinung
8. Redet einer zu lange, hört am Ende keiner mehr zu und die Diskussion stirbt.	vorherige Vereinbarung einer Redezeit
9. Verliert man sich in weitere Themen, können die Argumente kaum mehr aufeinander bezogen werden, es gibt kein Diskussionsziel mehr.	Bitte um Rückkehr zum Thema, ggf. Wiederholung des zuletzt genannten Sacharguments
10. Ist jemand für seine Intoleranz bekannt, wird kaum mehr eine Diskussion geführt werden.	Bewusstmachen der möglichen Diskussionsziele, Verweis auf sachlich-logische Gesprächsatmosphäre, die unabhängig von der Person ist

In einer Diskussion clever argumentieren

S. 261

4 a) durchsetzungsfähig, aufmerksam, kommunikativ, vermittelnd, sorgfältig, empathisch, in der Sache provokativ usw.

b) sich thematisch einarbeiten, Argumente nach Pro- und Kontrapositionen sortieren, provokative Thesen formulieren, vertiefendes Material aufbereiten, sich ggf. auf eingeladene Experten und Expertinnen vorbereiten (Vorstellung der Person, sachliche Einarbeitung), Redezeiten festsetzen, groben Ablauf planen, Diskussionsregeln beherrschen

6 Je nach Lerngruppe kann es sinnvoll sein, vor der Rollenverteilung mit der gesamten Lerngruppe das Warm-up durchzuführen. So können sich alle zunächst mit dem Thema inhaltlich auseinandersetzen und einen eigenen Standpunkt finden. Erst im zweiten Schritt erfolgt die Aufteilung in Diskussionsleitung, Protokollanten und die Teilnehmer/-innen des Innenkreises. Die Vorbereitung zur Einführung in die Diskussion kann auch in Partnerarbeit erfolgen.

S. 262

1 Je nach Lerngruppe kann überlegt werden, ob die Internetfähigkeit von Unterhaltungselektronik aus der Diskussion ausgeklammert wird. Auch kann man sich auf bestimmte Geräte beschränken, die häufig von den Schüler/-innen verwendet werden.

Ist die Lerngruppe wenig diskutierfreudig, kann vorab ein Meinungsbild eingeholt werden, indem zwei Orte (pro – Segen/kontra – Fluch) im Raum benannt werden und jeder sich entsprechend seiner Meinung aufstellen muss. Bei dem Wechsel in den Innenkreis sollte jedoch darauf geachtet werden, dass die Beiträge nicht in einer Meinungskundgabe steckenbleiben, sondern sich an den Argumentationsaufbau anlehnen.

1 b) **Lösungsvorschlag**

Die Unterhaltungselektronik ist ein Segen (These),
– weil man die eigenen Interessen viel leichter verfolgen kann, etwa bei einem besonderen Musikgeschmack (Argument). In Fitnessstudios muss man nicht mehr nur fremdbestimmt einer Musik zuhören, sondern kann z. B. über einen MP3-Player die eigene Musik hören (Argumentationsstütze).
– weil die Qualität von Aufnahmen inzwischen so gut ist, dass besondere Werke möglich sind (Argument). Buchverfilmungen aus dem Science-Fiction-Bereich werden auch privat ein Genuss mit den entsprechenden Abspielgeräten (z. B. Blue-Ray-Disc) (Argumentationsstütze).
– weil sie mit Apps oder als Spieloption zum Zeitvertreib in einer mobilen Gesellschaft passt (Argument). Die meisten Geräte sind klein, verfügen aber über viel Speicherkapazität und man kann sie ganz unterschiedlich nutzen (Argumentationsstütze).

Die Unterhaltungselektronik ist ein Fluch (These),
– weil die schnellen technischen Neuerungen dazu führen, häufig neue Geräte mit mehr Speicherkapazität, höherer Auflösung, Internetfähigkeit usw. zu kaufen (Argument). Hat man sich etwa einen E-Reader der ersten Generation gekauft, bieten die aktuellen Geräte wesentlich mehr Komfort und können besser die Inhalte abbilden (Argumentationsstütze).
– weil sie das soziale Miteinander negativ beeinflussen (Argument). Sitzen mehrere Jugendliche zusammen, spielt oft jeder für sich auf seinem Unterhaltungsgerät (Argumentationsstütze).
– weil gerade die sogenannten Ballerspiele für die höhere Gewaltbereitschaft von Jugendlichen verantwortlich gemacht werden (Argument). Das belegt auch die Tatsache, dass die Täter von Amokläufen häufig über längere Zeiträume besonders brutale Spiele gespielt haben (Argumentationsstütze).

168

S. 263

2 Bei der Fishbowl-Diskussion sind die Rollen nicht so klar verteilt bzw. können wechseln. Es kann sinnvoll sein, mehrere Protokollanten/Protokollantinnen zu bestimmen, die sich jeweils nur auf etwa zwei Teilnehmer/-innen beschränken, die sie beobachten. Dementsprechend wird für eine Person sowohl die Argumentationsstruktur als auch das Verhalten in der Diskussion ausgewertet.
Bei der Podiumsdiskussion kann zusätzlich eine Beobachterin/ein Beobachter bestimmt werden, die/der notiert, welche Beiträge die Diskussion besonders weitergebracht haben. Bei der Auswertung im Plenum kann gemeinsam überlegt werden, woran das lag.

Zusätzliche Kopiervorlagen auf der CD-ROM

(Differenzierte) Arbeitsblätter
- 16.1 Richtig argumentieren (leistungsdifferenziert) (KV 73)
- 16.2 Die Gegenposition einnehmen (leistungsdifferenziert) (KV 74)
- 16.3 Eine Diskussion führen (KV 75)
- 16.4 Argumente formulieren (KV 76)
- 16.5 Diskussion über Kleiderordnung (KV 77)
- Fazitbogen zum Kapitel 16 (KV 78)

Klassenarbeit/Test
- Argumentieren und diskutieren (KV 79)
- Korrekturraster zur Klassenarbeit (KV 79)

Name: Datum:

Fazitbogen zum Kapitel 16

CHECKLISTE	Eine Podiumsdiskussion durchführen

Vorbereitung
☐ Haben wir ein für eine Diskussion geeignetes Thema gewählt?
☐ Haben wir das Thema diskussionsanregend formuliert?
☐ Haben wir uns über das Thema informiert bzw. einen Gedankenaustausch dazu durchgeführt?
☐ Haben wir die Diskussionsleitung und Protokollanten gewählt?
☐ Haben wir in der Gruppe die eigene Position zu dem Thema festgelegt sowie Argumente und eine Stellungnahme formuliert?
☐ Haben wir in der Gruppe mögliche Pro- und Kontra-Argumente abgewägt?
☐ Haben wir eine Gruppensprecherin/einen Gruppensprecher gewählt, die/der unsere Position in der Diskussion vertritt?

Durchführung
☐ Haben wir die Diskussion nach den Regeln für eine Podiumsdiskussion durchgeführt?
☐ Haben sich alle Teilnehmer/-innen an die Diskussionsregeln gehalten?

Auswertung
☐ Haben die Protokollanten die ausgefüllten Beobachtungsbögen im Plenum vorgestellt?
☐ Haben wir die Ergebnisse im Plenum besprochen?

Kompetenz	Das kann ich	Das kann ich teilweise	Das kann ich noch nicht
– mündliche Kommunikationsformen unterscheiden – Kommunikationsziele festlegen und kommunizieren			
– Diskussionsthemen begründet auswählen – den Aufbau eines Arguments kennen – vollständige Argumente formulieren – verschiedene Argumentationsstützen anwenden – Argumentationen analysieren – unsachliche Argumente entlarven und sachlich reagieren – Strategien zur Gegenposition in Diskussionen kennen und anwenden			
– Diskussionsregeln kennen und anwenden – Diskussionsziele festlegen – eine Diskussion vorbereiten – eine Diskussion regelgerecht leiten – Fishbowl- und Podiumsdiskussion durchführen – eine Diskussion protokollieren			
– das Wissen an einem weiteren Diskussionsthema üben – die Podiumsdiskussion mit einer Checkliste überprüfen			

Kapitel 17: Wie Sprache wirkt und beeinflusst

Vorbemerkung zum Kapitel

Relevanz für Alltag, Schule und Beruf

Sprache ist die Grundlage der Kommunikation und spielt in allen Berufen die entscheidende Rolle. Durch ihren Gebrauch und ihr Verständnis gelingt oder scheitert die Zusammenarbeit. Sprache kann und soll jedoch auch die Meinung der Leser/-innen und Zuhörer/-innen beeinflussen. Daher ist es wichtig, dass die Lernenden kompetent mit Sprache umgehen können, einen adäquaten Wortschatz besitzen und üben, diesen gezielt einzusetzen, damit sie sich jederzeit situationsgerecht ausdrücken können. Sie sollten jedoch auch eine gewisse Sensibilität gegenüber Beeinflussung durch Sprache zeigen und einige rhetorische Strategien kennen.

Aufbau des Kapitels/Lernzuwachs

Der Handlungsauftrag zu Beginn hat als Ziel, am Ende des Kapitels eine eigene Werbeanzeige zu gestalten, die sich aus dem schulischen Alltag aufgrund des demografischen Wandels ergibt.
Das Kapitel vermittelt den Schülerinnen und Schülern die dazu notwendigen Kompetenzen, indem zuerst unterschiedliche Sprachvarietäten untersucht werden. Ein Schwerpunkt wird hier auf den Einfluss des Kiezdeutschen auf die deutsche Sprache gelegt. Im Anschluss werden Werbeanzeigen untersucht, und zwar im Hinblick auf Aufbau, Sprache und Bild- bzw. Farbgestaltung.
Das Kapitel kann als Erweiterung und Vertiefung des Bereichs „Sachtexte und nicht lineare Texte verstehen und nutzen" gesehen werden.

Methodik, Didaktik, Differenzierung

Methodisch geht das Kapitel anfangs kleinschrittig vor, um Grundlagen für die genaue Sprachuntersuchung zu legen und zur Reflexion über Sprache anzuregen. Die Lerninhalte werden überwiegend induktiv erarbeitet. Sie orientieren sich an alltagsnahen Beispielen. Differenzierende Aufgaben ermöglichen Schülerinnen und Schülern mit unterschiedlichen Vorkenntnissen einen individuellen Lernfortschritt. Darauf aufbauende Aufgaben erfordern sukzessiv eine höhere Sprachkompetenz, die auch stärkeren Schülerinnen und Schülern eine Möglichkeit zur Erweiterung ihrer Kenntnisse bietet.

Kompetenzen

Die Schülerinnen und Schüler
- unterscheiden Sprachvarietäten
- wenden die AIDA-Formel an
- analysieren sprachliche Mittel in der Werbung
- erkennen die Bedeutung von Farben
- verhalten sich situationsangemessen
- gestalten eine Werbeanzeige

Wie Sprache wirkt und beeinflusst

Aufgabenlösungen und methodisch-didaktische Hinweise

S. 266

1 a–b)

Text	Situation	Rahmen	Rolle	Sprachebene	gelungen
1	Treffen	schulisch/ beruflich	Schüler, Praktikant/ Lehrer, Schulleiter, Vorgesetzter	Umgangssprache, Soziolekt	nein
2	Treffen	privat	Bekannte/Freunde	Soziolekt	ja
3	Treffen	schulisch/ beruflich	Eltern/Lehrer, Schulleiter	Standardsprache	ja
4	Treffen	schulisch/ beruflich	Schüler/Lehrer	Umgangssprache bzw. Soziolekt/ Standardsprache	abhängig vom tatsächlichen Rahmen

S. 267

3 a) Die Situationen könnten in folgenden Bereichen zu finden sein:
Standardsprache: im öffentlichen Raum, zwischen Unbekannten bzw. entfernt Bekannten, z. T. im beruflichen Bereich (vgl. Lösung zu Aufgabe 1)
Umgangssprache: in der Familie, unter Freunden, im Verein, unter Bekannten (auch im Beruf auf gleicher Ebene)
Dialekt: in bestimmten Regionen, in allen privaten Bereichen, wie etwa Familie, Freundeskreis etc.
Soziolekt: Arbeiter untereinander, etwa auf dem Bau, das sogenannte Türkendeutsch (auch Ethnolekt)
Fachsprache: unter Wissenschaftlern eines Bereichs, Juristen, Mechatronikern
Jugendsprache: junge Leute untereinander, ggf. auch in der Familie

4 a) Asche, Kies, Moneten, Moos, Ocken, Penunze, Pulver, Rubel, Schotter
b) **Standardsprache/Fachsprache** (Finanzen): Bares, Cash (engl.), Einkommen, Vermögen, Zahlungsmittel
Umgangssprache: Kohle, Cash, Knete
Soziolekt/Jugendsprache: Heu, Knete, Kohle, Kröten, Mammon, Mäuse, Piepen, Pinkepinke, Zaster

5 a) z. B.:
Auto: Automobil, Personenkraftwagen, Personenwagen, Pkw, Wagen, fahrbarer Untersatz, Karre, Schlitten; **Freund:** Gefährte, Genosse, Getreuer, Kamerad, Kumpan, Vertrauter, Intimus (geh.), Kollege, Kumpel, Spezi
Ehefrau: Angetraute, bessere Hälfte, Eheweib, Gattin, Gemahlin, Gespons, Gebieterin, Frau, Alte, Olle, Weib

6 Schüler/-innen der Klassen 10 und deren Eltern. Da es eine Werbung für die Schule ist, sollte die Sprache seriös, aber auch verständlich sein. Entsprechend ist hier das Sprachniveau „Standardsprache" zu wählen. Wenn es nicht zu plakativ wird, könnten auch Elemente der Umgangssprache einfließen. Dies ist aber eine Gratwanderung.

172

7 Meistens ist es problematisch, wenn zwei Menschen sich auf verschiedenen Sprachebenen unterhalten. Einer von beiden fühlt sich in der Regel unhöflich behandelt, empfindet die Ansprache als unpassend und ggf. sogar als respektlos. Im beruflichen Umfeld sollte auf der gleichen Ebene gesprochen werden. Bei Dialekten, der Fachsprache und z. T. auch bei der Jugendsprache kann es auch zu Verständnisschwierigkeiten kommen, weil die verwendeten Begriffe unbekannt sind oder man die Aussprache nicht versteht.

S. 268

2 **Hinweis:** Genauere Informationen über das Projekt der Uni Potsdam findet man u. a. hier: http://www.uni-potsdam.de/sprachforscher/index.html.

S. 269

3 a) Wiese hält das sogenannte Kiezdeutsch für eine Bereicherung der deutschen Sprache. Kiezdeutsch habe keinen negativen Einfluss auf das Deutsche.

b)
— Es werde nicht überwiegend von „Kinder[n] aus bildungsfernen Schichten" (Z. 7 f.) gesprochen. „Kiezdeutsch ist vor allem in Wohngebieten verbreitet, in denen eine große sprachliche Vielfalt herrscht. Ob die Kinder dann aus einem akademischen Haushalt kommen oder nicht, spielt weniger eine Rolle." (Z. 9 ff.)
— Der „Einfluss des Türkischen auf die Kiezsprache" (Z. 15 f.) ist viel „geringer" (Z. 16), als sie selbst annahm.
— „Kiezdeutsch ist deutscher Dialekt." (Z. 32)
— Kiezdeutsch „ist keine Sprache, die inhaltlich auf den Bereich Aggression begrenzt ist". (Z. 44)
— „Eher weniger" (Z. 63) groß seien die sprachlichen Unterschiede beim Kiezdeutsch zwischen Jungen und Mädchen.

4 a) **Hinweis:** Hier sollte darauf hingewiesen werden, dass Frau Wieses Position stark umstritten ist und einige ihrer Argumente angreifbar sind.
Zum Beispiel: „An manchen Stellen finden sich auch Elemente der türkischen Grammatik, das aber sehr selten. Die meisten Entwicklungen in Kiezdeutsch finden wir auch in anderen Bereichen des Deutschen, wenn auch dort oft noch nicht so systematisch." (Z. 22 ff.) Falls Frau Wiese damit z. B. das Phänomen meint, dass der Artikel weggelassen wird, so ist es kritisch zu betrachten, ob dies eine Bereicherung der deutschen Sprache ist – unabhängig davon, dass sich dieses Phänomen nicht nur auf Kiezdeutsch beschränkt.
Weitere Gegenpositionen sind u. a. hier zu finden: http://www.rp-online.de/kultur/kiezdeutsch-ist-kein-dialekt-aid-1.2801115.

S. 271

2 Logo: Deutsche Bundesbank (Kopf der Anzeige)
Eyecatcher: Bild
Headline: „Aus dieser Nummer kommen Sie nicht raus …"
Slogan: nicht vorhanden
Layout: Hälfte Bild, Hälfte Text
Zielgruppe: alle Menschen, die ein Bankkonto besitzen

Wie Sprache wirkt und beeinflusst

3 a) Stellenwert des Bildes: hoch – soll Blicke auf sich ziehen (Eyecatcher)
b) Anordnung: Mann und Frau nehmen jeweils die Hälfte des Bildes ein, teilen es senkrecht
c) Stimmung, Gefühle, Wünsche: Vertrautheit, Interesse, Offenheit
d) Assoziation: Wärme, Nähe

4 a) Zielgruppe: alle Menschen, die ein Bankkonto besitzen; Ansprache durch die zwei Generationen, die auf dem Bild vertreten sind, und die Headline
b) in allen gängigen Zeitschriften, weil die Zielgruppe entsprechend groß ist und sich nicht auf eine gesellschaftliche Schicht begrenzen lässt
c) durch das Bild und hier vor allem durch die attraktive, junge, lächelnde, dem Betrachter offen zugewandte Frau
d) durch die aktuelle Thematik, die persönliche Betroffenheit und die einfache, übersichtliche Gestaltung der Anzeige
e) Greift hier weniger, da es sich um eine rein informierende Werbung ohne Kaufwunsch handelt. Dies ist untypisch, da es hier nur um die Information der Bürger/-innen geht (vgl. Initiator der Werbung: Deutsche Bundesbank). Entsprechend steht hier nur die Befriedigung des Informationsbedürfnisses im Vordergrund.

S. 273

2 Wichtige Aspekte bei der Analyse:
– zwei Personen unterschiedlichen Alters, die junge Frau erklärt dem älteren Herrn etwas
– warme, helle Farben: man fühlt sich wohl, positive Grundstimmung, die sich auf das Produkt überträgt und mit der man dem Produkt bzw. der beabsichtigten Informationsübermittlung gegenüber offen ist

3 z. B.: bunt, abwechslungsreich, lebhaft (intendiert junge Zielgruppe)

4 **Hinweis:** Farben lösen unterschiedlichen Assoziationen und Stimmungen aus, z. B.:
– Rot hat „Signalwirkung und Power, sie ist sehr anregend, auch auf den Appetit. Mit Rot verbindet man Eigenschaften wie Leidenschaft, Dynamik, Sinnlichkeit, Entscheidungsfreude".
– Orange steht für „Energie, Freude, Spaß, Geselligkeit, Zufriedenheit und Wärme. Sie wirkt freundlich und anregend und lässt sogar teure Produkte preiswert erscheinen".
– Gelb assoziiert: „heitere, fröhliche Stimmung, z. B. in Werbung. Gelb steht für Lebendigkeit, Freude, Optimismus, Aktivität, Kreativität und Fantasie. Als Text ist Gelb eher anstrengend zum Lesen. Warme Gelbtöne sind angenehmer für die Augen. Goldtöne symbolisieren Wohlstand und Pracht".
– Grün verbindet man mit „Natur, Umweltschutz, Gesundheit und Bio-Nahrungsmittel, […] vital, frisch, jung, lebendig, natürlich […], Hoffnung, Wachstum und Wohlstand".
– Blau: eine eher kalte Farbe, durch das Blau des Himmels und Ozeans steht Blau häufig für Sehnsucht und Klarheit und damit verbunden für eine beruhigende und mäßigende Wirkung, Harmonie und Sehnsucht werden damit assoziiert.
– „Rosa besitzt eine ähnliche Signalwirkung wie Rot, wirkt aber sanfter. Denn Rosa ist die Farbe der Zärtlichkeit, Sanftheit, Verspieltheit, Jugend, Unschuld und vor allem der Weiblichkeit.
– Der Farbton Magenta regt die Sinne an, wirkt wohltuend und erhaben."
– Weiß „ist sauber und rein, neu und gut. Sie steht für Vollkommenheit, Unschuld, Ehrlichkeit und Frieden. Sie ist zwar minimalistisch, aber als Hintergrundfarbe für Webseiten ist Weiß oft die beste Wahl, da sie einfach am besten lesbar ist.
– Die Farbe Grün ist vital, frisch, jung, lebendig, natürlich. Häufig besteht die Assoziation mit Hoffnung, Wachstum und Wohlstand.

Wie Sprache wirkt und beeinflusst

– „Schwarz steht für Stärke, Autorität, Seriosität, Individualität, Stabilität. Wahrgenommen wird diese Farbe als elegant, modern, funktional und andersartig. Schwarz wirkt betonend, markant, professionell."
– „Die Farbe Braun erweckt Gefühle von Sicherheit und Geborgenheit, Bodenständigkeit, Zuverlässigkeit, Reife, Fruchtbarkeit, Naturverbundenheit und Kreativität. Braun gilt als Alternative zu Schwarz, da es freundlicher und wärmer wirkt."
– „Grau ist neutral, zurückhaltend und sachlich. In Kombination mit anderen Farben kann Grau auch modern wirken, z. B. für technische Unternehmen. Auf weißem Hintergrund ist Grau eine Alternative zu Schwarz, da der Kontrast geringer ausfällt."
(Zitate entnommen aus: https://www.webstyle.com/farben-und-ihre-werbewirkung, Stand 30.08.2014.)

5 z. B. Nivea = blau und weiß = Harmonie/Klarheit/Reinheit = reine, klare, faltenfreie Haut/ beruhigende Wirkung für die Haut

S. 274

1 a–b) Hier soll die Eingängigkeit der Werbesprüche reflektiert werden. Obgleich der Spruch „Ich bin doch nicht blöd" auf kein Produkt hinweist, wissen die meisten Schüler/-innen vermutlich, dass es sich um eine Werbung des Media Marktes handelt.
Ich bin doch nicht blöd: Media Markt – Umgangssprache, Aussage
3–2–1–meins: eBay – Reim, Aufzählung
Mit dem Zweiten sieht man besser: ZDF – Steigerung von Adjektiven, auch Ellipse: Mit dem zweiten Auge …
Wohnst du noch oder lebst du schon: Ikea – rhetorische Frage
Quadratisch, praktisch, gut: Ritter Sport – Aufzählung, Steigerung von Adjektiven
We love to entertain you: ProSieben – englische Wörter
… macht Kinder froh und Erwachsene ebenso: Haribo – Reim, Gegensatz
Pack den Tiger in den Tank! Esso – Alliteration, Aufforderung
Der Joghurt mit der Ecke: Müllermilch – Ellipse, Paradox

2 **wir sehen in Farben, denken in Farben, fühlen in Farben:** Wiederholung, Ellipse
Identifikationsmerkmal, Farblogos, Symbolträger, Garant: Fach- und Fremdwörter

S. 275

3 a)
Text 1:
einzutauchen (Z. 1 f.), ins Schwimmen oder Schwitzen gerät (Z. 3 f.), ungebetenen Besuchern (Z. 6): Metapher, Doppeldeutigkeit, wirkt locker
Bakterien, Blättern, Blütenpollen (Z. 7): Alliteration
Bakterien, Blättern, Blütenpollen, Pilzen (Z. 7): Aufzählung, hebt die Menge an möglichen Schädlingen hervor
das Wasser abzugraben (Z. 8 f.): Redensart, Metapher, Doppeldeutigkeit, leicht verständlich
Wassern gewaschen (Z. 10): Wortspiel, Metapher, Doppeldeutigkeit, wirkt locker
Text 2:
heuverschnupft (Z. 2): Neologismus, erregt die Aufmerksamkeit
Niesen, genießen (Z. 4 f.): Wortähnlichkeit, (Reim), Hinwendung ins Positive
kribbelt, läuft, verstopft (Z. 8), geschwächt, niedergeschlagen (Z. 10.): Adjektive, Aufzählung, beschreibend

Wiesen, Wälder, Felder (Z. 13 f.): Aufzählung, positiv besetzt, Sommer etc.

[...] bei Heuschnupfen nicht verschnupft zu sein (Z. 14 f.): Wortwiederholung und Wortspiel mit Schnupfen, weckt Hoffnung auf Sommer ohne Schnupfen

b) **Zielgruppe zu Text 1:** Menschen, die einen Swimmingpool besitzen; sehr enge Zielgruppe, Fachmagazine, Schöner Wohnen etc.

Zielgruppe zu Text 2: Menschen mit Heuschnupfen (Allergiker jeder Altersklasse); Medium: weit gestreut, da breite Zielgruppe, Tageszeitung in entsprechender Jahreszeit, Fachmagazine wie die Apotheken-Umschau

Zusätzliche Kopiervorlagen auf der CD-ROM

(Differenzierte) Arbeitsblätter
- 17.1 Sprachebene und Sprachstil (leistungsdifferenziert) (KV 80)
- 17.2 Die Sprache in der Werbung (KV 81)
- Fazitbogen zum Kapitel 17 (KV 82)

Klassenarbeit/Test
- Die Sprache der Werbung (KV 83)
- Korrekturraster zur Klassenarbeit (KV 83)

Das Deutschbuch für Berufsfachschulen — Wie Sprache wirkt und beeinflusst

Name: Datum:

Fazitbogen zum Kapitel 17

CHECKLISTE	Eine Werbeanzeige untersuchen

- ☐ Habe ich Inhalt, Gestaltung und Wirkung der Werbeanzeige erfasst?
- ☐ Habe ich die Wirkung des Bildes analysiert (Anordnung, Gefühle, Stimmungen, Sehnsüchte, Assoziationen)?
- ☐ Habe ich den Text inhaltlich und formal (Satzbau, Wortarten, sprachliche Mittel) analysiert?
- ☐ Habe ich das Bild-Text-Zusammenspiel behandelt?
- ☐ Habe ich die Wirkungsweise der Anzeige erklärt und die Absicht interpretiert?
- ☐ Ist geklärt, inwieweit die AIDA-Formel auf die Werbeanzeige anwendbar ist?

Kompetenz	Das kann ich	Das kann ich teilweise	Das kann ich noch nicht
– Sprachebenen kennen und adressatenorientiert nutzen – Wirkung von Sprachebenen reflektieren – Adressatenbezug und Funktion von Texten untersuchen			
– Bildanordnung, Perspektive, Wortgebrauch einer Werbeanzeige analysieren – das AIDA-Prinzip kennen und anwenden – sprachliche Mittel in Werbeslogans untersuchen – Bild-Text-Zusammenspiel analysieren und in seiner Wirkung beschreiben – eine Werbeanzeige analysieren – die Anzeigenanalyse anhand einer Checkliste überprüfen			

Lernszenario „Sprache und Sprachgebrauch untersuchen"

Methodisch-didaktische Hinweise

S. 277/278

Erfassen Sie die Situation und arbeiten Sie das Problem heraus.
Um den Schüler/-innen das Herausarbeiten der Arbeitsaufträge zu erleichtern, sind die entscheidenden Stellen im Text blau geschrieben.
Problem:
Die Schüler/-innen sind zunächst gehalten, sich in die Aufgabenstellung und in die vorgegebenen Rollen für das Rollenspiel einzufinden.

Setzen Sie Ziele und formulieren Sie Handlungsaufträge.
Auf der Basis des erarbeiteten Kapitels sind die Schüler/-innen befähigt, die Bedeutung der Sprachverwendung in unterschiedlichen Kommunikationssituationen zu beurteilen und der Aufgabenstellung gemäß die Werbeanschreiben, die mündlichen Gespräche und das Erstellen der Informationsblätter als „offizielle" Kommunikationssituation einzuordnen und entsprechend zu agieren.
Die Informationen aus den relevanten Kapiteln werden genutzt, z. B.:
- Gestaltung von Werbeanzeigen in Bezug auf Inhalt, Gestaltung, Wirkung
- Berücksichtigung der Sprachvarietäten
- sprachlich und stilistisch angemessene Textgestaltung
- mögliche Anwendung der AIDA-Formel
- Thesen bilden und durch Argumente überzeugend vortragen
- Kommunikationsregeln beachten

Planen Sie Ihr Vorgehen und führen Sie es anschließend durch.
- Arbeitsgruppen bilden und die vorgegebenen Arbeitsaufträge arbeitsteilig erarbeiten
- Prozedere für die Besprechung der Arbeitsergebnisse im Plenum entwickeln; Änderungswünsche müssen diskutiert und ggf. eingearbeitet werden
- Die von den Gruppen erarbeiteten Vorschläge für die Werbeanschreiben, die Werbeplakate, die Informationsblätter und die Entwürfe für einen denkbaren Gesprächsverlauf können auf Stellwänden präsentiert und als Arbeitsstationen aufgebaut werden. Die Arbeitsgruppen durchlaufen nach Abschluss der Gruppenarbeitsphase diese Stationen und formulieren ggf. schriftlich Änderungswünsche, die dann im Plenum diskutiert werden.
- Auch die **Diskussionsrunde** kann in Arbeitsgruppen vorbereitet werden. Die Schüler/-innen zeigen, dass sie in der Lage sind, sich inhaltlich begründet und **sprachlich angemessen** zu positionieren.
Bezüglich des Verfassens von Thesen, der folgenden Begründung durch Argumente und Argumentationsstützen sollte auf das Kapitel *„Argumentieren und Stellung nehmen"* verwiesen werden.

Werten Sie Ihre Ergebnisse aus und präsentieren Sie diese.
Handlungsprodukt: Präsentation der Arbeitsergebnisse auf Stellwänden, Auswertung (Arbeitsstationen), Auswertung des Rollenspiels
Das Rollenspiel soll vornehmlich zeigen, welche Schülerin/welcher Schüler in der Lerngruppe in der Lage ist, eine Fragestellung zu reflektieren, daraus eine inhaltlich begründete Position abzuleiten und eine Auseinandersetzung sachlich und sprachlich angemessen (z. B. also ohne verbale Verletzungen) zu führen. Die Klasse insgesamt ist gefordert, diese Kompetenzen zu bewerten, indem sie ihre Position auf der Meinungslinie zum Ausdruck bringt; positive und negative Kritikpunkte werden vorgetragen und ausgewertet.

Kapitel V: Grundlegende Lern- und Arbeitstechniken: Ein Projekt planen, durchführen und dokumentieren

Vorbemerkung zum Kapitel

Relevanz für Alltag, Schule und Beruf

In fast allen Berufen spielt eine zielgerichtete, gut geplante und organisierte Vorgehensweise eine entscheidende Rolle. Ein Projekt selbst zu planen, zu erarbeiten und in der Gemeinschaft mit anderen Schülerinnen und Schülern durchzuführen, stellt dafür eine gute Übung dar und ist ein wesentlicher Baustein der beruflichen (Aus-)Bildung. Auch schulen die Schüler/-innen durch Projektarbeit ihre Fähigkeit zur zielgerichteten, ausdauernden Arbeit im Team, was ebenfalls in allen Lebensbereichen wichtig ist – für die berufliche Entwicklung sogar unabdingbar.

Aufbau des Kapitels/Lernzuwachs

Das Kapitel umfasst vier Abschnitte: Im ersten Unterkapitel werden die Projektidee und die -ziele bestimmt, außerdem wird der konkrete Projektauftrag formuliert. Im zweiten Teil lernen die Schüler/-innen die einzelnen Abschnitte eines Projektes kleinschrittig zu planen (Projektablaufplan) und die Arbeitsschritte zu strukturieren, indem sie z. B. Arbeitspakete zusammenstellen. Dieser Teil beinhaltet verschiedene Muster und Vorlagen, die die Grundlage für eigene Planungen bilden.
Das Unterkapitel V.3 behandelt die Durchführung und die Modalitäten für Besprechungen (Protokolle, Mitschriften). Zum Ende des Kapitels werden Möglichkeiten für den sinnvollen Abschluss von Projekten aufgezeigt.

Methodik, Didaktik, Differenzierung

Bei der Projektarbeit übernehmen die Schüler/-innen einen großen Teil der Planung und Gestaltung des Unterrichts. Die Lehrkraft agiert moderierend, nachsteuernd und ggf. als Tippgeber. Es ist durchaus ratsam, den Schülerinnen und Schülern sinnvolle organisatorische Hilfen zu geben bzw. Vorgaben zu machen. Aber das Kapitel ist so aufgebaut, dass die Schüler/-innen ihr Projekt eigenständig erarbeiten und durchführen können, sodass vor allem die Kompetenz zum selbstständigen Arbeiten erweitert wird.
Am Beispiel eines Projektthemas bietet das Kapitel ein konkretes Training zu den Methoden der Projektarbeit. Mustervorschläge zur Projektplanung etc. können aber auch zu jedem anderen Projektthema eingesetzt werden.

Kompetenzen

Die Schülerinnen und Schüler
- legen Projektziele fest
- strukturieren Projekte
- steuern Projekte
- übernehmen Verantwortung im Team

Grundlegende Lern- und Arbeitstechniken: Ein Projekt planen, durchführen und dokumentieren

Aufgabenlösungen und methodisch-didaktische Hinweise

S. 280

1 Lösungsvorschlag

Unterpunkte zur Planung der Exkursion könnten sein: Ort, Fahrt, Verpflegung, Kontakt, Veranstaltungen, Ziel, Aufgabenverteilung, Präsentationsmöglichkeiten.
Ideen für Exkursion, z. B. Firmenbesichtigung, Messe-Besuch, Stadt-Besichtigung, Auslands-Projekt oder sportliche Events, z. B. Schulfest, Schul-Sportfest, Sponsoren-Lauf (mit Spendensammlung)
(Vgl. weitere Projekt-Ideen S. 281, Aufgabe 1.)

2 Lösungsvorschlag

Für die Exkursionen könnte eine SMART-Formel so aussehen:
S – Besichtigung der Firma XY mit Werksführung und Informationen zu den neuen Modellen
M – anschließende Ausstellung zu Änderungen der neuen Modelle gegenüber den Vorläufern
A – Alle S fahren mit, sind mit dem Ziel einverstanden.
R – Die Firma XY bietet interessierten Besuchern Werksführungen an.
T – Besuch und Ausstellung finden in diesem Halbjahr statt.

3 Nach den Diskussionen innerhalb der Gruppen und im Plenum sollte das Projektthema feststehen (ggf. abstimmen lassen). Mithilfe der SMART-Formel kann nochmals geprüft werden, ob das gewählte Projekt den Anforderungen genügt. Alle weiteren Schritte der folgenden Seiten sind auf das eigene Thema übertragbar.

S. 282

1

Arbeitspaket 1	Arbeitspaket 2	Arbeitspaket 3
Organisation der Fahrt und Unterkunft	**Organisation der Besichtigung**	**Erwartungen/Vorwissen**
– Busunternehmen, Bahn-Preise erfragen	– Firma kontaktieren	– Vorwissen der Schüler/-innen ermitteln
– Hotels/Hostels anfragen	– Ansprechpartner/-in finden	– Wünsche und Erwartungen klären
– Essensmöglichkeit im Hotel klären	– Informationen einholen	– Werksführung mit Schwerpunkten versehen
– ...	– Besichtigungszeitraum besprechen	– Ansprechpartner/-in vor Ort entsprechend briefen
	– Rahmenbedingungen klären	– ...
	– Anfahrt klären	
	– ...	

Grundlegende Lern- und Arbeitstechniken: Ein Projekt planen, durchführen und dokumentieren

Arbeitspaket 4	Arbeitspaket 5	Arbeitspaket 6
Durchführung der Exkursion – Ergebnisse protokollieren – Fragen an Belegschaft stellen – Fragen vorbereiten bzw. Fragebögen erstellen – Eindrücke festhalten – Aufgaben verteilen – …	**Werbung für Exkursion/ Präsentation** – Eltern/Freunde/Bekannte/ Lehrer/Firmen-Repräsentanten informieren – zum Galeriegang einladen – …	**Galeriegang vorbereiten** – Material sichten – Plakate entwerfen – benötigte Medien reservieren – Präsentation erstellen – ggf. Präsentator/-in festlegen – ggf. Probedurchgang veranstalten – …

S. 283

1 Am Beispiel der folgenden Übersicht kann man erkennen, welche Arbeitspakete in welchem Teil der Projekt-Struktur schwerpunktmäßig erwartet werden.

PROJEKTSTRUKTUR		
Vorbereitungsphase	Planungsphase	Durchführungsphase
Arbeitspaket 3	Arbeitspaket 1	Arbeitspaket 4
	Arbeitspaket 2	Arbeitspaket 5
		Arbeitspaket 6

2 Die Aufgabenverteilung nach Begabungen vorzunehmen ist nur möglich, wenn sich die Klasse bereits gut kennt. An dieser Stelle muss die Lehrkraft darauf achten, dass die Menge der Aufgaben gerecht auf die einzelnen Teams bzw. Teammitglieder verteilt wird, und ggf. nachsteuern.

3 Wenn es lediglich einen Projektordner für das gesamte Projekt gibt, dann sollte sich das Gesamtteam auf eine Struktur einigen. Dazu kann eine Schülerin/ein Schüler einen Vorschlag erstellen, z. B. mit Trennblättern, und ihn zur Abstimmung vorstellen.

S. 284

1 In Schulen mit guter Computerausstattung kann man einen solchen Projektablaufplan mithilfe entsprechender Software erstellen lassen (z. B. MS Project, OpenOffice). Einen solchen Plan kann man gut als Poster an die Wand im Klassenraum hängen, um jeder Schülerin/jedem Schüler jederzeit die Möglichkeit zu geben, die Terminübersicht einzusehen.
Sinnvolle Zwischenziele können sein: Planung Arbeitspaket 1 und 2 abgeschlossen; Durchführung mit vollständiger Dokumentation abgeschlossen; Präsentation fertiggestellt.

Grundlegende Lern- und Arbeitstechniken: Ein Projekt planen, durchführen und dokumentieren

S.285

1 Das A und O eines jeden Meetings ist die Vorbereitung, damit das Ziel auch erreicht werden kann. Alle Teilnehmer/-innen müssen dazu ihre Aufgaben erfüllt haben – dies kann die Lehrkraft ggf. in der Unterrichtsstunde vor dem Meeting kontrollieren.
Die eigentliche Besprechung sollte eine Tagesordnung haben, um strukturiert alle Fragen klären zu können, und es sollte eine Protokollführerin/ein Protokollführer bestimmt werden, um die Ergebnisse zu sichern und die Termine für weitere Sitzungen schriftlich festzuhalten.

S.286

1 Viele Projekte scheitern an der Zusammenarbeit. Hilfreich ist: sachlich bleiben, Ziel stets im Auge behalten, Zwischenstand festhalten und Arbeit gemeinsam strukturieren.

1 Vgl. Protokoll S. 124.

S.287

Für die Vorbereitung und Durchführung der Präsentation der Ergebnisse kann das Kapitel 15 des Buchs herangezogen werden.

Zusätzliche Kopiervorlagen auf der CD-ROM

Arbeitsblätter
– V.1 Projektauftrag zur Organisation der Verabschiedung nach Freisprechung (KV 84)
– V.2 Projektstrukturplan zur Organisation der Verabschiedung nach Freisprechung (KV 85)
– V.3 Projektablaufplan (KV 86)
– V.4 Meilensteintrendanalyse (KV 87)
– Fazitbogen zum Kapitel V (KV 88)

Das Deutschbuch für Berufsfachschulen — Ein Projekt planen, durchführen und dokumentieren

Name: Datum:

Fazitbogen zum Kapitel V

CHECKLISTE	**Projektarbeit**

- ☐ Haben wir klare Ziele formuliert, sodass ein Projektauftrag verfasst werden kann?
- ☐ Haben wir anstehende Aufgaben verschiedenen Arbeitspaketen zugeordnet?
- ☐ Hat sich jeder einem Team zugeordnet; gibt es für jedes Team eine Teamleiterin/einen Teamleiter?
- ☐ Haben wir festgehalten, welche Aufgaben in der Vorbereitungs-, Planungs- und Durchführungsphase zu erledigen sind?
- ☐ Haben wir einen Projektordner erstellt und ist jemand dafür verantwortlich?
- ☐ Haben wir einen Projektablaufplan erstellt?
- ☐ Sind Termine für das Kick-off-Meeting und weitere Teambesprechungen während des Projekts gesetzt?
- ☐ Gibt es eine Protokollführerin/einen Protokollführer?
- ☐ Haben wir uns die Form der Präsentation gut überlegt?
- ☐ Ist die Präsentation ausreichend vorbereitet?

Kompetenz	Das kann ich	Das kann ich teilweise	Das kann ich noch nicht
– die Projektziele mithilfe der SMART-Formel bestimmen – einen Projektauftrag formulieren – Arbeitspakete zusammenstellen – einen Projektstrukturplan erstellen – ein Team bilden/Gruppenarbeit einteilen – die Projektdokumentation ausführen – einen Projektablaufplan erstellen – ein Meilensteindiagramm erstellen – Soll-Ist-Vergleich des Arbeitsstandes durchführen – Termine planen und die Umsetzung einhalten mithilfe der Meilensteintrendanalyse – Projektergebnisse präsentieren			
– Korrekturbedarf im Projekt erkennen und reagieren – Projektsitzung vorbereiten und durchführen – Gesprächsregeln einhalten – Protokolle anfertigen			

KV 88

Quellenverzeichnis

Textquellenverzeichnis

Anne: Jogginghosen – Fluch oder Segen? KV 40. Aus: http://www.baur.de/modeblog/style/jogginghosen-fluch-oder-segen/ , 25.10.2014, am 7. Januar 2014 in der Rubrik Styling & Beratung.

Bauer, Walter: Die am schnellsten wachsende Stadt der Welt, KV 60. Aus: Willi Fehse (Hsg): Deutsche Erzähler der Gegenwart. Eine Anthologie. Stuttgart 1959, S. 39.

Bichsel, Peter: San Salvador, KV 58. Aus: Ders.: Eigentlich möchte Frau Blum den Milchmann kennenlernen. Freiburg und Olten: Walter Verlag 1964, S. 35 f.

Crocoll, Sophie: Die Red-Bull-Steuer, KV 48. Aus: Süddeutsche Zeitung, 25.10.2013.

Drösser, Christoph: Darf man Hausfrau sein?, KV 50. Aus: Die Zeit, Nr. 45, 31.10.2012.

Freidank, Michael: Schneewittschem, KV 61. Aus: Wem ist dem geilste Tuss im Land – Märchen auf Kanakisch und so. Frankfurt a. M.: Eichborn 2001, S. 75.

Hebel, Johann Peter: Kannitverstan, KV 56. Aus: Das Gute Wort des Christlichen Hausfreundes aus dem Markgräflerland. Königstein im Taunus: Karl Robert Langewiesche Verlag 1951, S. 208 ff.

Hein, Christoph: Indiens Straßenkinder lernen das Sparen, KV 12. Aus: Frankfurter Allgemeiner Zeitung, 19.05.2013.

Hemingway, Ernest: Alter Mann an der Brücke, KV 63. Aus: Ders.: 49 stories, Hamburg: Rowohlt Verlag 1950.

Kressmann Taylor, Katherine: Brief vom 29.01.1934, KV 57. Aus: Dies.: Adressat unbekannt. Hamburg: Hoffmann & Campe 2012.

Kunert, Günter: Zentralbahnhof, KV 59. Aus: Ders.: Tagträume in Berlin und andernorts. München: Hanser 1972.

Linden, Ina: Der Dienst am Nächsten kommt aus der Nische; KV 47. Aus: Frankfurter Allgemeine Zeitung 31.10. 2013.

Lobo, Sascha: Die digitale Kränkung des Menschen, KV 68. Aus: Frankfurter Allgemeine Sonntagszeitung, 12.01.2014.

Martin-Jung, Helmut: Was Facebook, Google und Co. alles sammeln – Deine Spuren im Netz, KV 64. Aus: Süddeutsche Zeitung vom 09.02.2013/mri; http://www.sueddeutsche.de/digital/was-facebook-google-und-co-alles-sammeln-deine-spuren-im-netz-1.1594661 [abgerufen am: 13.01.2014].

Nicolai, Birger: 2315 Tassen pro Sekunde, KV 38. Aus: Berliner Morgenpost, 31.5.2013.

Otto, Jeannette: Ehrenamt bewegt was, KV 41. Aus: Die Zeit, 14.07.2011, Nr. 29, unter: http://www.zeit.de/2011/29/C-Interview-Engagement [abgerufen am: 08.01.2014].

Pilz, Nicoline: „Ich bin so glücklich, dass ich das hier habe", KV 26. Aus: Rhein-Neckar-Zeitung 23./24.11.2013.

Piper, Nikolaus: Azubine in Florida, KV 30. Aus: Süddeutsche Zeitung, 07.12.2012.

Tucholsky, Kurt: Ratschläge für einen guten Redner, KV 69. Aus: Ders.: Gesammelte Werke. Band 8. Reinbek bei Hamburg 1995, S. 292.

Unbekannte und unbenannte Verfasser:

Fast jeder Zehnte hat zu viele Schulden, S. 117. Aus: Schwäbisches Tagblatt, 09.02.2013.

Lieber zu Hause?, KV 38. Nach: http://www.tchibo.com/cb/921190/data/-/Kaffeereport2013.pdf/S. 27. Maler und Lackierer/Tischler/Kaufmann im Einzelhandel/Reiseverkehrskaufmann/ Augenoptiker/Erzieher/ Rechtsanwalts- und Notarfachangestellter, KV 1. Aus: Realschule Enger, Lernkompetenz: Deutsch, Bausteine für das 5. bis 10. Schuljahr. Berlin: Cornelsen Scriptor2003, Kopiervorlagen für Klasse 8 auf der CD-ROM.

Bildquellenverzeichnis

Titel © mauritius images / Radius Images; **KV 14** © laif, Gordon Welters; **KV 35** © picture-alliance, Globus Grafik, dpa-infografik; **KV 37** © picture-alliance, Globus Grafik, dpa-infografik; **KV 31** oben © fotolia, JSB; unten © fotolia, by-studio; **KV 31** Metall © fotolia, Sashkin; **KV 69** © akg-images; **KV 70** © picture-alliance, Marc Volk; **KV 48** shutterstock, Ariwasabi